# 目次

## 論説



## シンポジウム

## 研究報告



## 紹介

**海外学界事情**



**追悼文**

# 申立事項と判決事項について

高田裕成



## 一　はじめに

民事訴訟法への私的自治の反映としばしば表現される手続原則のうち、いわゆる処分権主義についての議論は必ずしも多くない。導き出される結論の幅もさほど大きくなく、また常識的な結論が導かれることもあって、理論的に詰める必要性を欠くことに由来すると考えられるものの、そこに「私的自治」という価値を見いだすとすれば、なお議論が深められるべき余地が残されているようにも思われる。もっとも、そこで説かれる私的自治の意義自体が不透明であって、この文脈において私的自治として語られる価値とは何か、という問いが問われてしかるべきであるように思われる。このような関心から、本稿は、民事訴訟法二四六条が体現する申立事項が判決事項を拘束するという規律、いわゆる申立拘束原則の意義を探るものである。

民事訴訟法二四六条をめぐっては、近時「一部認容判決の許容性」という観点から改めて議論が活発になっているところである(1)。本稿はこの点をめぐる論争に直接参加することを企図するものではないが、従来の議論方法のもつある含意を明らかにすることを通じて、申立拘束原則における「私的自治」の意義を改めて確認することを試みてみたい。こうした関心の背景には、訴えに際して、裁判所、当事者、審判の対象を決定するのは当事者であるという当事者の支配権を強調するドイツ法に比して、こうした処分権の有する価値を強調する議論が必ずしも活発とはいえない日本法の処分権主義をめぐる議論状況自体にかかる認識がある。とはいえ、本稿で展開することは、これまでの議論でも前提とされていたことを改めて確認し、筆者の関心から整理することにとどまるものであって、覚書の域を出るものではないことをあらかじめお断りしておく。

## 二　中立事項の意義

1　まずもって、私的自治という観点から申立拘束原則の意義に接近する場合にその前提となるべき若干の事項を整理しておくことが有効であろう(2)。

民事訴訟法二四六条は、申立事項を判決事項が超えてはならないことを定めるが、その前提として、申立事項について裁判所に判決による応答義務の存在が肯定されている。したがって、申立事項と判決事項は常に一致することになる。この判決義務の対象でもある申立事項は、（申立事項としての）請求と呼ばれ、原告が訴えにおいて特定すべき事項であって、訴状で特定すべき事項であるが、その後も訴えの変更を許す現行法制のもとでは、最終的には口頭弁論終結時の申立事項が、判決事項を画することになる。原告の定めた申立事項としての請求につき判決するにあたり、裁判所は、原告の権利主張（訴訟物）が実体的に基礎づけられれば請求認容、理由がないとする場合には請求棄却判決を、一部につき理由がある場合には、請求が可分ないしは分割可能である限り、一部認容一部判決をすることになる。このことが裁判所は申立事項について判決義務を負うということの含意である。

2　こうした判決義務が存在することを前提に、当事者が申し立てていない事項について、裁判所が職権で判断することはできないとする原則が申立拘束原則であり、二四六条はそのことを明らかにしていると理解されてきた(3)。ここで、当事者が申し立てていない事項について判決する場合とは、原告の申立事項と異なる請求（訴訟物）について判決する場合と、申立事項を超えて判決する場合とがあるとされるが、いずれにせよ、裁判所の判決内容が、すなわち、当事者の主張立証をもとに裁判所が認定した事実に実体法を適用してしようとしている判決主文における判示事項が、請求の趣旨と原因によって特定された当事者の申立事項の外にある場合といえる(4)。そして、こうした判決が許されない理由は、私的自治ないしは当事者の処分権に着目する限り、当事者の意思ないしは選択に反することに求められることとなろう。

このように考えれば、二四六条をめぐる議論は、当事者の申立事項は何か、より正確には、申立事項としての訴訟上の請求はいかに確定されるべきか、その確定に際して、当事者の処分権ないしは意思はいかなる意義を有するのかという点に収斂されることになろう。この点の検討を本稿は試みることになるが、以下では、議論を単純化するために、申立事項のうち、便宜訴訟物に着目し、さらに給付訴訟を材料に論じてみたい。判例によれば、そこでは、

訴訟物は「給付請求権の存在およびその範囲」と定義されている。(5)

## 三　申立事項に含まれない事項にかかる判決

1　まず、申立事項を超えていずれの当事者も求めていない事項につき判決することを禁止することのもつ意味を確認しておきたい。先述のように、二四六条の適用が想定されるのは、当事者の主張立証に基づき確定した事実に実体法を適用した結果、当事者の申立事項を超える、あるいは申立事項に含まれていない趣旨の判決をすることができると裁判所が判断した状況である。こうしたいわば過小請求とも呼びうる場合において、裁判所が確定した給付請求権どおりの判決をすることは許されないという原則を貫けば、原告は、そうした限定を意図しない場合であっても、再度の訴えで改めて給付を求める負担を負い、そうした追加訴求を不適法とする規律に服する場合には、実質的に失権することになる。ここに、原告に申立事項として求めた範囲を限定する意思がない場合、換言すれば、原告が裁判所の実体法適用の結果を受け入れる用意がある場合においても、そのような判決をすることは何ゆえに許されないのか、という問いが生じる余地がある。

2　議論を単純化するために、金銭の給付を求める訴えにおいて、請求の趣旨において特定された金額を超える支払いを命じることができるという判断に裁判所が達した場合を想定する。こうした事態における現在の実務の、そして一般に想定されている規律は、原告は請求の拡張をすることによって申立事項を変更することを要し、さもなければ二四六条違反であるというものであろう。この機会を保障するために、裁判所が心証を開示するなり、釈明をするなりして、請求の拡張の機会を保障すべきであるという議論を付加することも可能である。しかし、ここでの問題は、原告が受け入れる意思がある場合にもかかわらず、実体関係を反映した救済を与えることが許されない理由であった。

こうした観点から、特定された金額を超える給付の可否がとりわけ問題となりうる損害賠償請求について、一部の学説が、そもそも給付を求める範囲（給付を求める金額）についてはその特定を要しないという規制の可能性を示唆していたことを思い起こすことになる。(6) このことは、その特定の意義、とりわけ請求の趣旨として記載が要求される給付を求める範囲に関する特定の金額の拘束力を改めて問う余地があること、例えば、当事者の主張や弁論の全趣旨からみて訴状等に記載された金額を超える給付を求めていることが覗われるのであれば、記載された金額を超えて認容してよいといった規律を想定することも理論的には可能であるということを意味する。(7)

ここで、給付を求める金額の特定を離れて、給付請求権の特定について目を移すと、訴訟物の同一性が確保されているか疑義があり得る状況において、申立てに含まれるとする裁判例があることが知られている。いずれも当初の請求が実体法上成り立たない場合であるが、近時の最高裁判例としては、たとえば、不動産登記法上許されない所有権保存登記の抹消登記手続を求める部分の請求は、法的に許容される更正登記手続を求める「申立を包含するものと解しうる」として、二四六条違反とならないと判示したものがあり、(8) さらに、傍論ながら、「本件訴訟における原告の主張立証にかんがみると、〔原告の〕請求は、これを合理的に解釈すれば、その……請求の趣旨の記載にかかわらず、予備的に、……を求める趣旨を含むものであると理解する余地があり、そのような趣旨の請求であれば、前記事実関係等の下では、特段の事情のない限り、これを認容すべきものである。」とする判例も存在する。判旨は、続けて、「そうであれば、〔原告の〕請求については、事実審において、適切に釈明権を行使するなどして、これが上記の趣旨の請求を含むものであるのか否かにつき明らかにした上、これが上記の趣旨の請求を含むものであるときは、その当否について審理判断すべきものと解される」とする。(9) このように、実体法上その救済を得られない場合を想定すれば、とりわけ相手方の防御権の保障の観点から限界はあるものの、黙示の訴え（併合ないしは拡張）を認めることが許される場合を想定できそうである。そこでは、「本件訴訟における原告の主張立証」という弁論の経過をも考慮に入れた請求の趣旨の合理的解釈が試みられることになる。これらの事案において当事者のおかれている状況は、給付を求める範囲の拡張事案とは大きく異なり、いずれも後に検討する一部認容判決にかかる問題状況ともいえようが、当事者の意思の解釈手法とともに、原告が訴えを提起した目的が達成できない場合において原告の救済を図る途を探ることは、裁判所の役割であると自己認識していることもまた特徴的である。

3　このように考えれば、議論の焦点は、二四六条の適用において、当事者の意思そのものではなく、その意思に基づいて記載、陳述された、請求の趣旨および原因の記載によって申立事項の特定を要求するという規律（しかけ）にあることを確認することになる。そうした規律のもとでは、何がどのように特定されたかという規律を介することによって「当事者の意思」は確定されることになろう。請求の趣旨に記載した給付金額を超える認容判決をすることが二四六条違反と評価されるのは、訴状、および請求の拡張を求める書面（以下、訴状等）の記載（表示）を表示どおりに解釈し、請求の拡張がない限りそこで特定されている金額が求める給付の上限を画するという解釈に依拠していること意味する。しかしながら、二四六条との関係では、手続的な制約が存在するものの、これらの記載をどの程度確定的なものと見るか、その解釈においてどの程度の柔軟さを取り込む（「解釈」の余地を認める）かは一つの問いとして成立する。

改めて黙示の申立てという議論が登場する背景を確認しておけば、訴訟物の特定を要求する規律は、求めてしかるべき救済をその意思に反して判決事項の外におくリスクを常に伴いうる。他方、現行法は複数の訴訟物を併合請求することを許しているのであって、また併合（追加的併合を含む）をすることもまた原告の権能とされることからすれば黙示の併合を想定すること、これにより先に述べた意に反した排除を行う原告の選択リスクを緩和することは十分考えられてよいということを意味する。その方法としては、一方では、当事者の合理的意思を想定し、それに見合った訴訟物が特定されたものと扱うことであろう。他方で、旧来の訴訟物を想定しつつも、個々の具体的事件における当事者の攻撃防御活動を含めて当事者の意思を解釈することにより、黙示の請求を肯定することも考えられる。損害賠償額の確定にかかる先述した問題状況のほかに、給付請求権の同一性が問題となる場合、すなわち、実体法上の請求権ごとに訴訟物を異にするとするいわゆる旧訴訟物理論のもとでは、特定された訴訟物と異なる実体法上の請求権であっても、提出された事実関係から基礎づけられれば黙示の併合を肯定し、二四六条違反とならないとする見解も、こうした観点から基礎づけられることになろう。(10) そこでは、当事者の意思の解釈に際して、事実にかかる主張立証行為に着目することが決定的に重要となりそうである。

なお、この文脈で、被告の不意打ちの回避という議論がされることがある。当事者は敗訴した場合に生じうる不利益を考慮に入れて行為選択を行うのであり、予定される判決の内容、給付を命じられる額についての事前に了知することの重要性が説かれる。(11) しかし、この点も既に指摘があるように、口頭弁論終結時まで請求の拡張を認める一般的な取扱いの下では二四六条による行為選択の機会の保障には限界があり、(12) また事前了知の方法は、請求の拡張という手続を経るという方法に限られるものではないという議論には説得的なものがある。必要あれば裁判所による釈明等を介して、原告、被告および裁判所が共通了解に到達していることが肝要ということであろう。とりわけ、ひとたび何が申立事項かについて共通理解が成立した後のその共通了解を変更することになる場合には、そのことにより生じるおそれのある「不意打ち」に対しては丁寧な対処が必要となる。このような前提が確保されていれば、被告の防御権を害さない限度で実体関係に即した請求認容判決をするという規律も一定の合理性を有するということになる[13]。

**4**　このように、原告に申立事項から除外するという意思が存在しない場合においては黙示の請求を観念することと、これによって裁判所の判決義務を肯定することにも一定の合理性があると思われるが、二四六条の意義を当事者の処分権に見いだすとすれば、こうした権限行使の機会を確実に保障することとともに、以下の点がなお重要である。そこでは、申立事項の拘束という規律は、当事者の意思を裁判所が職権で補完することを禁止する趣旨であり、この観点からは、原告の現実の意思ないしは処分権に着目することが肝要であるということができそうである。ここで、当事者に処分権を認めることは、リスクを踏まえた申立事項の特定を権能として認めること、そして、その限度で、実体権の実現よりも当事者の処分権能に高い手続価値を認めることを含意している。一部請求を認めていることがこのことを裏付ける。そこでは、先述したような解釈によることの限界を自覚すべきであり、必要な場合には、当事者の現実の意思を確かめるべきであるということになろう[14]。当事者の真意の解釈に対する優位、そのコロラリーとして、真意確認のための釈明行為の解釈に対する優位という基本的なスタンスを取るべきであるという規範論を想定することができる。

そのうえで、原告の申立事項につき解釈が必要となる場面を想定すれば[15]、原告の処分の意思に焦点をあてて、解釈の準則を探求することになろう。この文脈における当事者（原告）の処分権能とは、申立事項を選択する権能であり、申立事項に含ませる事項と除外する事項をそれぞれ選択ができるということを意味する。こうした選択権が意義を有する局面においては、当事者が判決で確定を求める権利関係については可及的にその確定を図るとともに、判決事項から除外する意思を有する事項については判断事項としないという取扱いを指向することに合理性があるのであって、こうした観点から当事者の選択結果の確定作業がされることが期待されている(16)。こうした枠組の中では、黙示の申立てという構成は、原告の主張立証活動に照らして、当該申立てが申立事項に包含されていると解することができるという、申立事項の特定にかかる訴訟行為にかかる解釈を行うものであり、取効的訴訟行為について想定することのできる「疑わしきは訴訟行為者の利益に」という解釈準則に基づく解釈の結果と位置づけられることになるとともに、とりわけ被告の防御権の保障の観点から、解釈の限界が問われることになる(17)。

## 四　一部認容判決の許容性

**1**　既に記したように、一部認容判決は、正確には、一部認容一部（残部）棄却判決は、裁判所は申立事項について判断するに際して、請求が可分である場合において、実体法の適用の結果、求めた請求の一部にのみ理由があるときに行う判決である。実体法上認容される範囲を「超えた」申立てをしていた場合に生じるが、確実な権利救済を図る原告がこうした申立事項の特定をすることは避けられず、そうした場合に、こうした一部認容判決をすることは、当事者の意思にも適い、また、訴訟物を異にするのではない限り、申立ての範囲に属する事項についての判決であって、取り立てて問題が生じるようにも思われない。それにもかかわらず、一部認容の許容性という議論が生じたのは、一方では、訴訟物の同一性判断につき疑義が生じているためにであるが、他方で、一部認容判決をすることが、すなわち裁判所が申立事項についてその実体判断に従った判決をすることが、当事者の意思に反する場合が想定されたからである。では、そこで当事者の意思に反するとは、何を意味しているのであろうか。

**2**　この問題にかかる議論の端緒のひとつは、原告が家屋の明渡しを求めていた場合において、その一部のみの明渡しを認めることが許されるとする最高裁判決であった。[18] 判決は、その理由につき、「一部明渡について勝訴の判決を求める意思があるのが通常であるから」と述べ、さらに、「一部の明渡だけでは請求認容の判決を求めない意思が明らかでない限り」という限定を付して、一部認容判決をしたものであり、少なくとも、一部認容判決を求めない当事者の意思が明らかな場合には、一部認容判決をすることは許されないことを含意するものと考えられた。[19] ここで一部認容判決は許されないとすることが、実体法の適用が権利の存在を肯定するにもかかわらず、[20] これと異なる権利関係を確定することを想定しているとすれば、こうした取扱いを基礎づける理論的基礎を問うことが可能である。

この点、その後の最高裁判決が、家屋明渡しの請求が可分であることを前提にしつつ、端的に「一部明渡は全部明渡と異質の請求でなく、前者は後者の申立の範囲内の事項であるから[21]」と理由づけることとの対比で理解することになろうが、申立拘束の観点からの規律と理解する場合には、原告の申立ての範囲の外にあることを意味するものと解することになりそうである。原告は一部明渡しを求める判決は求めておらず、その可否について判断することは、請求を棄却する判決をも含めて、できないということである。もっとも、そこで想定される一部明渡しの棄却を包含しない全部明渡しの棄却判決の意味するところについては不透明な部分が残り、何よりもこうした申立事項の限定をすることを原告に許すべきではないというのが一般的な理解ではないかと推測される。そこでは、訴訟物は判決事項の最小単位であるという理解が援用される。

学説は判旨を、こうした申立事項として訴訟物の「分割」を想定するのではなく、全部認容が認められない場合には（一部明渡しも含めて被告の明渡義務をすべからく否定する）全部棄却判決を求めるという内容の申立てをしたものとこの判旨を理解する傾向にある。もっとも、判決事項であることを肯定しつつも、その判決内容につき一部棄却か全部棄却かという選択を許すとするこの理解は、申立事項の範囲内で実体法にしたがった裁判所の判断を求めるという申立事項の拘束ないしは処分権一般の理解とは異なるものであろう。この場合において、裁判所が実体法に従った裁判をする権限を制約される理由を求めるとすれば、すでに示唆されているように[22]、それは、申立事項の処分ではなく、条件付きの請求の放棄を想定するか[23]、訴訟物たる法律関係自体の処分と理解すべきものと思われる。すなわち、原告が条件付きで実体権を処分していると考えることになるのではなかろうか[24]。仮にこの理解が正当であるとすれば、こうした処分行為が存在することは判決上も明らかにされなければならないように思われるところである。

3　ここで確認できたことは、申立事項たる請求につき一部認容判決の可否を判断することを当事者が除外していない場合には、一部認容一部棄却判決をすることができる（し、また、しなければならない）ということである。金銭の給付を求める訴えにおいて、原告の特定した給付額より少ない金額の債権のみの存在が認められた場合、現在の債権額の支払いを命じる一部認容判決をするのは、原告の申立てを特定した金額を上限として、確定された現在の債権額の支払いを求めるものと理解するからであり[25]、また、金銭債務不存在確認の訴えにおいて債権の現存額を確定するのも、原告が訴訟物をそのように特定しているからと考えることができる。訴訟物を給付請求権と「その範囲」と解すること自体、そうした訴訟物の特定が当事者によりされることを想定していることを意味する。原告が申立事項（訴訟物）をそのようなものとして特定した以上、裁判所は、給付請求権の現在額を確定する判決をする義務を負うことになる。

この関係自体は、いわゆる質的一部認容判決についても変わるところはないと考えられる。一般に質的一部認容判決とは、申立事項を確定する請求の趣旨と判決主文における判示との間に齟齬ないしはずれが存在する場合をいうものと理解されている。二四六条の適用に際して、許容されるずれと許容されないずれがあり、このうち前者が一部認容判決と呼ばれる。給付請求に対して被告から同時履行の抗弁権が提出された場合には、引換給付を命じるとともにその余の請求を棄却するいわゆる引換給付判決をすることになるが[26]、こうした判決が許容されるのも、申立事項の範囲内における判決であることがその理由となる。訴訟物を実体化した表現を用いれば、裁判所により判決内容として確定されようとしている実体的法律関係が、当事者が訴訟物としてその確定を求めた法律関係の集合の中に含まれるということができよう。

こうした予備的申立てを想定することができることは、予備的請求の関係を観念できる場合によりはっきりする。建物収去土地明渡しを求める訴えにおいて、建物買取請求権が行使された場合において、買取代金との引換えに建物の引渡し（土地明渡し）を認めることができるとする最高裁判例がある[27]。建物買取請求権が行使された場合、その行使とともに建物の所有権が原告に移るため、実体法上、建物については成立する請求が所有権の移転とともに建物引渡請求に変わる。しかし、原告は、その当初の請求において、この「請求権」の履行を求めているわけではない。この場合において、最高裁判例は、「［建物について引渡しを求める］請求は本件における家屋収去土地明渡の請求に包含されているものと解するのが相当であ」るとし、一部認容判決として建物の引渡しを命じる判決をすることができるとする。もっとも、請求の包含関係に言及する最高裁のこの判旨をどう理解するかは、その訴訟物理解によって異なることとなろう。訴訟物理解が分かれる基礎には、建物買取請求権が行使された場合に生じる当事者間の実体関係にかかる学説の対立がある[28]。多数説（いわゆる一個説・新一個説）は、訴訟物の同一性を認めており、最高裁判例もこうした解釈によっているとの理解が一般的であると思われるが、（建物収去）土地明渡請求権と建物の引渡請求権と間に訴訟物（請求権）の同一性を肯定することはできないとする有力説（いわゆる二個説）によってもなお、すなわち、異なる請求と解する理解によってもなお、申立事項としての請求に、黙示の請求として、建物引渡しを求める申立てを包含している、あるいは、追加されたと解することができれば、適法ということになろう。[29]

このことは、一部認容判決が可能である、あるいは許容されるという議論は、申立事項を超えて判決をしているわけではない、先の表現を用いれば、裁判所により確定される法律関係は、当事者が確定を求めた法律関係の集合の中に含まれるという結論を示すのみであることを示すことを意味する。[30] 原告が訴状等の記載により特定した訴訟物と異なる内容の申立てが予備的申立て（訴訟物を異にする場合には、予備的請求）として申立事項に包含されていると考えることができれば二四六条違反とならないということであり、請求の趣旨に相当する主位的申立てが棄却される限りで一部棄却判決と位置づけられる。

**4**　ここで確認したかったことは、判決主文で明らかにしようとする判決内容に対応する予備的申立てを観念するとき、予備的申立ての存在が肯定されれば裁判所は一部認容判決をする義務があり、されていなければ申立拘束原則に反するということであった。こうした「包含」と「除外」との区分けを行うことが、この文脈における一部認容の可否という議論ということになろう。では、いかにして、この区分けを行うか。理論的には、訴訟物の同一性を維持した上での一部認容と訴訟物を異にする黙示の予備的請求との懸隔は小さくないが、この間に境界線を引くことがさほど容易なことではない。そこで機能する枠組みが申立事項の中に包含されるという構成であったといえよう。申立事項が請求の趣旨と原因によって特定される申立事項（訴訟物）であるとすれば、そして訴訟物の特定の権限が当事者に認められているとすれば、ここでも、訴訟物の特定にかかる当事者の訴訟行為の効果の確定（および解釈）が試みられている。

数量的な一部認容判決の場合を別として、包含関係の有無についてしばしば深刻な対立が存在する[31]にもかかわらず、これまで挙げた事例について「包含」関係が肯定されているのは、実質論として、次のような事情があることに由来しているものと考えられる。裁判所はその実体関係どおりの判決をすることができるかという問題として捉えられるこれらの事例においては、本来の申立ては認容されず、したがって、訴えを提起した目的を完全には実現できないものの、予備的申立てが認容されうる状況にあり、また、そこでの予備的申立ては本来の請求のいわば変形物であって、提訴の目的を部分的にせよ確保できるという性質をもつものであることが想定されている。それゆえ、合理的な行動をとる原告であれば予備的申立てをすることが想定され、その意味において、選択を権能として把握することにさほどの価値がない。そうであるとすれば、当事者の意思の（合理的）解釈として、異なる意思を当事者が有していることが明らかにならない限り、予備的申立てとして観念できる申立てが存在するとしてよいということであろう[32]。当事者の合理的意思に言及する学説は、このことへの関心を明らかにしている。たとえば、建物買取請求権の事例において、訴訟物が異なることを肯定しつつも、（おそらく）その変動が被告の抗弁によって生じたことに着目して黙示の請求を認める見解にその例を見いだすことが可能である。

もっとも、異なる意思を示していない限りという留保が重要と考えられる。先の整理に基づけば、想定される予備的申立てをしない（判決事項から除外する）という選択を当事者がした場合[33]に裁判所はこの限定に拘束されるかという問いであり、従来当事者の処分権との関係における一部認容判決の可否という議論枠組みで論じられてきたのは、こうした問題であった。訴訟物を一にする範囲の内部で「紛争の分断」を許すことになるがゆえに、学説はその限界にかかる検討を試みてきたところであるが[34]、審理の効率性の確保という価値が、当事者の選択権を制限する理由となりうるかは争いがある。留保した部分について改めて訴求することが許されるかという規律についてはともかく、裁判所の判決事項という観点からは、少なくとも、その選択権に意義を見いだすことができる場合におい

ては、当事者の処分権を認める見解にも十分合理性があるように思われる。(35)

このように理解すれば、当事者が異なる意思を示した場合を除き申立事項に包含されるという準則は、当事者の訴訟行為（主張立証行為）に着目して、当事者の特定した申立事項とは何かを確定する、当事者の訴訟行為の解釈にかかる準則であるといえそうである。当事者が異なる意思を明らかにすれば、申立事項に包含され、あるいは除外されることになるという意味における準則である。その準則は、しばしば訴訟物（の包含関係）よりも広範な申立事項を想定していると考えられるが、その基礎は当事者の合理的意思（合理的な当事者であれば、そのように行動するという準則）に見いだせるのであって、(36)当事者の具体的な訴訟行為によって異なる帰結を導く可能性を常に内包するといえそうである。訴状提出時、争点整理時、そして最終的には口頭弁論終結時という手続のそれぞれの段階で、先行する「解釈」を踏まえつつ、当事者の主張立証行為を手掛かりに改めて「解釈」されることになるのではなかろうか。(37)

**5**　この点で興味深い題材を提供するのが、土地の所有権の確認訴訟を求めた訴えで被告の主張した相続にかかる事実を基礎に、したがって予備的請求原因として相続を主張していない場合において、共有持分権の確認をする判決をすることが適法か争われた事例があり、訴えの変更なく（申立ての追加なく）一部認容ができることを示唆する最高裁判例が存在する。(38)もっとも、一部認容というのみであって、その理論的な基礎づけを示していない。この事案は、被告の主張（否認の理由）から相続取得が基礎づけられる（可能性がある）事案であり、原告が共有持分権の確認判決を求める予備的申立てをしていない場合において、原告の申立事項をどう確定するか問題となるが、一部認容を肯定する最高裁は、本稿でいう予備的申立てが包含されていることを認めていることと考えられる。そこで想定されるのは、原告の意思に反することが明らかではない限り、黙示の申立ての存在を想定してよいという解釈準則であろう。原告の意思の合理的解釈を試みる議論はこの文脈で機能する。判旨は、そしてすぐ後で援用する藤井正雄裁判官の補足意見も訴訟物の同一性を肯定していると考えられるが、仮に異なる訴訟物と考える場合であっても、黙示の予備的請求を想定することは可能であることは先に確認したとおりである(39)。

他方で、予備的申立てと位置づけられる相続による取得の主張を原告がしないという選択の可否が問題となる。最高裁判決では藤井補足意見がこうした選択が当事者の権能でありうることを示唆する。ここでもそうした訴訟行為の解釈が問題となるが、持分権にかかる争いを後日に留保することを認めるとすれば(40)、そうした限定がとりわけ被告の同意がない場合に可能か議論が残りうるものの、こうした処分権の行使を肯定する余地があり、その場合には、当事者の意思の確認方法が問われることになろう。ここでも、手続のそれぞれの段階で、当事者の選択権の対象か、除外する意思をどのようにして確定するか、その意思につき共通認識をどのように確保するかが、問われることになる。

6　このように、一部認容判決の可否という議論が展開される土俵は重層的であるように思われる。このことは、この文脈において言及される包含関係という概念も多義的であることを意味する。包含と除外との二項対立を前提に、当事者の選択とその前提となる選択肢という観点から、申立事項（選択結果）の確定方法、とりわけ、訴えにあたって請求を特定する当事者（原告）の訴訟行為の意義とその訴訟行為の解釈原理、解釈準則を問うことになるのではなかろうか。そこにおいて、私的自治、当事者の処分権を重視する立場からは、繰り返しになるが、合理的意思よりも当事者の現実の意思ないしは処分権に着目すること、さらに言えば、真意確認のための釈明行為の解釈に対する優位という基本的なスタンスを取るべきであるという規範論を想定することができ、それにもかかわらず存在しうる補充的な解釈原理を明らかにすることの必要性を指摘することになろう。

## 五　結びにかえて

ここで提示したのは、当事者の意思を重視した場合の申立拘束原則の一つの姿である。もちろん、こうした理解は必然的ではないものの、当事者の処分権ないしは私的自治という発想は、制度的な制約の中で訴訟手続上当事者が選択すべき問題が存在することを前提に、その選択は当事者の意思あるいは熟慮のもとでの決断に基礎をおくことを求めることに見出すことになるのではないかという筆者の理解に基づく。

こうした当事者の選択を訴訟手続上どのように評価するかという点については、申立事項の特定にかかる規律と、特定という訴訟行為の解釈にかかる規律が関わることになるが、そこにおいては、当事者の意思をどこまで尊重するか、その意思をいかにして確定するか（釈明との関係においては、意思をどの範囲で確認するか）、さらには、当該訴訟の申立事項が何かにつき、裁判所と被告とでその了解をいかに、どこまで共有することになるか、という点が重要であり、申立拘束における申立事項の特定（解釈）問題は、これらの問題の中に回収されることになるのではなかろうか。以上が、本稿でとりあえず、指摘したかったことである。

（1）　近時の文献として、名津井吉裕「一部認容判決について」同志社法学六二巻六号（二〇一一年）二〇五頁、畑瑞穂「一部認容判決に関する総論的覚書」山本克己ほか編『徳田和幸先生古稀祝賀・民事手続法の現代的課題と理論的解明』（弘文堂・二〇一七年）三三一頁があり、これらに先行する研究として、坂田宏『民事訴訟における処分権主義』（有斐閣・二〇〇一年）がある。本稿は、これらの論攷によるところが大きい。

（2）　申立事項の判決事項の拘束については、当然ながら論じる文献は多い。そのすべてを引用することはできないが、諸体系書のほか、鈴

木重勝「申立事項と判決事項」鈴木忠一＝三ケ月章監修『新・実務民事訴訟講座3』（日本評論社・一九八二年）三四七頁、新堂編集代表『注釈民事訴訟法⑷』（有斐閣・一九九七年）九二頁〔青山善充・長谷部由起子〕、兼子一ほか『条解民事訴訟法〔第二版〕』（弘文堂・二〇一一年）一三四七頁〔竹下守夫〕、高田裕成ほか編『注釈民事訴訟法⑷』（有斐閣・二〇一七年）九三八頁〔山本和彦〕などがある。

（3）私的自治という用語法からは、ここでいう当事者は当事者双方と理解することも可能であり、そうした理解も十分成り立つと考えられる（兼子一『新修民事訴訟法体系〈増訂版〉』（酒井書店・一九五四年）三二四頁には、「被告のためにも請求棄却以上の判決をすべきでない」との記述がある）が、原告の申立てとは別個に被告の申立てを観念することは無益であるということであろう。被告の申立てとして考えられるのは請求棄却の申立てであるが、原告の申立ての否定形（反対形相）に過ぎないのであって、その限度では独立した申立てとしてあえて観念することは無用といえる。

（4）二四六条は、条文の位置からも、判決内容を確定する際に裁判所を拘束する規律として働く裁判所の判断過程を制御する規則である。もっとも、申立事項が判決事項を拘束するという規律は、裁判所の審理の対象を画することになるのであって、訴え提起の段階、とりわけ争点整理の段階で意義を持つことは当然のことであり、通常の訴訟ではこの場面においてこそ重要な役割を果たすことは改めて指摘するまでもない。この点に関する実務感覚については、林道晴「申立事項と裁判事項論と訴訟の審理」高橋宏志＝加藤新太郎編『実務民事訴訟講座（第3期）第2巻』（日本評論社・二〇一四年）一二七頁などを参照。本稿では、稀な場合にしか顕在化しないと考えられるものの、二四六条違反の問題が顕在化する場面に主として焦点をあてるということになる。

（5）例えば、最判昭和四九年四月二六日民集二八巻三号五〇三頁、最判平成五年一一月一一日民集四七巻九号五二五五頁など。

（6）ドイツ法における金額を明示しない訴えについてはしばしば言及されてきたところであり（五十部豊久「損害賠償額算定における訴訟上の特殊性」法協七九巻六号（一九六二年）七三一頁、小室直人「一部請求と上訴」山木戸克己教授還暦記念『手続法と実体法の交錯（下）』（有斐閣・一九七八年）七二三頁など）、またアメリカ法において、申立拘束原則が採られていないこと（連邦民事訴訟規則（五四条(c)参照）も既に紹介されている（谷口安平「アメリカ民訴における判決の申立と裁判」法学論叢八八巻一・二・三号（一九七〇年）一〇六頁など）ところである。

（7）例えば、二四六条と同趣旨の規定をもつドイツ法に関してであるが、Musielak, Die Bindung des Gerichts an die Anträge der Parteien im Zivilprozess, Festschrift für Schwab zum 70. Geburtstag (2000), S. 352 は、訴状記載の金額を最低金額であり、裁判所の判断に委ねる趣旨と解釈する可能性に言及する。日本法においても、民訴法二四八条（裁判所による損害額の認定）の適用のある訴訟においては、給付を求める金額を明示する必要はあるが、裁判所を拘束しないとする見解がある。河野正憲『民事訴訟法』（有斐閣・二〇〇九年）五四九頁。ドイツ法の判例においても、一定の場合には、当事者が訴状に記載した金額の拘束力が否定されているようである。BGHZ 132, 341. こうした場合においては、どの程度精確に金額を記載することを要するか、算定の基礎となる事実をどの程度詳細に記載、陳述することを要するかという規律にかかる議論を伴うことが指摘されている。

（8）　最判昭和四四年五月二九日判時五六〇号四四頁。最判平成二二年四月二〇日判時二〇七八号二二頁も同様である。もっとも、そこでいう「包含」とは何を意味するかは問われることになる。先行する最判昭和三八年二月二二日民集一七巻一号二三五頁では、「〔原告〕の申立の範囲内でその分量的な一部を認容したものに外ならない」としていた。

（9）　最判平成二二年一二月一六日民集六四巻八号二〇五〇頁。中間者から所有権を取得した原告が、中間者に所有権を移転した元の所有者であり、登記名義を有する被告に対して、真正な登記名義の回復を原因とする移転登記請求をした事例であるが、こうした中間省略登記請求は実体法上許されないものの、元所有者から中間者への移転登記請求をも求める趣旨であると解する余地があるとする。判示は、原判決を破棄し、事件を差し戻しており、原審で原告の意思を確かめて、請求の変更を経た上で改めて当該請求についての判決をすることを予定していると考えられ、その取扱い自体は正当と考えるが、理論的には、二四六条違反とは評価されない可能性を示唆する。

（10）　黙示の併合に言及するのは、伊藤眞『民事訴訟法〔第五版〕』（有斐閣・二〇一六年）二一六頁注94)。この規律についての筆者の理解については、拙稿「一部請求論について」伊藤眞先生古稀祝賀・民事手続の現代的使命（有斐閣・二〇一四年）三八九頁注(52)を参照。より広い文脈で捉えれば、訴訟物につき、いわゆる実体法説（旧訴訟物理論）による場合、二四六条との関係においてその枠（確定された事実に実体法の適用を試みる範囲）の広さが適切かは一つの論点である。前掲拙稿でも記したように、旧訴訟物理論は、実体法の適用を試みる（最小）単位としての訴訟物に着目しているのであり、こうした理解の実務における有用性は否定できないものの、そうした適用を試みる単位が複数存在する場合に、併合提起しない請求権は申立事項に含まれないとする取扱いの妥当性は別途検討されるべきであるように思われる。新訴訟物論は複数の実体法上の請求権を包含するものとして措定されるのであり、その限度で裁判所の判決義務の範囲を拡大する意義を有する。黙示の併合という議論はその間隙を埋める機能を有するということができよう。

（11）　例えば、新堂幸司『新民事訴訟法〔第五版〕』（弘文堂・二〇一一年）三三〇頁、高橋宏志『重点講義民事訴訟法（下）〔第二版補訂版〕』（有斐閣・二〇一四年）二三四頁、山本克己「金銭債務不存在確認の訴えと申立事項の拘束力」法教二九一号（二〇〇四年）一〇三、一〇四頁など。

(12) 高橋・前掲（注(11)）一二三五頁。すなわち、現状の規律においては、給付を求める金額の特定は、口頭弁論終結時に攻撃防御方法を尽くしたかを省みる指標を提供する意義（のみ）を有する。高橋教授も指摘されるように、（給付を求める金額の拡張は別として）訴えの変更に寛容な規律を維持することが妥当かという問いを導くことになろう。

(13) 新堂・前掲（注(12)）三三〇頁はこうした方向を指向する。一部認容の局面についてではあるが、兼子ほか・前掲（注(2)）一三四七頁〔竹下〕も同様である。

(14) Musielak, a. a. O., S. 351 が強調するところである。

(15) 釈明による当事者の意思の確認および裁判所および当事者間の共通理解の確保という手続を踏むことに解釈による処理を優先させる本文の理解のもとで、解釈によるべき場合としては、こうした釈明による当事者の意思の確認および裁判所および当事者間の共通理解の確保という手段を踏むことができない場合、あるいは踏むまでもない場合と裁判所が判断する場合が想定される。こうした手順を踏まず言い渡された判決につき、上訴でその違法主張され、破棄するまでもないという文脈が典型であり、前注(8)の最高裁判例もそうした例である。

(16) 現行法が想定する手続構造のもとでは、訴状提出、争点および証拠の整理時において（前注(4)参照）、申立事項（とりわけ訴訟物）が何か明らかにすることが重要であり、それぞれの時点における申立事項の特定の意義（特定の対象およびその「固定の程度」）と、特定された事項について共通理解を確保する方法、さらに、そこでひとたび共通了解ができた後の変更にかかる規制が問題となる。こうした理解を前提にすれば、先行する特定についての共通理解をもとにしつつ、最終的に口頭弁論終結時に何が申立事項として特定されていると解されるかが、本稿が照準する申立事項の拘束問題といえる。ローマ法のように訴訟物を提訴時で固定する法制でもなく、アメリカ法のようにいわゆる notice pleading であることを前提に訴状の記載の拘束力を問題としない法制でもなく、訴えの変更を想定し、変更を比較的広く許容する日本法のもとで、訴訟物の特定のためのそれぞれの仕掛けの意義が問われるといえよう。

(17) 現実には、除外する意思を示すことは通常予想されず、実体関係どおりの判決をすることの制限原理は、相手方当事者の不意打ち問題ということになる。先に注(13)で挙げた諸見解は、こうした状況を示すものといえよう。とりわけ、訴訟物の範囲を超えて黙示の訴えを許容する場合に、切実な問題となる。

(18) 最判昭和二四年八月二日民集三巻九号二九一頁。

(19) 最高裁は、本件で一部認容を求める意思であることは弁論の趣旨から明らかであるとするとしており、厳密には傍論である。

(20) 実体法が一部認容を認めているのか自体も一つの問いであるように思われる。畑・前掲（注(1)）三四二頁注35）参照。現実の意思を問題とすべきではないとする議論はこの点に関連する。さらにいえば、何ゆえに原告の意思のみが意味をもつのか、という点についても問うことが許されそうである。

(21)　昭和三〇年五月二四日民集九巻六号七四四頁。昭和二四年判例を引用しつつも、その根拠につきこのように判示する。

(22)　たとえば、畑・前掲（注（1））三三五頁。

(23)　条件つき請求の放棄という理解が最も実質に即していると考えるが、ドイツ法の規律から離脱し、放棄調書の制度を導入した日本法においては、落ち着きが必ずしも良くないということになろうか。もっとも、畑教授も指摘するように（同・前掲（注（1））三三五頁注16）、放棄の効力をもつ棄却判決を想定できないわけではない。

(24)　念のために付記すれば、この意思は合理的意思では足りず、現実の意思が必要であろう。

(25)　給付訴訟の反対形相と理解される限りで、裏表ということになる。もっとも、債務額の特定を求めず、債務の存否のみの確定を求める訴えにつき、確認の利益が肯定されて適法と考えられる場合においては、現在の債権額の確定をしない債務不存在確認が認められると考えられるが、これも、訴訟物がそのようなものとして特定されたからであると考えることになろう。松本博之＝上野泰男『民事訴訟法〔第八版〕』（弘文堂・二〇一五年）五八七頁〔松本〕。なお、東京地判平成四年一月三一日判時一四一八号一〇九頁、高橋・前掲（注（12））二七四頁注(45)も参照。

(26)　大判明治四四年一二月一一日民録一七輯七七二頁、最判昭和三三年六月六日民集一二巻九号一三八四頁。権利阻止抗弁の考慮は請求の同一性に請求を与えないということであろう。実体法上の問題も含めて、坂田・前掲注（1）九七頁のほか、名津井・前掲注（1）二一五頁を参照。

(27)　最判昭和三三年六月六日民集一二巻九号一三八四頁。この判決を論じる文献として、中田淳一「申立事項と判決事項」法学論叢六四巻六号（一九五九年）六七頁。

(28)　（おそらく）多数説は、いずれの請求の訴訟物も所有権に基づく土地の明渡請求権の限度で共通とするが（旧一個説、新一個説）、建物買取請求権の行使の結果、建物の所有権が原告に帰属したとき、被告の義務は建物の引渡義務に限定されるとする見解（二個説）も有力である。この点については、例えば田尾桃二「買取請求権が行使された場合の判決主文の明示方法」本井巽＝賀集唱編『民事実務ノート3巻』（判例タイムズ社・一九六九年）七六頁、淺生重機「建物の占有と土地の占有」判タ一三三一号（二〇一〇年）二一〇頁などを参照。

(29)　こうした方向を示唆する文献として、名津井・前掲注（1）二三一頁、秋山ほか・コンメンタール民事訴訟法Ⅴ（日本評論社・二〇一二年）五二頁、なお、畑・前掲注（1）三三六頁。

(30) 前注（1）に掲げる文献が示唆するところである。名津井・前掲論文は、ずれの態様に着目した三つの類型を摘出した上で、「借用型」という類型を提示する。

(31) この点についても注（1）、で掲げた文献、とりわけ名津井論文を参照。

(32) たとえば、原告が実体法上成立しない請求権を定立した場合について「包含」関係を認める前注（9）の判例は、所有権保存登記の抹消登記手続を求めるという請求の趣旨の記載にもかかわらず、当初から異なる請求の趣旨（法的に許容される更正登記請求）が包含されていたと解釈できることを含意する。そこに伏在する問題については、名津井・前掲（注（1））二二五頁。このことは、申立事項として何が特定されるべきかという特定の対象にかかる問題が先行して存在することを示す。給付判決の後に続く執行との関係で正しい請求（救済方法）が判決主文に記載されるべきであることは疑いないが、対応する判決主文が訴状等の書面で請求の趣旨に掲げられていることが必要か、という問いである。二四六条の適用において、給付の目的の同一性を前提とするが、どの範囲で同一性を肯定できるか、と言い換えてもよい。

(33) その意味するところとして、申立事項の限定と解釈できる場合と並んで、請求権の放棄ないしは請求の放棄と評価できる場合があることにつき、前掲2の議論を参照。

(34) 前注（2）に掲げた鈴木・前掲論文三四八頁、兼子ほか・前掲書〔竹下〕一三四七頁、新堂編集代表・前掲書〔長谷部〕一一四頁などを挙げることができる。原告の選択肢の限定として機能する。

(35) 当事者の処分権という観点からは、少なくともいずれの当事者も求めていない事項について判決することが適切かという問いを生むことになろう。こうした訴訟物の分割の許否を論じる議論枠組みは、とりあえず、一部請求の法理であろう。そこにおいて、裁判所の判決事項と既判力の範囲との関係はなお残されている問題である。いわゆる黙示の一部請求において判決事項はどの範囲かという問いと連なる。残部請求が遮断される限り、実益に乏しい議論であろうが、黙示の一部請求と全部請求との区別の問題、一部の学説によって主張されている「給付命令の上限」という規律にかかる議論に関連する。これらの点についての筆者の理解は、別稿（前注（10）三七八頁注㉕）で検討する機会をもった。これに対して、訴訟物を異にする場合には、原則分割を許容することになりそうであるが、この場合においても、併合を強制する規律は想定しうる。

(36) この意味で、理論的というよりも、経験則上一般にそうであるという性質を有するように思われる。こうした観点から、包含される事項と除外される事項とを的確に識別することが期待されている。なお、建物買取請求権行使の事例である前注（27）の判例にかかる調査官解説（最高裁判例解説民事編昭和三三年度一五〇頁〔井口牧郎〕）も参照。こうした合理的意思を想定できるとすれば、当事者がその訴訟行為において異なる意思を示さない限り、こうした解釈の準則にしたがった訴訟運営をしてよいことを意味すると考えることができよう。もっとも、疑いをもつ状況にあるとすれば、確かめることが必要となるという規律を観念することになろうか。

（37）注（17）で論じた問題である。本稿の文脈では、先行するひとまずの特定を踏まえて、当事者の主張立証行為をもとに「黙示の申立て」を想定できないか検討されることになりそうである。口頭弁論終結時においては、通常先行する共通理解が存在するがゆえに、不意打ち問題を慎重に扱う必要があるということになる。他方で、ひとたび争ったことにつき、原告が申立事項を「限定」することになる場合には、請求の減縮同様、被告の全部棄却判決を得る利益が問題となりうるとも考えられる。そこでは、同意が得られない場合には、請求の放棄をするしかない。

（38）最判平成九年七月一七日判時一六一四号七二頁である。この事例では原告が審理不尽を上告理由で主張（一部認容すべきと主張）しており、原告が一部勝訴を欲していることが明白な事例であることには注意を要する。これに対し、最判平成一二年四月七日判時一七一三号五〇頁は職権で破棄した事例である。なお、通常の訴訟では、原告が予備的請求原因として相続による取得を主張すると考えられるが（こうした場合については、最判昭和四二年三月二三日裁判集民事八六号六九九頁が「申立の範囲内で請求の一部を認容したものにほかならない」としている）、この場合には予備的申立てを想定することになろう。平成九年最判の事例では、被告の主張に基づき、相続取得を基礎づける事実が獲得されたために、こうした事態が生じたわけであり、その意味で、特別な状況を想定することになる。

（39）藤井補足意見は、請求の趣旨が変更されることが「通常」としており、規範的な議論をしているわけではないが、訴訟物が同一でも判決主文が請求の趣旨と異なる場合には、請求の趣旨の変更が必要であることを含意する議論であると思われる。これに対しては、当事者の意思の確認（および共通了解の確保）が重要なのであって、異なる意思を明らかにしない限り判決を求めているものと解することができる（訴訟物を同じくすると解するのであれば、訴えの変更の手続を経るまでもない）という議論が成り立つ可能性があるということである。

（40）この状況で所有権確認の訴えを棄却する判決は、改めて提起された共有権確認の訴えを既判力により遮断することを明らかにする最高裁判決があり（最判平成九年三月一四日判時一六〇〇号八九頁）、これにしたがえば、本文の議論にはさほど実益はないが、仮にいずれの当事者も判決を求めていない場合に判決事項の限定を許すとする解釈をとれば、異なる取扱いを想定する余地を見い出せないわけではないように思われる。

# 民事手続における情報の保護と利用

町村泰貴



## 一　はじめに

民事紛争処理手続は、法、事実、経験則などの情報を用いて、民事上の紛争の解決を図る過程である。従ってその手続内では、紛争解決に有用な情報が最大限利用可能であることが望ましく、当事者主義を基調とする判決手続においては、当事者の情報取得と裁判所に提出する手段が保障される必要がある。それ以外の手続においても、例えば強制執行手続では債務者の財産に関する情報の取得が必要とされ、そのための立法措置(1)がなされている。倒産処理手続においても倒産者の財産面の情報を倒産裁判所や倒産管財人が取得するための手続が用意されている(2)。また執行手続であれ倒産手続であれ、債権者などの利害関係人も、債務者・倒産者の財産や手続の進行に関する情報を取得して、これに基づいて手続に関与する。

もっとも、紛争処理に有用な情報であっても、開示を妨げる正当な理由がある場合があり得る。その正当な理由とされる代表例は、プライバシー、企業秘密、公務秘密などである。これらの理由に基づく情報保護[3]と、情報の利用とのバランスは、判決手続においては証言義務や文書提出義務とその証言拒絶事由・提出拒絶事由という局面に現れていた[4]。

平成八年の現行民事訴訟法およびその後の改正により、これらの情報の保護と利用のバランスをめぐる立法状況は大きく変化したが、関連して訴訟記録の公開制限[5]も定められ、その後も弁論の公開制限[6]をも認める立法が進んだ。これらの立法を、手続内の情報開示と手続外への情報公開とに分けて整理するならば、証言義務や文書提出義務とその除外事由に関する立法は手続内の情報開示という局面での情報保護が問題となっていたのに対して、記録や弁論の公開とその制限は、手続外への情報公開の局面での情報保護を問題としているものといえる。ただし、手続内の情報開示の局面でも、裁判公開原則の下で、手続内で開示した情報は手続外にも公開されることを前提として、その保護の要否が議論されてきた。

執行手続や倒産手続では、そもそも憲法八二条の公開原則の対象とはならないことから、判決手続と同じような形での情報の利用と保護の調整がなされてはいない。しかし、手続に参加することが可能な債権者などの利害関係人に対して手続開始等の情報を伝えるには、公告をするなど、一般公開するしか方法はないし、情報を取得した利害関係人が特に守秘義務を負うわけでもなければ、結局のところ一般に情報が公開される結果となる。従って執行・倒産手続でも、単に手続内だけの開示を前提とするのではなく、一般公開されることも含めて、情報の利用と保護のバランスや手続的な方法を検討しなければならないことになる。

ところで、情報の公開や流通をめぐる社会的な状況は、インターネット時代の今日、大きく変貌している。端的に言えば、情報の流通が増大するとともに、情報が有する価値も大きくなり情報の収集・分析・再利用が高度に行われ、それに伴って本来保護されるべき情報が幅広く流通する可能性が生じている。本稿の問題関心は、この現代社会における情報のあり方が変化したことで、民事手続における情報の利用と保護のバランスにどのような影響があるのか、それが解釈論や立法論にどう影響してくるのかという点にある。

検討の順序として、まず、民事手続に関する情報の公開や流通の現状について明らかにする。ついで、これが民事手続の各分野における制度論および解釈論にどのように影響しているか、影響する可能性があるかを論じることとする。

## 二 情報の公開・流通と裁判情報

### 1 事実としての情報流通

現代社会は情報化の時代であり、インターネットを中心とする情報ネットワークを人々が手軽に利用できるようになって、人々が取得し、発信し、交換・共有する情報量は増大の一途をたどっている。(7) このことの一端を示すデータとしてインターネットのトラヒック（流通する情報量）の推移を見るならば、総務省が統計を発表している二〇〇四年以降に限っても、ダウンロードで四〇倍、アップロードで八倍の伸びを示している。また移動体通信、すなわちモバイル端末の情報流通量もダウンロードが三〇倍近く、アップロードで四〇倍近くの増大を記録している。(8) 単に流通する情報の量が増大しているだけでなく、個々人が情報の受発信の担い手となっている点も注目される。

インターネット以前はマスメディアが情報発信の主体であったが、インターネットにより、個々人が自由に情報発信することのできるメディアが現実のものとなった。(9)具体的にはウェブページやブログによる情報発信が誰でも手軽に行えるものとなり、電子掲示板には匿名でも自由な書き込みが可能となり、さらに近時はＳＮＳやコミュニケーションツールの普及拡大によって、(10)個々人の情報発信はより手軽なものとなった。これらは、個々人がマスメディアを通さないで直接多数の人に届く表現行為を行えるようになったという意味でも画期的であるが、人々の間で直接、大量の情報がやり取りされるという意味でも画期的な出来事である。

このような情報流通の変化は、様々なインプリケーションを持っているが、さしあたり、一般の人々がマスメディアのフィルターを通じてしか情報を受け取れず、また多数の人々への情報発信ができるのもマスメディアに限られていた状況が終わり、そこにはいい意味でも悪い意味でも自由が実現したという点が注目される。民事手続に関する情報についても、従来はマスメディアが情報発信のツールを事実上独占していたので、放送メディアにせよ新聞雑誌などの紙媒体メディアにせよ、限りあるメディアの資源の中で特に民事手続が取り上げられることは比較的少なく、特にマスメディア各社がそれぞれにニュースバリューありと判断するものしか取り上げられなかった。これに対してインターネット時代のＣＧＭでは、個人的な興味関心に基づいて情報が発信され、またマスメディアの方も物理的な媒体の容量にかかわらずにネット上のニュース記事を公開することができ、民事手続の諸事件も取り上げられる可能性が大きく広がった。

加えて、マスメディアがネット上に配信した記事は、人々がこれを転載し、あるいはまとめ記事として再構成して、それらの情報はさらにＳＮＳを通じて拡散される。マスメディアの記事だけであれば、一定期間が経過すると削除されることが多いが、一般の利用者が転載し、あるいはまとめサイトにまとめられた記事は、長期間公開されたままとなる。そして、グーグルやヤフーなどの検索サイトが、ネット上の無数の情報にキーワードからアクセスすることを可能としている。このことにより、民事裁判に関するものも含めて、情報が公表されることの影響が決定的に変わったということができる(11)。

情報流通量の増大やその担い手が変わったことに加えて、情報の利用のされ方もまた、情報のデジタル化とその収集・蓄積・処理技術の発展により大きく変わっている。ビッグデータを収集し(12)、これを分析して様々に再利用することがその一つである。ビッグデータを構成する情報の中でも、人々の活動履歴やコミュニケーションの記録を収集したビッグデータは、従来はあり得なかった個人のプライベートな情報(13)の集積と再利用となる。

なお、ビッグデータの利活用は、個人情報保護法上、「特定の個人を識別することができないように個人情報を加工して得られる個人に関する情報であって、当該個人情報を復元することができないようにしたもの(14)」として利用される。しかし、個人の氏名や住所など個人を識別できる情報を削除したとしても、移動履歴や購入履歴などが十分にユニーク(15)であれば、個人名は分からなくても特定の人物という形で特定されうるし、別の個人名が入ったデータと照合すれば、特定個人を識別できる情報にすることができる可能性がある。個人情報保護法は再識別化のために加工方法の情報を取得したり別の情報との照合を禁止しているが(16)、このことは逆にその可能性があることを認めるものといえる(17)。

## 2　規範としての情報流通

### (1)　情報アクセス権と情報発信権

情報流通のあり方が事実として変わったことに加えて、規範のレベルでも変化がある。知る権利は、表現の自由のコロラリーとして古くから認められてきたが、そのいわば具体化として、情報公開法[18]が制定され、また近時ではオープンデータが行政的に推進されている[19]。裁判所は、三権分立の下でこれらの規定の直接の対象とはならないが、自ら「裁判所は、その保有する司法行政文書の開示の申出があった場合は、何人に対しても、当該司法行政文書を開示するものとする」との開示原則[20]を規定し、手続的には情報公開・個人情報保護委員会[21]の答申を得て開示を行っている。

情報公開は国等の公権力と国民との関係にとどまらず、私人間においても、様々な場面で情報の開示が法的に求められるようになってきた。例えば企業会計情報等の開示[22]がその典型例である。民事手続との関係では、かつて、文書提出義務や証拠保全による開示の可否が問題となっていた医療機関の保有するカルテ等の医療記録が、インフォームド・コンセントと自己決定権の尊重の観点から、厚生労働省の「診療に関する情報提供等の在り方に関する検討会」による検討と報告書[23]を踏まえ、「診療情報の提供等に関する指針[24]」が策定された。これにより、医療機関と患者との間でも、カルテ等の医療記録の開示が事実上認められるようになってきた。このほか、貸金業者とその顧客との間で、取引履歴の開示が法的に求められるかどうかも争われてきたが、これを義務として認めた最高裁判決[25]を経て、貸金業法一九条および一九条の二に基づき、「債務者ごとに貸付けの契約について契約年月日、貸付けの金額、受領金額その他内閣府令で定める事項を記載」した帳簿の閲覧謄写請求権が規定されるに至った。

このように、情報に対するアクセス権は、公法的にも私法的にも、様々な場面で、権利として承認されるようになった[26]。

さらに情報を発信する権利も、従来から憲法上の基本的人権として表現の自由が定められて来たところではあるが、実質的にマスメディアでなければ情報を不特定多数人に対して伝える手段がなかったところ、インターネットの、特にウェブの技術が普及したことにより、劇的に状況が変わった。そして、インターネットを通じての情報を発信する権利は、表現の自由の具体的現れとして尊重されるべきことも当然である[27]。

### (2) 情報アクセス・発信権に対立する利益

これに対して、情報流通に対立する利益も、その法的な保護が強まる傾向がある。周知の通り、プライバシーという概念が登場し、我が国の判例でもその権利性が徐々に幅広く認められるようになってきた[28]。

他方で、個人情報保護法のインパクトは、プライバシー保護の強化の方向に極めて大きく働いた。当初の個人情報保護法は行政立法であり、民事ルールを定めたものではなかったし、個人情報そのものはプライバシーと異なる概念であるが、基本的にはプライバシーとして保護される利益と重なる利益を保護していることに疑いの余地はない[29]。

加えて、改正個人情報保護法は、情報主体の個人情報取扱事業者に対する開示、訂正、削除の求めを民事上の請求権と認めた[30]。またいわゆる機微情報ないしセンシティブな内容の情報について、要配慮個人情報としてより厳格な保護を定めた[31]。ただし、前述の通り、ビッグデータの利活用のために、匿名加工情報の概念を導入してその利用可能性の拡大もしている。

プライバシーとは別に、いわゆる企業秘密についてもかねてから秘密保護の必要性が説かれ、不正競争防止法の改正により、営業秘密の概念[32]が導入され、以後拡大強化されている[33]。

## 3 裁判情報の公開と制限

情報流通の増大と規範の変化は、裁判情報にも現れている。ここでは、広い意味での裁判の公開についての現状を確認する。

（1）　裁判公開原則の意義

裁判の公開は、言うまでもなく憲法八二条が保障する原則であり、民事訴訟法上も裁判の公開に反した手続はいわゆる絶対的上告理由とされている。[34] その意義については、「裁判の公正を保ち、裁判に対する国民の信用を得るため」[35] などと説明されている。

もっとも、この公開原則を巡っては、従来から議論があった。一つには、その例外の範囲をめぐる議論であり、憲法八二条二項が定める極めて限定的な非公開審理の可能性に対して、特に企業秘密の保護を理由とする例外の拡張が許されるかどうかというものであった。今一つは、非公開で行われる非訟手続について、（公開）裁判を受ける権利との関係をどのように理解するかというものであった。

後者の非訟事件と裁判を受ける権利に関しては、周知のように、判例が権利義務の終局的確定をもたらす純然たる訴訟事件と、これを前提として具体的な内容を定める処分である本質的非訟事件との二分法により、純然たる訴訟事件については公開対審を定めた憲法八二条の保障する手続による裁判を受ける権利が保障されるところ、本質的非訟事件はそうではないとする立場を築きあげてきた。[36] これについては、そのような二分法により扱いを異にすることに対して強い異論[37]があり、非訟事件手続法の改正および家事事件手続法の立法につながったが、そこでの焦点は当事者等の手続保障であり、[38] 非公開の是非ではなかった。

これに対して前者、すなわち非公開審理を認める例外規定の拡張可能性については、人格権保護を実質的な理由として、国際人権規約B規約一四条の公開制限を基準とするべきと説く見解[39]や、憲法八二条の「公の秩序または善良な風俗」の解釈を広くとる見解[40]、憲法三二条との関係で秘密保護の必要がある場合にも公開主義を貫く場合は裁判を受ける権利の侵害となるとする見解[41]などが展開されてきた[42]。

これらの議論に対して、松井茂記教授[43]は、裁判の公開と秘密保護のディレンマを問題として設定し、憲法三二条が保障する当事者のデュー・プロセスの権利には公開裁判を受ける権利が含まれ、さらに憲法二一条の表現の自由に含まれる情報の収集・取得の自由との関係で「憲法八二条が裁判の公開を保障している限り、個々の国民は、憲法二一条のもとで裁判についての情報を収集するため法廷へのアクセスの権利を有している」とされ、このような意味での一般公衆の法廷へのアクセス権によっても公開主義が基礎づけられるとする。その一方で、当事者のデュー・プロセスの権利の一部には憲法八二条二項とは別に非公開審理を求める権利も含まれ、公開主義との調整が必要となるとされる[44]。

この松井教授が挙げられる「公衆が憲法二一条のもとで有している法廷へのアクセスの権利＝公開裁判を求める権利」の意義をもう少し掘り下げて考えてみたい[45]。公衆の公開裁判を求める権利は、個々の傍聴人の主観的な権利を意味するものでは必ずしもないと思われる[46]。裁判の公開原則の意義は「裁判の公正を保ち、裁判に対する国民の信用を得るため」にあることから、公衆の公開裁判を求める権利も、そのような公正な裁判を保障するために認められるものと解される。すなわち、公開の下で裁判を行うことで、秘密裏に行われる不正や偏頗な裁判を防止するのみならず、法の解釈適用という司法権の行使に対しても公衆の抽象的な監視の下におくという限度で、一種の民主的コントロールを及ぼしているものと考えることができる。司法権は民主主義的な多数の意思に必ずしも従うことなく、むしろ少数者の基本的人権を擁護するという使命があり、これを実現するために司法権にも、また裁判官にも、独立性が保障されるが、民主的コントロールが全く及ばなくて良い存在というわけではない。公開主義の下で公衆が法廷にアクセスする権利を認められるのは、国民の情報収集と表現の自由を通じて間接的に、民主的コントロールを及ぼす可能性を開く点に意義がある。そういう意味で、公開主義は、公正な裁判を求める国民一般の利益に裏付けられている。それゆえにこそ、当事者および裁判所が一致して非公開審理を望んだとしても、なお、限定的にしか公開制限は認められないということになる。

### (2)　裁判の公開をめぐる近時の動向

上記のような議論の傍ら、現実の裁判の公開をめぐっては、その拡充の方向と制約する方向との両方の事態が進行している。

まず、裁判の公開を制約する方向の動きとしては、現行民事訴訟法制定前のいわゆる弁論兼和解[47]の実務が挙げられる。そこでは公開法廷ではない和解室において争点整理のための口頭弁論を開くことが幅広く試行された。もっとも、明文の規定なく、非公開の口頭弁論を開くものであるから、当然ながら公開主義原則との関係が不明確であるとの疑問は留保されていた[48]。現行民事訴訟法においては、弁論準備手続等の争点整理手続が設けられたが、公開主義との関係では、口頭弁論期日とは別個の期日として整理された。また、現行民事訴訟法が秘密保護の要請について手当した部分は、記録の非公開措置にとどまっていた[49]。

本格的な秘密保護のための公開主義の制限が立法に取り入れられたのは、平成一五年に制定され、翌一六年から施行された人事訴訟法二二条の当事者尋問等の公開停止であり、また平成一六年に制定された裁判所法等の一部を改正する法律により挿入された特許法一〇五条の七、種苗法四三条、実用新案法三〇条および不正競争防止法六条の七の、当事者尋問等の公開停止である。これらの規定は、憲法八二条二項の手続準則に当事者等の意見を聴くなどの加重した手続を導入し、基本的に公の秩序を害する虞に基いて憲法の公開原則との調整を図っている[50]。

他方、裁判の公開を強化する方向の動きもある。一つは、司法制度改革審議会意見書に取り上げられた司法の情報提供の拡充[51]であり、裁判へのアクセスに関連して民事裁判の利便性の向上の一つの項目とされていた。具体的には、裁判へのアクセスとの関係ではＡＤＲのワンストップサービスや相談窓口の拡充、ネットワーク化、そしてＩＴの活用による情報提供の拡充が挙げられていた。[52]また刑事司法が中心的ではあるが、国民的基盤の確立（国民の司法参加）のための条件整備として、分かりやすい司法の実現、司法教育の充実と並んで「司法に関する情報公開の推進」が掲げられ[53]。具体的にはホームページによる情報公開の一掃の推進、特に「判例情報をプライバシー等を配慮しつつインターネット・ホームページ等を活用して全面的に公開し提供すべき」という提言がなされた。

こうした方向性に基づき、司法アクセス検討会の議論の中では最高裁判所も情報公開の積極姿勢を打ち出し[54]、実際に裁判所ウェブサイトによる判例情報その他の情報提供の拡充が行われた。

拡充された裁判所ウェブサイトには、「見学・傍聴案内」と題する項目があるが、現実社会では法廷傍聴のブームともいうべき現象が起こっている。[55]それと並んで裁判所ウォッチングと呼ばれる活動もある。[56]そして法廷傍聴に関しては、既に平成元年に、レペタ訴訟に関する最大判平成元年三月八日民集四三巻二号八九頁が傍聴人のメモをとる行為を憲法二一条一項の精神に照らして尊重に値し、故なく妨げられないものと判示していた。この判決は、結論としてはメモを制限することが国家賠償請求権を基礎付けるものではないとして請求棄却としたものであるし、また憲法八二条も、「裁判の公開が制度として保障されていることに伴い、各人は、裁判を傍聴することができることとなるが、右規定は、各人が裁判所に対して傍聴することを権利として要求できることまでを認めたものではない」と判示しており、少なくとも傍聴人の主観的権利を認めるものではない。[57]しかし、憲法二一条一項の保障する表現の自由に関して、様々な意見や知識、情報に接することが自己の思想を形成発展させるために欠かせないとし、「民主主義社会における思想及び情報の自由な伝達、交流の確保という基本的原理を真に実効あるものたらしめるためにも必要」であると指摘し、情報に接してこれを摂取する自由は表現の自由の派生原理として当然に導かれるところであるから、その補助となるメモをとることも、「さまざまな意見、知識、情報に接し、これを摂取することを補助するものとしてなされる限り、筆記行為の自由は、憲法二一条一項の規定の精神に照らして尊重されるべき」と判示した。

このように、情報へのアクセスと情報発信を権利として保障する憲法二一条一項の下で、法廷傍聴とこれに付随する行為が、既に平成元年から、「尊重に値し、故なく妨げられてはならないもの」とされた。そしてごく最近には、傍聴人に対して裁判所が事件の概要を説明する簡単な文書を配布したり(58)、裁判所ウェブサイトに開廷予定を掲載したり(59)、あるいは東京地方・高等裁判所の開廷表をタブレット端末で電子的に公開したり(60)といった様々な試みが行われている。

なお、外国の例をごく簡単に確認しておくと、アメリカの連邦裁判所では一九八〇年代までカメラやビデオによる法廷の撮影を禁止していたが、レンキスト連邦最高裁長官の設けた臨時委員会 Ad Hoc Committee の報告により、一九九〇年から裁判官がテレビ中継を許可できるとのポリシーが採用された。これに基づき、一九九一年七月から実験的に、第二巡回区および第九巡回区の連邦控訴裁判所といくつかの連邦地方裁判所においてテレビ中継が試みられた。この実験を踏まえ、一九九四年には証人や陪審員に対する萎縮効果を慮ってテレビ中継の拡張を断念したが、二〇一〇年から二〇一五年まで、再び民事事件のカメラ・ビデオ導入の実験が行われた。その結果も、カメラ・ビデオによる撮影や中継には否定的であったが、二〇一六年からカリフォルニア州北部、ワシントン州西部、そしてグアムを含む第九巡回区控訴裁判所管内で、カメラ・ビデオ導入実験が続けられることとなった(61)。これに対して州裁判所は、統一されてはいない(62)。

フランスでは、通常の裁判所ではないが、憲法院 Conseil Constitutionnel がＱＰＣ弁論のオンラインビデオによる公開を実施している。[63][64]

⑶　裁判情報公開の変容

裁判そのものの公開に加えて、裁判情報の公開に関しても状況は変化している。先に述べたように、公開主義が裁判の民主的コントロールの一つの手段として理解できるとすれば、裁判過程とともに判決の内容を幅広く公開することが重要な意義を有する。

裁判情報といっても個々の事件記録の閲覧・謄写に関しては、そもそも限定的であるうえ、前述のとおり、現行民事訴訟法の時に秘密保護のための制限が明文化された。[65]これに対して裁判例の公開については、前述の司法制度改革審議会意見書とこれに対応した最高裁判所の作業により、裁判所ウェブサイトにおける公開と、知財高裁に関しては独自のサイトにおける公開が行われている。また、法科大学院制度の創設の前後から、法情報データベースが数社から発売され、従来紙媒体で公開されていた裁判例をデジタル化するとともに、新しい裁判例について積極的に収集し、デジタル化して公開している。

もっとも、まず量的には、公開される裁判例はごくごく一部にとどまっている。[66]また公開される場合も、裁判例は基本的に当事者間の私的な紛争であるから、当事者のプライバシー保護との調整が必要となる。紙媒体の判例集しかなかった時代には、当事者の実名も記載されていたが、オンラインデータベースではほぼ匿名化が行われ、最近は少なくとも民間の判例集は紙媒体でも匿名によることが一般化している。しかしながら、前述した通り、ビッグデータの収集・分析・再利用が行われている状況下で、しかもプライバシー保護の要請が高まってくると、単なる匿名化によって裁判例を公開することの問題性が大きくなってくる。次に述べる忘れられる権利とも関係するが、裁判例の公開による公共の利益と、私的紛争について生じるプライバシー保護の利益とを両立させるために、一般的に公開される情報には個人の特定につながる可能性を小さくした修正を施すとともに、法律の研究者や実務家には、守秘義務を課した上で、生の情報へのアクセスを保障するという制度にすべきところである。(67)

## (4)　忘れられる権利

これに関連して、主として刑事事件の裁判情報に関することではあるが、犯罪事実に関して逮捕等の報道が実名でなされることから、逮捕から始まる刑事手続の報道がインターネット上に掲載され、転載され、いつまでも表示されるという問題が生じている。そしてGoogleやYahoo!などの検索エンジンを用いることで、特定人の名前から逮捕等の報道記事の記録やその転載された記録が簡単に閲覧され、前科前歴情報による差別的取扱いにつながり、仕事について更生することの妨げとなっている。(68)これに対して、ヨーロッパにおける裁判例や個人データ保護規則の提案に挙げられた「忘れられる権利 droit à l'oubli」または削除権 droit à l'effacement を参照し、検索結果によるプライバシー侵害を理由として、その削除を求める仮処分や本訴が提起された。下級審では結論として削除を認めるものがあった(69)、最高裁も一般論としては、以下のように判示した。(70)

「……検索事業者が、ある者に関する条件による検索の求めに応じ、その者のプライバシーに属する事実を含む記事等が掲載されたウェブサイトのＵＲＬ等情報を検索結果の一部として提供する行為が違法となるか否かは、当該事実の性質及び内容、当該ＵＲＬ等情報が提供されることによってその者のプライバシーに属する事実が伝達される範囲とその者が被る具体的被害の程度、その者の社会的地位や影響力、上記記事等の目的や意義、上記記事等が掲載された時の社会的状況とその後の変化、上記記事等において当該事実を記載する必要性など、当該事実を公表されない法的利益と当該ＵＲＬ等情報を検索結果として提供する理由に関する諸事情を比較衡量して判断すべきもので、その結果、当該事実を公表されない法的利益が優越することが明らかな場合には、検索事業者に対し、当該ＵＲＬ等情報を検索結果から削除することを求めることができるものと解するのが相当である。」しかし、当該事案においては「本件事実を公表されない法的利益が優越することが明らかであるとはいえない」として、結論としては削除を認めない判断を示している。

この事件は、逮捕等の刑事手続についてされた報道がインターネット上で拡散され、しかもそれに対する検索エンジンを通じたアクセスがプライバシー侵害を引き起こしているものである。従って、民事裁判における事件それ自体や裁判例の情報の公開と秘密保護の問題とは異質な要素が含まれている。特に、報道が決定的な要素となっており、実名報道の問題点や無罪推定との衝突などが問題となりうるし、特に「更生を妨げられない利益」がどう保障されるかという観点は、民事裁判とは大きく異なる要素である。しかし、インターネットを通じた情報の流通、あるいは拡散と、その検索エンジンを通じたアクセス容易性が、裁判の公開と秘密やプライバシーの保護とのバランスに大きく影響を与えたという点では、本稿の問題関心に欠かすことができない裁判例である。

## 三　民事手続上の情報の利用と保護

### 1　判決手続

#### (1)　審理過程の公開と非公開

公開原則の下にある一般民事訴訟の判決手続でも、実質的な意味での情報の公開が保障されているかというと、必ずしも保障はされておらず、むしろ原則は非公開ではないかというべき状況がある。

まず、争点整理、特に弁論準備手続の公開が基本的に関係者に限定されている点である。この点は、現行法制定時に議論になったところだが、両当事者の立会権を認める一方で、裁判所が相当と認める場合には、第三者の傍聴を認め、当事者が申し出た者には手続に支障を生ずるおそれがない限り、傍聴を許さなければならないと規定された(71)。旧法の下での準備手続が非公開であった点および弁論兼和解が公開について曖昧であった点の反省を踏まえて規律を明確にしたものであるが、当事者の申出と裁判所の許可を必要としている点で、一般人が傍聴可能な公開によって確保される利益は後景に退いているということができる。実際にも、文言上は利害関係のない第三者の傍聴の可否については中立的であるが、運用上は非公開が原則となっているように思われる。

また、傍聴人が実質的に審理の内容を把握するには、訴訟記録にアクセスし、少なくとも弁論期日にやり取りされる書類を閲覧できる可能性がなければならない。しかし現在は、そのような可能性は、当事者が意識的に書類を開示して説明するなどの機会を設けない限り、事実上は閉ざされている(72)。

さらに、法廷で行われる弁論期日は、特に人証調べは公開されているが、法定外で行われる証拠調べ（出張尋問や現場検証）は事実上非公開であるし(73)、期日外釈明などが公開されることはなく、進行協議期日も公開は予定されていない(74)。

このように、判決手続のプロセスを個々に見ていくと、公開原則とはいっても、必要最小限度のアクセスを保障するにとどまってる。このことは、裁判の公開と訴訟で扱われる情報の保護という相反する要請の衝突を表面化させないという機能を果たしているが、公開原則の積極的な意義に照らすと、問題があると言わざるを得ない。特に第三者が傍聴したり記録にアクセスしたりすることに支障がある場合(75)を除き、原則として審理過程は公開し、プロセスを外部にも透明化することが、公正な裁判の確保と国民の信頼につながるものと考える(76)。

## (2) 証拠収集手段の拡充と情報保護の調整

平成八年制定の現行民事訴訟法は、証拠収集手段の拡充を柱の一つとして、情報収集のための当事者照会を創設し、文書提出義務を一般義務化する一方、いくつかの除外事由を設け、相手方または第三者の所持する文書の提出強制と情報保護との両立を図った。その後、国会で問題となった公務秘密文書について除外事由とその判断のための手続を整備し、訴え提起前の当事者照会および証拠収集処分を新設することで、証拠収集手段の拡充も進めた。

その中でも本稿の問題関心から特に注目できるのは、文書提出義務とその除外事由をめぐる議論である。もっともこれまでの議論の焦点は、文書提出義務を認めることで得られる真実に適った裁判の利益あるいは挙証者の利益と、文書所持者の情報をコントロールする権利や秘密としておく利益との対立という構図で捉えられ、裁判の公開の利益との対立関係が問題とされているわけではなかった。もちろん、弁論および記録が第三者に公開されており、また当事者が証拠資料から得られた情報を外部に公表することが可能であることから、文書所持者の開示を妨げる利益には、当然に裁判外へ公開されない利益が含まれるものとして議論されてきたように思われる。そして、個々の民事訴訟に関する情報であっても、前述の通り、事実として情報へのアクセスを求める傾向が強まり、一般社会に広範に流通する可能性があることも考慮すべきである。

そこで、図式的にいうならば、所持者が裁判外への公開を妨げる利益を有している場合には、民事訴訟法九二条による記録の非公開措置に加えて、知財関係訴訟で認められているような文書提出を求める当事者にも提示するインカメラ手続や当事者尋問等の非公開と秘密保持命令を組み合わせることで、当該文書の秘密性保護と裁判における利用とを両立させることができる(77)。あるいは、秘密保持命令というアドホックな秘密保持義務を課すのではなく、刑事訴訟法二八一条の四のように、開示された資料の目的外使用の禁止を罰則付きで法定することも考えられる(78)。

ただし、この場合も一般社会の裁判公開の利益が対立利益となりうる。そしてこの利益も、憲法の定める公開原則が保障するものであり、蔑ろにして良いものではない。そうだとすると、審理の非公開や秘密保持命令などの立法によって調整する余地は、自ずと狭い範囲に限られる。

これに対して、情報の所持者が特に裁判の場への開示を拒む利益を有している場合は、上記のような非公開措置によってもその利益を保護することができない。例えば取材源の秘匿は、当事者限りだとしてもなお保護に値するものと考えられるし、特定秘密保護法により指定された特定秘密は、当該秘密を扱える者を厳格に制限している関係上、一般に公開されないとしてもなお開示されない利益として保護される必要がある。(79) 企業秘密についても、当事者が相互に競業関係にあり、一方の秘密情報を相手方に開示すること自体が保護される利益の侵害となる場合も考えられる。(80) こうした場合も、証拠としての必要性など訴訟上の利益と開示を拒む利益との比較考量の余地はあるが、一般的には開示を拒む利益が優先される場合が多くなると考えられる。

## 2　執行・倒産手続

判決手続と異なり、執行・倒産手続はそもそも公開原則が妥当せず、一般的に非公開審理がなされる。その限りでは、裁判の公開原則と情報保護のジレンマは存在しないように見える。しかし、冒頭に述べたように、執行・倒産手続でも手続に関する情報は一般に公開される必要がある。

まず、執行手続では、不動産の強制競売開始決定が登記により公示され、公告もされる（民事執行法四八条、四九条）し、配当を受けるべき債権者の一部の者には催告（同法四九条二項）がされる。売却のためには、物件明細書等のいわゆる三点セットが一般の閲覧に供される（同法六二条二項）とともに、近時、インターネットによる公開（B

ＩＴ[81]が実施され（民事執行規則三一条）、内覧も規定されている（民事執行法六四条の二）。こうした情報の開示は、場合により広く一般に債務者のプライバシーを公開することにもつながりかねないので、公開と保護とのジレンマが生じうる。

なお、近年立法課題となっている財産開示の強化の問題[82]も、情報の保護と利用との調整が必要とされる場面の一つと位置づけることが可能である。ただし、開示された財産情報が広く一般に公開されるわけではないので、情報保護の必要性はその意味で後退し、より積極的な財産開示措置が正当と考えられる。

倒産手続においても、手続開始決定は公告され、一定の者への通知が行われる（破産法三二条、民事再生法三五条、会社更生法四三条[83]）。手続の具体的な進行や事件の内容についても、少なくとも債権者を中心とする利害関係人に対して情報を開示することは、倒産手続の透明性や信頼性の確保、手続の公平公正、さらには正確性や迅速性の見地から重要と指摘されており[84]、そのための基本的な仕組みとして文書の閲覧等を認める（破産法一一条、民事再生法一六条、会社更生法一一条）とともに、債権者集会または関係人集会がある（破産法一三五条以下、民事再生法一一四条以下、会社更生法一一四条以下）。債権者集会では、手続開始後に倒産者の財産状況を報告する財産状況報告集会（破産法三一条一項二号、民事再生法一二六条、会社更生法八五条）が、特に情報開示のために規定されている。もっとも、これらの集会は必ずしも機能していないとの指摘があり、これに代わる債権者の手続関与の仕組みとして債権者委員会の制度が各手続に設けられている（破産法一四四条以下、民事再生法一一七条以下、会社更生法一一七条以下[85]）。

特に再建型倒産手続においては、倒産債権者が一定の譲歩を与えて倒産者の再建に協力する関係にあり、その判断の前提として倒産者の財務情報のみならず経営情報について開示を受ける必要がある。しかしながら、まさに再建型倒産手続においては、当該企業の再建のために、債権者に対する情報開示が制約を受けることも認めざるをえない。例えば、事業ノウハウや顧客名簿や原価率などは営業秘密として保護されるべき情報の典型であり、再建のためにも秘密として保護される必要が強い。これを取引先や競争相手となりうる債権者に開示することは、再建のためには支障がある。そこで、民事再生法一七条は「再生債務者の事業の維持再生に著しい支障を生ずるおそれ又は再生債務者の財産に著しい損害を与えるおそれがある部分」について利害関係人による文書閲覧等の制限をする可能性を認めている(86)。この規定の運用は、情報の保護と利用のジレンマが典型的に現れる場面であり、一方で再建に必要な情報の秘匿の要請があり、他方では再建に協力を求められる利害関係人にとって再建案に同意するためにも必要な判断材料として開示を求める利益があり、そのバランスをとった開示範囲の決定は困難な課題である(87)。

## 四　むすび

本稿は、一般社会における情報の利用や流通の現状を背景として、民事手続に関する情報の利用と保護のジレンマが生じる場面を検討した。情報の流通量が増大し、また情報をやり取りする担い手も個人が中心となる中で、情報へのアクセスや情報発信が各個人の権利と捉えられる一方、情報の保護の要請もまた高まってきた。これと同様の構図は民事裁判手続に関する情報をめぐっても生じており、その中で手続外への公開と非公開の可能性に連動して、手続内での情報の利用と保護とのバランスも変化しうること、そして手続外には公開されないという前提であっても、手続内の情報の利用と保護の対立が先鋭化していることを確認した。

情報の利活用をめぐる状況は、現在ますます変化しており、また民事裁判手続自体の情報化(88)が手続内での情報の利用と保護にどのような影響を与えるか、本稿では十分考察することができなかった。その点で、本稿では結論をつけることができず、個々の問題点に関する具体的な検討は今後の課題とせざるを得ない。

【付記】　本稿は、日本学術振興会科学研究費補助金基盤研究（B）「民事紛争処理手続における情報の利用と保護の両立」（課題番号17H02473・研究代表者　町村泰貴）にかかる研究成果の一部である。

（1）民事執行法一九六条以下の財産開示手続であり、本稿執筆時点では法制審議会民事執行法部会により改正作業が継続中である。
（2）その象徴的な規定として、破産者の郵便物について破産管財人への配達を定めた破産法八一条が挙げられる。
（3）本稿では、本文で述べたような情報の開示や公開に対する制限や拒絶、あるいは非公開での審理などを広く情報保護と呼ぶこととする。
（4）この問題に関しては、民事訴訟法学会でも、二〇〇七年の第七七回大会において、上原敏夫教授を司会とするシンポジウム「民事裁判における情報の開示・保護」が開催され、その記録が本誌五四号（二〇〇八）七九頁以下に掲載されている。本稿の問題意識はこのシンポジウムと大幅に重なるものである。また筆者の従前公表した関連する論考としては、民事訴訟法学会での個別報告をまとめた町村泰貴「民事手続における情報流通のあり方―当事者照会を中心に―」本誌四五号（一九九九）二四一頁、同「民事訴訟とプライバシー保護」福永有利先生古稀記念『企業紛争と民事手続法理論』（商事法務・二〇〇五）四七三頁がある。
（5）民事訴訟法九二条。
（6）人事訴訟法二二条、特許法一〇五条の七など。
（7）現代社会のデジタル化、ネットワーク化の現状については、町村泰貴＝白井幸夫編『電子証拠の理論と実務』（民事法研究会・二〇一五）二頁以下（町村泰貴）参照。
（8）情報通信白書二〇一七年度版五五頁以下参照。
（9）これをCGM＝Consumer Generated Mediaという。
（10）ここでSNS＝Social Networking Systemとは、典型的にはTwitter、Facebook、LinkedIn、Mixi、Instagramのような、ユーザー同士が一方的または双方的なアクセス関係を形成し、テキストや写真、動画などの情報発信とこれに対する反応を通じて交流を行うサイトを指している。また広い意味ではSNSだがよりユーザー同士のコミュニケーションに適したツールとしてLINEやSkypeがあり、また情報発信機能に交流機能が次第に付け加わってSNSの一つと言われるようになったものとしてYoutubeがある。

(11) 裁判に関連する情報にもこの環境変化が影響していることは、後述する忘れられる権利をめぐる裁判例からも見て取れるところである。本稿二3(4)参照。

(12) ここでビッグデータというのは、気象観測機器（例えばアメダス）のような多数の計測機器やセンサーから得られた情報を集約したものに始まり、人々が携帯する端末が無線基地局やGPSを用いて発信している位置情報、決済に用いられるカードの利用情報、交通系カードによる移動履歴情報、電子商取引の利用情報などが集約されたものに加え、インターネット上の人々の情報発信記録や防犯カメラの映像記録なども含まれる。人々の発信するテキスト情報や映像は、従来は統計的処理や検索に適さなかったが、デジタル情報となり、また顔認識システムなどの発達により、それらが含む情報の分析・再利用の可能性が大きく広がっている。

(13) このプライベートな情報には、DNA情報や生体認証に用いられるデータ（個人識別符号）なども含まれる。

(14) 個人情報保護法二条九号「匿名個人情報」。なお、原田大樹「ビッグデータ・オープンデータと行政法学」法学教室四三二号（二〇一六）三九頁以下も参照。

(15) 例えば、乗降客の少ないA駅の利用者は、ある会社の従業員とか別の駅の利用者といった集団の中でたった一人しかいないということがあり得る。この場合は、その人の個人名が分からなくとも、個人が特定されることになる。

(16) 個人情報保護法三六条五項、三八条参照。

(17) 日置巴美＝板倉陽一郎『個人情報保護法のしくみ』（商事法務・二〇一七）一〇四頁以下、宇賀克也「個人情報・匿名加工情報・個人情報取扱事業者」受理一四八九号（二〇一六）三六頁以下参照。

(18) 行政機関の保有する情報の公開に関する法律（平成一一年法律第四二号）、独立行政法人等の保有する情報の公開に関する法律（平成一三年法律第一四〇号）および地方条例がある。

(19) オープンデータに関しては、高度情報通信ネットワーク社会推進戦略本部・官民データ活用推進戦略会議決定「オープンデータ基本指針」（二〇一七）〈http://www.kantei.go.jp/jp/singi/it2/kettei/pdf/20170530/kihonsisin.pdf〉（最終アクセス二〇一七年一一月）、宇賀克也「オープンデータ政策の展開と課題」季報情報公開・個人情報保護六三号（二〇一六）五八頁、原田・前掲論文（注14）四二頁以下など参照。

(20) 裁判所の保有する司法行政文書の開示に関する事務の取扱要綱第2。

(21) 〈http://www.courts.go.jp/saikosai/iinkai/jyouhoukoukai_kojinjyouhou/〉（最終アクセス二〇一七年一一月）

(22) 会社法は、いわゆる内部統制システムとして「取締役の職務の執行が法令及び定款に適合することを確保するための体制その他株式会社の業務並びに当該株式会社及びその子会社から成る企業集団の業務の適正を確保するために必要なものとして法務省令で定める体制の整備」を取締役の決定に委ね（会社法三四八条三項四号）、大会社については決定を義務とし（同条四項）、これは事業報告（同法四三七条）に記載されて株主に提供され、また計算書類は不特定多数人に開示される（同法四四〇条以下）。なお、金融商品取引法においては、有価証券報告書等の公衆縦覧を定める（同法二五条）。

(23) 「診療に関する情報提供等の在り方に関する検討会」報告書（二〇〇三）〈http://www.mhlw.go.jp/shingi/2003/06/s0610-2a.html〉（最終アクセス二〇一七年一一月）。

(24) 〈http://www.mhlw.go.jp/shingi/2004/06/s0623-15m.html〉（最終アクセス二〇一七年一一月）。

(25) 最判平成一七年七月一九日民集五九巻六号一七八三頁。

(26) なお、デジタルデバイドとの関係で情報に対する権利に言及するものとして、高橋和之＝松井茂記＝鈴木秀美『インターネットと法〔第4版〕』（有斐閣・二〇一〇）四二頁参照。

(27) 高橋ほか編・前掲書（注26）一五頁以下（松井茂記）、特に三三頁参照。このほか、山口いつ子『情報法の構造』（東京大学出版会・二〇一〇）も参照。

(28) プライバシーに関する文献は枚挙に暇がないが、比較的最近のものとして曽我部真裕＝林秀弥＝栗田昌裕『情報法概説』（弘文堂・二〇一六）二八一頁以下（栗田昌裕）が簡明である。なお、町村・前掲論文（注4）福永古稀記念四七七頁も参照。

(29) この関係につき、曽我部ほか・前掲書（注28）一七二頁以下（曽我部真裕）参照。

(30) 個人情報保護法二八条以下の開示、訂正、利用停止の各請求権。これについては日置ほか・前掲書（注17）九三頁以下、曽我部ほか・前掲書（注28）一九六頁（曽我部真裕）参照。

(31) 個人情報保護法二条三項、一七条二項、二三条二項柱書括弧書き。これらについて、日置ほか・前掲書（注17）六二頁以下参照。

(32) 不正競争防止法二条六項。

(33) 特に、刑事事件における秘密保護のための措置について、不正競争防止法二三条以下参照。なお、訴訟と企業秘密に関する近時の文献として、森脇純夫「企業秘密と訴訟審理」新堂幸司監修『実務民事訴訟講座［第3期］』第四巻（日本評論社・二〇一二）一八九頁以下参照。

(34) 民事訴訟法三一二条二項五号。

(35) 清宮四郎『憲法I（新版）』（有斐閣・一九七六）三六一頁。最高裁判所も、後述するレペタ訴訟大法廷判決において同旨を判示する。

(36) 純然たる訴訟事件について強制調停手続により処理することを違憲とした最大決昭和三五年七月六日民集一四巻九号一六五七頁を嚆矢として、夫婦の同居審判を非訟手続により行うことを合憲とした最大決昭和四〇年六月三〇日民集一九巻四号一〇八九頁がリーディングケースと位置づけられる。

(37) 小島武司「非訟化の限界について」中大八〇周年記念論文集（中央大学出版会・一九六五）一〇頁、林屋礼二「『訴訟事件の非訟化』と裁判を受ける権利」吉川追悼上（法律文化社・一九八〇）六六頁など。

(38) 法改正に先立って非訟手続の問題性を浮き彫りにしたものとして、最決平成二〇年五月一三日集民二二八号一頁。

(39) 鈴木重勝「我が国における裁判公開原則の成立過程」早稲田法学五七巻三号八三頁、田邊誠「民事訴訟における企業秘密の保護（上・下）」判タ七七五号（一九九二）二六頁、七七七号（一九九二）三一頁、同「訴訟手続における企業秘密の保護」民訴雑誌三七号（一九九一）一三五頁。

(40) 小橋馨「営業秘密の保護と裁判公開の原則」ジュリスト九六二号（一九九〇）三八頁。

(41) 田邊・前掲論文（注39）民訴雑誌一四〇頁以下。

(42) 以上の他、憲法学の方では佐藤幸治『現代国家と司法権』（有斐閣・一九九〇）三九五頁など参照。

(43) 松井茂記『裁判を受ける権利』（日本評論社・一九九三）二一〇頁以下。

(44) 松井・前掲書（注43）二四二頁以下、二五七頁以下参照。

(45) なお、町村・前掲論文（注4）福永古稀記念四八〇頁以下。

(46) 松井・前掲書（注43）二三〇頁は、「一般公衆に傍聴の自由を基本的人権として保障しているという見解は支持し難い」とされているが、これは憲法八二条ではなく二一条によりその権利が基礎づけられるとする趣旨であり、個々の傍聴人の主観的権利と理解できるものかどうかは明らかではない。

(47) 和解兼弁論ともいう。ミニシンポジウム「弁論兼和解」民訴雑誌三七号（一九九一）四九頁以下参照。

(48) ミニシンポジウム・前掲（注47）七七頁以下（上原敏夫報告）参照。なお、旧法の下では争点整理のために準備手続が規定されており、その公開性は、少なくとも規定上は不明確であった。

(49) 民事訴訟法九二条。なお、訴訟記録の閲覧は公開主義のコロラリーとの位置づけがあっても、憲法上の公開原則により保障されたものではないとの整理で、立法上閲覧制限が規定されたものである。その意義等について竹下守夫ほか『研究会 新民事訴訟法―立法・解釈・運用』ジュリスト増刊一九九九年一一月(有斐閣)九七頁、秋山幹男ほか『コンメンタール民事訴訟法Ⅱ(第2版)』(日本評論社・二〇〇六)二二七頁以下参照。

(50) 小野瀬厚=岡健太郎『一問一答 新しい人事訴訟制度』(商事法務・二〇〇四)九三頁は、「人が社会生活を営むに当たっての基本となる法的身分関係の形成又は存否の確認を目的とする人事訴訟において、裁判を公開することによって、現に誤った身分関係の形成又は存否の確認が行われるおそれがある場合は、憲法第八二条第二項にいう『公の秩序……を害する虞がある』場合に該当すると解することができる」とされている。近藤正昭=齊藤友嘉『知的財産関係二法 労働審判法』(商事法務・二〇〇四)一〇二頁も、より簡略ながらほぼ同旨である。

(51) 司法制度改革審議会「意見書」三一頁。

(52) この中では、情報提供にとどまらず、情報通信技術を訴訟手続、事務処理などの各側面で活用すべきであり、「インターネットによる訴訟関係書類の提出・交換などについても検討すべき」と指摘されていたにもかかわらず、わずかな実験にとどまってしまったところ、近時、再度IT活用を目指す方向が打ち出された。これについては、町村泰貴「ITの発展と民事手続」情報法制研究第二号(二〇一七)三八頁参照。

(53) 司法制度改革審議会・前掲(注51)一一一頁以下、情報公開の推進は一一三頁以下。

(54) 司法アクセス検討会第一一回会合の配布資料2「裁判所からの情報発信資料集(最高裁判所事務総局)」〈http://www.kantei.go.jp/jp/singi/sihou/kentoukai/access/dai11/11siryou2.pdf〉(最終アクセス二〇一七年一〇月)

(55) 有名なところでは、阿曽山大噴火、北尾トロ、長嶺超輝、今井亮といった方々が法廷傍聴記を多数公表しているし、法廷傍聴を勧めるものとしては井上薫『法廷傍聴へ行こう(第5版)』(法学書院・二〇一〇)などがある。

(56) 裁判所ウォッチング市民の会ブログ〈http://saiban-watching.com〉(最終アクセス二〇一七年一〇月)など多数。

(57) なお、前述の通り、公正な裁判の確保のために観念される「一般公衆の法廷へのアクセス権」は、個々の傍聴人に主観的な権利を認めるものではないので、本文で記載した判示によって否定されるものではない。

(58) これは二〇一七年七月一九日の大法廷弁論期日に際して「傍聴人の皆様へ」と書かれたA4用紙一枚の資料を配布したことを指してい

る。従来からマスメディアに対しては判決要旨を配布するというサービスを行ってきたが、一般傍聴人に、しかも判決ではなく事件の概要を解説する書面を配布したことは特筆すべきである。

（59）最高裁判所の開廷情報がまず先行して公開されている。最高裁判所開廷期日情報〈http://www.courts.go.jp/saikosai/kengaku/saikou-sai_kijitsu/〉（最終アクセス二〇一七年一〇月）。このほか、各地の裁判所で裁判員裁判の開廷情報が掲載されている。

（60）二〇一七年八月一五日より、試行されている。

（61）以上の経緯につき、History of Cameras in Courts〈http://www.uscourts.gov/about-federal-courts/cameras-courts/history-cameras-courts#a1〉（最終アクセス二〇一七年一〇月）。なお連邦最高裁判所は、口頭弁論の音声記録をオンラインで公開している。Argument Audio〈https://www.supremecourt.gov/oral_arguments/argument_audio/2017〉（最終アクセス二〇一七年一〇月）。

（62）一九九〇年代には、CourtTV が法廷の中継を行う事業で成長し、全米に広がっていたが、二〇〇八年には同社の事業が TruTV に売却され、法廷の中継は二〇一三年をもって終結している

（63）question prioritaire de constitutionnalité の略。法令の事後的な違憲審査制度であり、二〇〇八年七月二三日の憲法改正により追加された憲法六一―一条に基づき、事件を担当する受訴裁判所が違憲審査を必要と考えた場合に、司法裁判所系列の最高裁判所である破毀院 Cour de cassation または行政裁判所系列の最高裁判所であるコンセイユ・デタ Conseil d'Etat に事件を送付し、それぞれの最高裁判所が違憲審査を求める必要があると判断した場合に憲法院に係属する。この制度に関しては、ベルトラン・マチュー（植野妙実子＝兼頭ゆみ子訳）『フランスの事後的違憲審査制』（日本評論社・二〇一五）が詳しい。

（64）Toute les vidéo〈http://www.conseil-constitutionnel.fr/conseil-constitutionnel/francais/videos/toutes-les-videos.48281.html〉（最終アクセス二〇一七年一〇月）

（65）なお、法廷のテレビ中継と異なり、訴訟記録の一般公開に関しては、アメリカが極めて徹底しており、誰でも、Pacer を通じて訴訟記録を閲覧することが可能となっている。

（66）指宿信『法情報学の世界』（第一法規・二〇一〇）三四頁参照。

（67）こうした閲覧者の属性に応じた公開範囲の設定は、平成六年から行われた民事判決原本の一〇国立大学への移管の際に、その公開方針として採用されたことがある。その後、国立大学からの民事判決原本移管および最高裁判所を通じた保存期間経過後の判決原本の移管を受けて管理・開示を行っている国立公文書館も、公文書の保管に関する法律一六条の規律の下で、研究者に限った利用を認めている。以上に

つき、青山善充「民事判決原本の永久保存―廃棄からの蘇生―」林屋礼二・石井紫郎・青山善充編『明治前期の法と裁判』（信山社・二〇〇三）四頁以下、梅原康嗣・村上由佳「国立大学からの民事判決原本の移管完了について―民事判決原本利用のための手引―」北の丸四四号（二〇一二）一三九頁以下、新田一郎・高久俊子「民事判決原本データベース構築の歩み」アーカイブズ二九号（二〇〇七）二一頁以下および同号の特集「司法資料の保存と利用」に掲載された各論考参照。国立公文書館の発行する『北の丸』および『アーカイブズ』は同館ウェブサイト〈http://www.archives.go.jp/publication/〉（最終アクセス二〇一八年一月）によった。なお、電子的公開の際に利用者の属性に応じた情報開示範囲の設定を可能とするLegalXML技術について、小松弘「XML技術と法情報」法時七四巻三号（二〇〇二年）二六頁以下など参照。

(68) この忘れられる権利概念については、宮下紘『プライバシー権の復権』（中央大学出版部・二〇一五）二一九頁以下、同「忘れられる権利」判時二三一八号三頁以下、石井夏生利「『忘れられる権利』をめぐる論議の意義」情報管理五八巻四号（二〇一五）二七一頁以下、今岡直子「『忘れられる権利』をめぐる動向」国立国会図書館「調査と情報」八五四号（二〇一五）など参照。

(69) 最高裁決定の原々審であるさいたま地決平成二七年六月二五日判時二二八二号八三頁、異議審であるさいたま地決平成二七年一二月二二日判時同号七八頁は、いずれも、児童買春の罪への社会的関心や知る権利に寄与する検索エンジンの公益性を考慮してもなお、更生を妨げられない利益の侵害が受忍限度を超えているとして、削除を命じた。

(70) 最決平成二九年一月三一日民集七一巻一号六三頁。

(71) 民事訴訟法一六九条。この規定の立法過程から解釈については、竹下ほか・前掲書（注49）一九三頁以下、特に一九九頁以下参照。

(72) 社会的な注目を浴びる事件や、当事者に支援者がついている事件などでは、代理人において弁論期日の前後に説明会を設け、準備書面やその説明資料を開示することが行われている。

(73) 民事訴訟法一九五条。

(74) 民事訴訟規則九五条以下。

(75) この支障のある場合とは、憲法八二条や国際人権規約が定める非公開を認める例外事由には限られず、当事者に対する心理的圧迫のおそれや、特にセンシティブな個人に関する情報が開示される場面、あるいは企業や行政庁のもつ秘密で保護に値するものなどが考えられる。その意味では、民事訴訟法九二条の訴訟記録閲覧禁止や二〇三条の三の証人尋問における遮へい措置、二〇四条二号の定めるビデオリンク尋問のような場合がこれに当たる。

(76)　プライバシーとの関係は、町村・前掲論文（注4）福永古稀五六一頁以下参照。

(77)　こうした議論は、既に上原ほか・前掲シンポジウム（注4）、特に田邊誠「各論1　人証を中心に」九五頁以下、山本和彦「各論2　書証を中心に」一一〇頁以下においても展開されていた。森脇・前掲論文（注33）二一五頁以下が詳しい。なお、そもそも非公開の場である家事調停において民事訴訟法に基づく文書提出命令が申し立てられた事例において、公務秘密を理由とする提出拒絶が認められた事例として福岡高宮崎支決平成二八年五月二六日判時二三二九号五五頁、判タ一四三七号一二〇頁参照。

(78)　その適用例として、東京地判平成二六年三月一二日（判例集未登載）があり、また弁護士が開示された資料を報道機関に提供したことが目的外使用の禁止違反に当たるとして弁護士会に懲戒請求された事例も存在する。なお、民事執行法二〇二条にも、財産開示手続により開示された情報の目的外利用を禁止する規定が置かれ、同法二〇六条二項がこれに過料の制裁を規定している。

(79)　特定秘密保護法一〇条一項二号は、民事訴訟法二二三条六項の規定によるインカメラ手続に秘密事項を提示することは認めている。

(80)　森脇・前掲論文（注33）二一九頁以下参照。

(81)　不動産競売物件情報サイト〈http://bit.sikkou.jp/app/top/pt001/h01/〉（最終アクセス二〇一七年一一月）。

(82)　法制審議会民事執行部会「民事執行法の改正に関する中間試案」（二〇一七）参照。

(83)　なお、再建型倒産手続では、知れている債権者が一〇〇〇人以上で相当と認めるときは、通知を省略する決定ができる。民事再生法三四条二項、会社更生法四二条二項。

(84)　川嶋四郎「破産手続過程における情報開示―総論的課題について」山本克己＝山本和彦＝瀬戸英雄編『新破産法の理論と実務』（判例タイムズ社・二〇〇八）二七頁、福永有利監修『詳解民事再生法』（民事法研究会・二〇〇六）八七頁以下（小海隆則）、奈良道博「倒産手続における情報開示」高木新二郎＝伊藤眞編集代表『講座倒産の法システム　第四巻』（日本評論社・二〇〇六）二一九頁以下、特に二二一頁以下参照。

(85)　このほか、債権者説明会が再建型倒産処理手続には規定されている。民事再生規則六一条、手続開始前の関係人説明会として会社更生規則一六条、開始後のものとして同規則二五条。民事再生手続における監督委員（民事再生法五四条）や調査委員（民事再生法六二条）も、債務者の情報を取得して再生裁判所や利害関係人の判断の基礎とする点で、情報開示機能を担うものということができる。

(86)　会社更生法一二条も同様である。なお、破産法一二条にも同様に支障部分の閲覧等制限の規定があり、破産手続を通じて事業譲渡がなされる場合には、やはり営業秘密の保護が問題となりうるところである。

(87) 奈良・前掲論文（注83）二三七頁参照。

(88) 町村・前掲論文（注52）参照。

# 民事集中審理の実務（再論）

小林昭彦



## 一　はじめに

《集中審理とは、簡単に言えば、早期にできる限り争点及び証拠を整理し、その争点について的確な証拠調べ（実務上は、専ら証人尋問及び本人尋問を指して証拠調べと言っていますから、ここでもその用例に従います）を集中的に実施する審理のやり方です。ここでいう集中的とは、証拠調べをできる限り一回の証拠調期日で行うことですが、近接した二期日程度で行うことを含めてよろしいかと思います。

この集中審理は、いうまでもなく、適正な裁判を迅速に実現することを目指しています。争点を早期に明らかにし、その争点について的確な証拠調べを集中的に実施すれば、裁判官は、全部の証人及び当事者……について、直接、その証言態度、証言内容に接し、自ら観察した鮮明な証拠資料に基づいて判断することができますから、適正な裁判を迅速に実現することに適った審理方式であることは明らかです。》

私は、一九九六年（平成八年）一二月に大阪（会場は、大阪経済法科大学）で開催された第三回日韓民事訴訟法共同研究集会において「民事集中審理の実務」と題する講演をする機会に恵まれた。[1]右は、その講演録（ジュリ一一〇八号七二頁（一九九七））の一部である。当時、大阪地方裁判所で民事訴訟事件を担当していた。合議事件（週一回開廷）の右陪席を務めながら、単独事件（週二回開廷）を担当し、その単独事件では、ほぼ全部の事件で集中審理を実施していた。その集中審理の実務について、実施例四〇件に基づいて報告をしたのが、右の講演である。

この講演は、もちろん、旧民事訴訟法（明治二三年法律第二九号。以下「旧法」という。）の下での民事集中審理の実務を紹介したものである。当時、集中審理は、一部の裁判官による先駆的な試みにすぎず、一般的な審理方式ではなかった。その後、旧法を全面的に改正して「集中審理を眼目とする」（詳しくは後述する。）現行の民事訴訟法（平成八年法律第一〇九号。以下「新法」という。）が一九九八年（平成一〇年）一月一日から施行され、いまや、この集中審理が一般的な審理方式となっている。[2]旧法の下での民事訴訟実務を経験した者としては、新法による驚異的な実務の改革であったと実感している。私も、前記の講演の後、二〇〇九年（平成二一年）四月になってから、ようやくではあるが、東京地方裁判所で新法の下での民事集中審理を実施する機会を得た。そこで、その経験をも踏まえて、「民事集中審理の実務」について再論をしたい。

# 二　旧法における民事訴訟実務とその改善の試み

## 1　旧法における民事訴訟実務

私が判事補に任官した一九八一年（昭和五六年）当時の一般的な民事訴訟実務については、やや曖昧な記憶であるが、「五月雨式」とも揶揄された実務が相当程度行われていたことは否めないと思う。

《わが国の民事法廷の一般的な姿は、「三分間審理」という言葉に象徴されている。当事者本人が見ていても何をやっているかさっぱりわからない。要件事実を中心とする簡単な訴状と認否程度の答弁書に始まり、小出しの主張を記載した準備書面が口頭弁論期日に提出される。いずれも中味を読み上げたり説明することはまずなく、「陳述します。」の一言だけで済まされる。裁判官から詳しい釈明がなされることは珍しく、大抵「次回書面にて反論します。」とか「書面にして提出してください。」とかのやりとりで終わる。「口頭」弁論とは言うものの、実態は書面交換、書面督促の場と化した法廷が、半年一年と続くのである。その間、原・被告共、書面によって自己の有利と思われる主張と相手方の弱点と思われる点に対する攻撃を一方的に行い、一通り主張を終えた段階で争点の確認をすることもなく、ぼつぼつと人証調べに移るのである。その人証調べも主尋問だけやって反対尋問は次回になどということが珍しくなく、その間主張の変更や補充もまま行われる。こうした審理の状態を、いつのころからか「五月雨審理」とか「漂流型審理」と呼ぶようになり、これが長年の実務慣行として定着してきたのである。》

右は、小山稔弁護士の「争点整理総論」（『新民事訴訟法体系』第二巻（青林書院・一九九七）二一〇頁所収）での記述であるが、ほぼ私の記憶どおりである。そもそも、まず、大部分の手続は、法廷における口頭弁論で進行していた。

そして、ほぼ右の記述のとおり準備書面の交換が行われ、ある程度、双方の主張が出たところで、当事者本人や証人の尋問をするが、その際も、主尋問に一回（又は数回）の口頭弁論期日を充て、反対尋問にも一回（又は数回）の口頭弁論期日を充てることが少なくなく、また、その尋問の結果を受けて、原告及び被告が新たな主張を展開することもあった。その上で、さらに、当事者本人や証人の尋問をし、それが完了した時点で口頭弁論を終結し、判決を言い渡す。口頭弁論の形骸化であるとして非難を受けていたことも間違いない。

## 2 改善の試み⑴～「弁論兼和解」の興隆

私の任官後の改善の試みで特筆すべきものは、争点整理における「弁論兼和解」である。現在は、「弁論兼和解」といっても、何を意味するのかが分からない実務家が増えたのではないかと思われる。が、かつて、弁論兼和解が民事裁判実務を席巻し、猫も杓子も弁論兼和解というほどに興隆した時期があった。一九九一年（平成三年）五月に発行された代表的体系書は、次のとおり論述している。

《最近では、裁判所のなかから、改善の積極的な動きが現れ、それがかなり裁判所の実務に浸透しつつある。第一は、「弁論兼和解」の方式である。これは、裁判所が、当事者の了解のもとで、和解室または準備室などに当事者や代理人、場合によっては関係人の出頭をもとめ、テーブルを囲んでの当事者の対話をつうじて、事件の全貌を把握し、当事者間の争点がどこにあるかをしぼりこむとともに、状況によっては和解による決着をみちびこうというやりかたである。したがって、これは、形式的には、準備手続的なものであるが、実質的には、法廷と違った話しやすい雰囲気のなかで実りのある口頭弁論手続ないし和解手続をすすめていくものである。これは、まだ裁判官ごとの試行的段階のものであり、全裁判所に共通したルールができたというものではないが、要するに、従来のような形式的な審理方法を改めて、実際に原告と被告が裁判官のまえで紛争についての法律上・事実上の主張をぶつけ合い、これを裁判官がきいて事件の全体像をつかみ、裁判所が、当事者間で真に争われている問題を的確に把握して、効率的な審理による訴訟の促進をはかろうとするものである。こうした形の弁論をつうじて当事者間に和解が成立する可能性もあるので、右の期日は「弁論兼和解」とよばれているが、訴訟のはじめの段階からこの方式がとられることによって、訴訟の促進はかなり期待できるものと思われる。》

右の論述は、林屋礼二『民事訴訟法概要』（有斐閣・一九九一）二〇四頁であり、当時の「弁論兼和解」の状況を示している(3)。

私は、一九九四年（平成六年）四月に法務省から大阪地方裁判所に異動し、前記のとおり、民事訴訟事件を担当し始めたのだが、多数の裁判官により弁論兼和解が行われていることを知り、早速、弁論兼和解を試みた。弁論兼和解では、「当事者と裁判所が膝を突き合わせた率直な意見交換を行うことによって早期に争点を明確にする」ことに主眼があるが、その最大のメリットは、一件の事件に三〇分から一時間程度の時間を充てることができることにあったと思う。前記のとおり、単独事件の場合は、週二回開廷であり、その開廷時間（当時の大阪地方裁判所では、午前一〇時から一二時まで及び午後一時一五分から午後四時まで）の大半を証拠調べ（実務では、証人尋問及び当事者本人尋問のことを単に「証拠調べ」ということが多く、本稿でも、その例に従う。）に充てる必要があったので、主張整理のための口頭弁論は、一件に数分を充てることができるだけであった。前記の「三分間審理」は、そのような時間的制約もあってのことと思われる。弁論兼和解を和解室又は準備室で行うと、法廷を使用しないため、開廷日・開廷時間の制約を免れ、一件の事件に三〇分から一時間程度の時間を充てることができた。したがって、裁判所は、双方の訴訟代理人と徹底的に議論をして争点及び証拠を十分に整理することによって、真の争点を明確化し、その争点について的確な証拠調べをすることができるのである。

ただし、弁論兼和解については、それが実務の創意工夫として生まれたものであるため、根拠となる法律の規定が明確でなく、その手続において行うことのできる行為の範囲も明確ではなかったし、その結果として、弁論兼和解と呼ばれる手続の中で行われる事柄については、裁判官によって相当に差異がある等の指摘もされていた。また、弁論兼和解といいながら、裁判所は、和解の手続を進めるのみであって、弁論（争点整理）について熱心でないことが多いが、裁判所は、和解をしたいという真の意図を隠して弁論兼和解を行っているのではないかという指摘もあった。これらの指摘を踏まえて、私は、集中審理を始めた頃に「弁論兼和解」の運用をやめて、争点整理を目的とするときは、双方の訴訟代理人の了解を得た上で、和解室又は準備室での「争点整理期日」（弁論期日）を指定していた。

### 3 改善の試み(2)～集中審理（集中証拠調べ）

(1) 契機～「大阪地裁民事集中審理勉強会」

大阪地方裁判所在勤中に裁判官有志により「民事集中審理勉強会」が結成された。[4] 座長は、鳥越健治部総括判事であり、私がその鳥越判事の部の右陪席裁判官であったことから、その勉強会の幹事に指名され、「幹事である以上、至急、集中審理を実施して勉強会で最初の実践報告をするように」との指示を頂いた。以前から民事訴訟実務を変えたいとの思いを抱いていたこともあって、[5] 集中証拠調べを中核とする集中審理の試みに挑戦することとした。一九九四年（平成六年）九月頃のことである。その後の「民事集中審理勉強会」は極めて刺激的であった。他の裁判官の報告を参考にして集中審理の実務について（自分なりの）創意工夫を試みていた。

(2)　集中審理の内容

次いで、私が右のような経緯で実践をしていた集中審理は、前記の私の講演「民事集中審理の実務」のとおりであり、おおむね次のようなものであった。

ア　争点整理について

当然ながら、当時の大多数の訴訟代理人は、集中証拠調べを経験したことがなく、負担が大きいと感じられることから、集中証拠調べに対して抵抗感を抱き、消極的であった。そこで、一期日又は隣接する二期日に集中的に証拠調べをするためには、その上、双方の訴訟代理人の快い同意を得て実施するためには、徹底した争点整理が不可欠であり、しかも、ある程度難しい事案について徹底した争点整理をするためには、争点整理案の作成が必要であると考えた。そして、そういう事案（全体の六割程度）については、争点整理期日の前又は争点整理期日間に争点整理案を作成し、それをファクシリ等で双方の訴訟代理人に送付し、次回の争点整理期日までに検討をしてほしいとお願いをしていた。

争点整理案の内容は、在来様式の判決書の「事実」と同様の内容とする場合（事実摘示型）と新様式の判決書の「事案の概要」と同様の内容とする場合（事案の概要型）を事案に応じて使い分けていたが[6]、事実摘示型を基本としていた。その事案における重要な事実（主要事実と間接事実）と重要でない事実（関連性のない事実）とを区別し、その重要な事実について争いのない事実と争いのある事実（争点）を区別すること、その争点について証明責任の所在を明確にすることにおいて、事実摘示型の方が優れていると考えていた。また、争点整理案の作成に際しては、訴状、答弁書、準備書面を十分に検討するほか、当事者の主張や認否等が明確ではない事実についても、これを的確な書証等で認定することができる場合は、それを前提として争点整理案を作成し、当事者に確認を求めていた。

そうすると、当時の逸話であるが、争点整理案を見て、被告の訴訟代理人から「当方の負けということですね。被告を説得して和解をしたい。」旨の申出があり、早期に和解が成立したことがあった。当時は、まだ要件事実を十分に理解せず、要件事実に関係ない事情を長々と記載する準備書面等も決して珍しくなかった。その意味でも、事実適示型は威力を発揮したと思う。しかし、上記の集中審理勉強会での議論を通じ、事案の概要型は、争いのない事実と争点が一目瞭然であって、分かりやすいとのメリットがあることを自覚し、徐々に事案の概要型を採用する場合が増加した。

そして、争点整理期日では、争点整理案に沿って争点を確認し、その争点に関する双方の主張及びその主張を立証する方法を確認していた。争点整理に当たっては、本人や関係者に事情聴取をしたり関連する書証を探す等の必要が判明することも少なくなく、そういう場合は、争点整理期日を続行とし、事情聴取等の作業のスケジュールに照らし、準備書面や書証の提出期限を定めていた。そして、期日間に、提出された準備書面や書証等を踏まえて争点整理案を改訂し、その新しい争点整理案を双方の訴訟代理人に送付していた。

争点整理案について最終的に双方の同意を得ると、その期日の調書に「当事者双方の主張は、別紙争点整理案記載のとおりである」等と記載し、その争点整理案を添付していた。口頭で争点を確認したときは、必要に応じて、その旨を調書に記載していた。当然ながら争点整理により争点が絞り込まれる。当時の統計では、実施例四〇件の全部について争点三個以内に絞り込まれ、争点が一個の事件が一二件、二個の事件が一八件、三個の事件が一〇件であった。

また、集中証拠調べでは、争点に関する具体的な事情の十分な開示がないと同一期日に反対尋問や反証を行うことに支障が生じかねないし、そのことを慮って、集中証拠調べに賛同していただけないおそれもあった。そこで、争点に関する具体的な事情を記載した陳述書の提出を求めていた。ただし、当時は、いまだ陳述書の提出に対する抵抗も相当にあり、「陳述書に代替する詳細な準備書面でも結構です」と申し上げざるを得なかった。陳述書と詳細な準備書面の割合は、ほぼ半々であった。

書証の提出も争点整理において重要であり、例えば、契約書の成立が争点となる可能性のある事件で、契約書の提出を求めて、その署名及び捺印（印影）について認否を求めることやその事情について開示を求めることが不可欠であるし、的確な書証の提出によって争点が解消してしまうこともあり、書証の提出は、争点整理の進行に大いに役に立つ。また、集中証拠調べにおいて、主尋問で使用する書証が証拠調期日に提出されると、反対尋問や反証に支障が生じて集中証拠調べが難しくなるおそれがあることも考慮し、争点整理手続では、書証は、弾劾証拠を除いて、争点整理の段階で提出するよう促していた。実際にも、全ての事件で書証の事前提出は励行されていたのであって、当日に書証が提出されて集中証拠調べの実施が困難となった事例はなかった。

イ　証拠決定について

争点整理の最終的な段階では、争点の確認が終了し、その争点に関する具体的な事情に関する双方の主張が出揃い、また、その具体的事情を裏付ける書証が提出済みであり、その具体的事情についてどの証人（便宜上、証人及び当事者本人を「証人」と総称する。）がどのような証言をする予定であるかが判明する（むしろ、そう判明するようにするのが争点整理の主目的である。）。そこで、次回を証拠決定期日とし、証人全部の申出を終えるように促していた。そして、その証拠決定期日では、申出のあった証人について、双方の訴訟代理人と争点との関連性等について協議をするが、争点整理手続を経ているため、双方とも十分に検討した上で申出をしていたことから、大多数の事案で申出のあった全部の証人を採用していた。その上で、証明責任に従って取調べの順序を決める。例えば、争点が請求の原因の事実であるときは、原告の申し出た証人が先であり、争点が抗弁の事実であるときは、被告の申し出た証人が先である。そして、主尋問と反対尋問の時間を決め、全部の証人の尋問時間を加算して証拠調べ期日を決めていた（例えば、その総尋問時間が二時間三〇分であれば、午後一時三〇分から四時までとし、四時間であれば、これに午前一〇時三〇分から一二時までを加えていた。）。そして、以上のとおり決まった証拠決定の内容（取り調べる証人の特定、取調べの順番、証人ごとの主尋問及び反対尋問の時間）は、必ず調書に記載していた。

ウ　集中証拠調べについて

証拠調期日には、冒頭で、証拠決定の内容を具体的に説明して協力をお願いしていた。事案に応じて争点を再度確認したり、第三者証人に対して事案の概要を説明したりしていた。大抵の訴訟代理人は、争点整理を踏まえて、争点に関する具体的な事情を中心に的確な尋問をしていたため、大部分の事件で予定どおり集中証拠調べが実施されていた。

また、証拠調べに当たっては、できる限り、全部の証人に全部の証拠調べに立ち会うようお願いしていた。そこで、例えば、A証人とB証人を順次尋問した場合、B証人の尋問において、「先ほど、ご覧になっていたとおり、A証人は、いまのあなたの証言とは違って、……と証言していましたが、どうですか」と尋問して証言の違いを質すことができるし、B証人の尋問の後に、A証人を再度尋問して同様の質問をすることもできた。

## 三　新法による集中審理の法制化

### 1　新法の眼目～集中審理

中野貞一郎教授は、『解説　新民事訴訟法』（有斐閣・一九九七）三六頁において、次のとおり解説している。

《新法は、まず争点を早期に明確にし、証拠を整理したうえで、争点に的をしぼった効率的な証人尋問等を集中的に行うことによって、訴訟の適正・迅速な解決を図ろうとする。争点および証拠の的確な整理とこれに続く集中証拠調べを軸とする集中審理が、まさに、新法の眼目なのである。》

### 2　争点整理手続

そして、新法は、争点整理手続（新法上の名称は「争点及び証拠の整理手続」であるが、実務では単に「争点整理（手続）」ということが多く、本稿では、併用する。）として、口頭弁論のほか、新たに、準備的口頭弁論、弁論準備手続、書面による準備手続を設けた。このうち、弁論準備手続は、「新法の設けた争点整理三手続のなかの本命であり、旧法下の準備手続および弁論兼和解の系譜を継ぐ。……最近の実務から生まれ急速に普及した弁論兼和解は、その発想と手法が弁論準備手続のなかに取り込まれており、理論上の疑念の払拭にも努めた。したがって、建前上、弁論兼和解は、新法下では消える。」（中野・前掲書三七頁）とされていた。中野教授の予測どおり、新法下の実務では、大多数の事件で争点整理手続として弁論準備手続が採用されているし、「弁論兼和解」は跡形もなく消え去った（もちろん、裁判所は、訴訟がいかなる程度にあるかを問わず、和解を試みることができる（新法八九条）から、弁論準備手続の際に和解を試みることもできるし、現に、多くの事件で和解が試みられて、そのうちの相当数が和解の成立に至っている。）。

また、争点整理手続における攻撃防御方法の提出時期について、旧法の「随時提出主義」が審理を長期化させる原因の一つとなっているといわれていたことから、新法は、充実した無駄のない審理を実現するため、随時提出主義を「適時提出主義」に改め、「攻撃又は防御の方法は、訴訟の進行状況に応じて適切な時期に提出しなければならない。」（一五六条）と規定している。

## 3　集中証拠調べ

新法は、「証人及び当事者本人の尋問は、できる限り、争点及び証拠の整理が終了した後に集中して行わなければならない。」と規定している（一八二条）。この集中証拠調べについて、法務省民事局参事官室編『一問一答　新民事訴訟法』（商事法務研究会・一九九六）二一三頁は、次のとおり解説している。

《現在の実務では、いわゆる五月雨式審理として、争点および証拠の整理と証人および当事者本人の尋問が並行して行われることがあり、このことが訴訟遅延や充実した審理の妨げとなっているとの指摘がされています。このような実務上の問題点を解消するためには、準備的口頭弁論、弁論準備手続、書面による準備手続という争点等の整理手続を活用し、事案の内容に応じて、十分な争点等の整理を行い、証拠調べの対象である立証すべき事実を明確にしたうえで、証人および当事者本人尋問を集中的に実施することが望ましいと考えられます。そこで、このような理念が実現されるよう、明文の規定を設けることにしたのです。》

また、中野教授も、前掲書四四頁において、より端的に次のとおり解説している。

《従来の訴訟審理が争点・証拠の整理を十分に行わないまま弁論と証拠調べを成り行きしだいに重ねていくやり

方をとってきたのを改めるべく、新法では、集中審理主義をとり、まず争点を早期に明確にし、証拠を整理したうえで、争点に的をしぼった効率的な証人尋問等を集中的に行う。》

新法一八二条を受けて、新しい民事訴訟規則（平成八年最高裁判所規則第八号。以下「新規則」という。）も、「争点及び証拠の整理手続を経た事件については、裁判所は、争点及び証拠の整理手続の終了又は終結後における最初の口頭弁論の期日において、直ちに証拠調べをすることができるようにしなければならない。」（一〇一条）と規定しているが、争点及び証拠の整理手続の後直ちに集中証拠調べを行うことは、民事集中審理の実務からは、当然のことである。また、「証人及び当事者本人の尋問の申出は、できる限り、一括してしなければならない。」（新規則一〇〇条）とも定められているが、この規定も、集中証拠調べを実施するためには、必要不可欠の規定である。さらに、前記のとおり、集中証拠調べを円滑に実施するためには、書証は、弾劾証拠を除いて証拠調期日前に提出される必要があり、「証人若しくは当事者本人の尋問又は鑑定人の口頭による意見の陳述において使用する予定の文書は、証人等の陳述の信用性を争うための証拠として使用するものを除き、当該尋問又は意見の陳述を開始する時の相当期間前までに、提出しなければならない。ただし、当該文書を提出することができないときは、その写しを提出すれば足りる。」（新規則一〇二条）とも定められている。

### 4　新法の施行準備～「大阪地裁新民訴法研究会」

一九九六年（平成八年）九月頃、新法の施行を目前にして、前記の大阪地裁民事集中審理勉強会のメンバーの一部を中心として新法の研究をしようという声が起こり、大阪大学法学部の池田辰夫教授を助言者として迎え、中田昭孝部総括判事を世話役として「大阪地裁新民訴法研究会」が発足した。当初のメンバーは、裁判官一六人と書記官五人であり、二人ずつがコンビを組んで、同年一一月から一九九七年（平成九年）一二月までの間に九回に分けて、新法での実務において予想される解釈・運用上の諸問題について報告をし、その報告に基づいて協議や検討を行った。その報告は、その都度、判例タイムズ誌に掲載された上、単行本にまとめられて大阪地裁新民訴法研究会『実務　新民事訴訟法』（判例タイムズ社・一九九八）として刊行されている。私も、この研究会に参加したが、一九九七年（平成九年）四月の異動が予定されていたため、早めに報告をすることとなり、太田朝陽書記官とコンビを組んで一九九六年（平成八年）一一月に「争点整理の準備」と題する報告を行った。当時は、まだ新法及び新規則に関する解説書がほとんどなくて、その解釈や運用上の問題点を指摘して解決策を編み出すことに苦労をした記憶がある。もちろん、その後も異動直前まで上記の研究会に参加し、新法施行に対するわくわく感や意気込みをひしひしと感じていた。

## 四　新法における集中審理の実務

### 1　私自身の集中審理の実務について

前記のとおり、私は、新法施行準備に積極的に関与していたが、その後、法務省や内閣官房に出向する等し、ようやく二〇〇九年（平成二一年）四月に東京地方裁判所勤務となり、一二年ぶりに第一審で民事訴訟事件を担当し、新法の下で民事集中審理を実施する機会を得た（二〇一一年（平成二三年）一二月まで）。その際の専ら単独事件における実務について紹介をしたい（注7）。

(1)　争点整理手続について

争点整理手続としては、専ら弁論準備手続を利用した。前記のとおり、弁論準備手続は、旧法において盛んに利用された弁論兼和解の進化した審理方式であり、その便利さから、迷うことなく弁論準備手続を採用した。もちろん、「当事者の意見を聴いて、事件を弁論準備手続に付する」（新法一六八条）ことを要するが、弁論準備手続に消極的であった訴訟代理人はなく、大多数の訴訟代理人も、争点整理を弁論準備手続により行うことは当然であると考えていたと思われる。

そして、弁論準備手続の期日は、原則として三〇分（事案によっては、一時間）を予定し、その期日では、争点及び証拠の整理を徹底的に行うよう努めていた。前記の旧法の下での争点整理期日と同様である。そして、全部の事件について、争点及び証拠の整理と並行して、新様式による判決書の起案（判決書の作成）を行っていた(8)（ただし、必要に応じて在来様式による主張整理も併せて行っていた。その利点は前記のとおりである。）。すなわち、まずは、争点整理に関する部分（具体的には、当事者欄、事実及び理由欄のうち「第1　請求」「第2　事案の概要」の部分）のうち、争点及び証拠の整理に並行して書ける部分をどんどん書いていくのである。事件記録を精査しながら書くことによって、事案（事件記録の内容）が頭に入るし、当事者の主張や証拠の矛盾点や足りないものなどが明らかになる。そこで、争点整理手続では、争点整理に関する部分を全部書くことができるよう、主張や証拠の矛盾点や足りないものなどを双方の訴訟代理人に示し、訴訟代理人と徹底的に議論をし、必要な釈明をし、その準備を促す等の作業をするのである。そして、判決書のうち争点整理に関する部分を全部書くことができた時点で争点整理は完了する。もちろん、争点及び証拠の整理と並行して、裁判所の判断部分（主文欄、事実及び理由欄の「第3　当裁判所の判断」の部分）のうち書くことができる部分も書き始めていたし、争点整理が完了する頃には、むろん暫定的なものではあるが、裁判所の判断部分も書いてしまうこと（判決書の暫定的完成）がほとんどであった。

争点整理では、原告の請求の内容（訴訟物、請求の趣旨）、争点及び争点に関する当事者の主張が明らかになるし、当然ながら、争点についての立証や反証の方法、その可能性等についても十分な議論が行われるから、弁論準備手続の最終期日においては、証拠決定（証人の採用、取調べの順序、それぞれの証人について主尋問及び反対尋問の予定時間の決定）をすることとなるが、争点及び証拠の整理を徹底的に行うと、証拠決定手続も円滑に行われるのであって、この証拠決定手続において訴訟代理人と揉めた記憶はない（前記の旧法の下での実務と同様である。）。もちろん、訴訟代理人との間で確認した争点については、必要に応じて調書に記載していたし、上記の証拠決定の内容は必ず調書に記載していた（判決起案から争点整理に関する部分を切り出して争点整理案を作成して交付することは原則としてしていなかった。）。

(2)　集中証拠調べについて

証拠調べは、前記の新法及び新規則の規定どおり、争点整理手続の終了後における最初の口頭弁論の期日に集中して実施していた。その詳細は、前記の旧法の下での集中証拠調べと何ら変わらない。

ただし、旧法の下では、前記のとおり、そもそも集中証拠調べをすること自体に積極的ではない訴訟代理人が大多数であり、その快い同意を得て集中証拠調べをすることについては、争点整理案の作成及び交付など、裁判所としても、大いに労力を費やし説得をして何とか集中証拠調べの円滑な実施に漕ぎ着けていたのだが、新法の下では、訴訟代理人は、集中証拠調べを当然のものであるとしており、多大な苦労を要せずに（ただし、争点と証拠の整理を徹底的に行っていたことは上記のとおりである。）、ごく自然に集中証拠調べを実施していた。そのことは、旧法の下で苦労して何とか集中証拠調べを実施していた私にとっては、「青天の霹靂」といってもいいほどの衝撃であった。

また、陳述書についても、集中証拠調べにおいて必要であり、争点及び証拠の整理でも有用な手段であるところ、旧法の下では、提出していただくのにかなり苦労していたのであり、前記のとおり、陳述書の提出を嫌がる訴訟代理人も少なくなく、「陳述書に代替する詳細な準備書面でも結構です」と申し上げていたのであって、陳述書と詳細な準備書面の割合は、ほぼ半々であった。が、新法の下では、訴訟代理人は、陳述書の提出は当然であるとしており、争点整理の段階で、しかも、少なくない事件においてかなり早い段階で、積極的に陳述書を提出していた(9)。これも大きな驚きであった。

(3)　判決起案について

前記のとおり、全部の事件について、争点及び証拠の整理と並行して、判決起案をしていた。したがって、争点整理の手続が完了した時点で、判決書のうち、争点整理に関する部分は完成していたし（むしろ、この争点整理に関する部分が完成したから争点整理の手続が完了したのである。）、裁判所の判断に関する部分も書いてしまうことがほとんどであった。すなわち、ほぼ全部の事件について、集中証拠調べの前に、暫定的なものではあるが、判決書を作成していた。裁判所の判断に関する部分までを書くと、集中証拠調べにおいて確認すべき事項が明らかとなり、その事項について訴訟代理人が質問をしないときは（大半の事件では質問が行われていた。）、補充尋問でその質問をしていた。ともあれ、法廷での集中証拠調べにおいて、直接、証人の証言態度、証言内容に接し、自ら観察した鮮明な証拠資料に基づいて、心証を確定していた。そして、集中証拠調べの終了後、原則として、その日のうちに判決書を完成していた（集中証拠調べの成果は直ちに活かすべきであって、和解勧告をした場合も同様であったが、むろん、その日に和解が成立した場合は例外であった。）。集中証拠調べの結果、暫定的な判決書を修正する必要が生ずることは当然であるが、暫定的な心証を一部変更する必要がある場合があり、これを大幅に変更した場合（例えば、原告敗訴を原告勝訴に変更した場合）もあったが、法廷で、直接、証人の証言態度、証言内容に接し、自ら観察した鮮明な証拠資料に基づいて判断した結果であるから、正に集中証拠調べの成果であって、勇んで直ちに暫定的な判決書を書き直していた。

以上のとおり、争点及び証拠の整理の手続の進行に沿って判決起案を進め、集中証拠調べ前までに暫定的な判決書を作成し、集中証拠調べ後に直ちに判決書を完成する方式（判決起案の前倒しという人もいるが、本来の在るべき方式であって、前倒しではないと思う。したがって、「判決起案並行方式」とでもいいたい。）の良い点は、何といっても、充実した争点整理及び証拠調べを行うことができることにある。すなわち、口頭弁論の終結後に判決起案をすると（かつて私も経験したことがあるが）、複数の訴訟物の関係が曖昧であるとか、争点整理（当事者の主張の整理）が不十分であるとか、証人尋問で必要な質問をしていなかったとかに気付くことなどがあり、要するに審理が不十分であったことに気付くことがあるが、判決起案並行方式では、そういう事態は生じないからである。また、この方式の付随的な利点として、争点及び証拠の整理をしながら、とりわけ、立証可能性についても議論しながら、暫定的な心証に基づいて和解を試みると和解が成立する場合が多い（和解が成立しなくとも、訴訟代理人との議論により、暫定的な心証を検証することができる。）し、集中証拠調べの後、直ちに和解を試みても、心証が確定しているし、そもそもその前提として事案（事件記録の内容）が隅々まで頭に入っていることから、当事者も納得しやすく、したがって、和解も成立しやすいこと、口頭弁論の終結後に速やかに判決を言い渡すことができること、口頭弁論の終結における「判決起案をしなければならない」とのプレッシャーやストレスから全面的に開放されること（判決起案並行方式の場合は、むしろ、徐々に判決起案が完成していき、やりがいさえ感じるから、裁判官にとっては、かなり大きな利点である。）である。

(4)　和解について(10)

和解については、前記のとおり、争点及び証拠の整理手続で、裁判所の暫定的心証を説明し、訴訟代理人からの質問や反論等に応じて徹底的に議論をすると、訴訟の帰趨が見えてきて、和解の機運が高まり、自然と和解手続に移行し、和解の成立に至ることが多かったと思う。また、集中証拠調べの後にも、証拠調べで確定した心証に基づいて和解を試み、その成立に至ることが多かった。

そして、和解の手続では、訴訟代理人との和解協議を重ね、最終的に裁判所の和解案を提示するときは、努めて書面で提示していた。ある事件で和解案を口頭で提示したところ、被告の訴訟代理人から被告の役員会に諮る必要があるので書面でいただけないかと言われて、書面を交付したところ、被告の役員会の了承が得られ、無事に和解が成立したことが契機であった。交付する書面については、「次の和解条項案による和解を勧告する。」として裁判所名や裁判官名等を明記した上で、和解調書にそのまま添付することができるよう、細部まで具体的に書き上げた和解条項案を作成していた。もちろん、双方の訴訟代理人に対し、同時に交付していた。また、和解案の提示に当たって、当初の和解案に直ちには同意が得られないかもしれないと思われる事件（対立の激しい事件や和解条項が多岐にわたる事件）では、双方の意見を聞いて改訂する可能性があることも付言し、実際にも、数回にわたり、双方の意見を聞いて改訂を重ねてようやく和解の成立に至った事案もあった。いずれにせよ、この書面により和解案を提示する方法は、訴訟代理人にも好評であり、その和解成立率も相当に高かった。

## 2　民事訴訟実務全般について

東京高等裁判所において、二〇一四年（平成二六年）七月から二〇一七年（平成二九年）二月まで、民事部の部総括判事（裁判長）として勤務したので、その際に事件記録から見た管内の第一審の民事訴訟実務全般（専ら争点整理と証拠調べ）について感想を述べてみたい。

まず、全般的な印象であるが、前記のとおり、新法は、まず争点を早期に明確にし、証拠を整理したうえで、争点に的を絞った効率的な証人尋問等を集中的に行う集中審理を眼目とするところ、おおむね新法の眼目を目指して実務が運用されていると感じていた[11]。

次いで、個別に見ると、争点整理については、争点整理が的確に行われた事件が多いと感じたものの、中には、原告が提示する訴訟物を十分な整理をせずに羅列しているもの、当事者との十分な議論をしないまま、当事者の主張に引きずられて争点の絞り込みが十分ではないもの、事案に比して争点整理が長期間に及んでいるものなども散見された。また、訴訟代理人との間で確認した争点が調書に記載されている事例はごく少なかったし、調書に争点整理案の添付がある事件もほとんどなかった。ただし、中には、詳細で的確な争点整理案（双方が同意したもの）を調書に添付していたため、控訴審での控訴人の新たな主張が時機に遅れた攻撃方法であることが明らかであり、これを躊躇なく却下し、その訴訟代理人もやむを得ないとされた事件があった。

また、証拠調べについては、大多数の事件で集中証拠調べが行われていたが、そうでないものも散見された。必要な陳述書の提出がない事件はほとんどなかった。中には、証拠調べを一切せずに陳述書と書証だけで判断をしていた事件もあり、控訴審で証拠調べをした。前記のとおり、私も法廷で証拠調べをして陳述書等に基づく暫定的な心証を変更したことがあり、法廷での証拠調べが重要であることを大いに強調したい。

和解については、これを試みることが相当な事案であるにもかかわらず、その試みがないものが意外に多かった。そのことが不満であったと述べる訴訟代理人もいた。いずれにしても、控訴審で和解が成立することも少なくなく、第一審でもう少し積極的に和解を試みた方が良いと感じた。

さらにいえば、原判決の判断についても、明らかに常識に反する事実認定や事実の評価、全く独自の法解釈で到底受け入れることができないものなども散見されたが、第一審の争点整理手続や和解協議等で、裁判官がその時点における（暫定的な）心証なり見解なりを示して訴訟代理人と十分な議論をすれば、そのような誤った判断には至らなかったと思う。訴訟代理人との徹底した議論こそ、適正な裁判を実現する鍵であると確信している。

## 五　おわりに

前記のとおり、新法は、争点を早期に明確にし、証拠を整理した上で、争点に的を絞った効率的な証人尋問等を集中的に行う集中審理を眼目とするところ、私は、旧法時代から、この集中審理を目指していたつもりであるし、新法によって、このような方式は一般的なものとなった。今後は、集中審理をより充実したものとする更なる創意工夫が求められていると思われる。この論考[12]が少しでもお役に立てば幸いである。

（1）　この共同研究集会については、鈴木正裕教授の詳しい解説「第三回日韓民事訴訟法共同研究集会について」ジュリ一一〇八号六三頁（一九九七）をご覧ください。韓国側からも日本側からも錚錚たる学者及び実務家が出席された共同研究集会であり、畏敬する中野貞一郎教授が日本側の学者を代表して講演をされ、若輩の私が日本側の実務家を代表して講演をした。もちろん、大変光栄ではあったが、はりつめた気持であったことを思い出す。

（2）　那須弘平弁護士（当時。後に最高裁判所判事）は、五月雨式審理が一般的であった一九八八年（昭和六三年）に「集中審理再生のために」判タ六六五号一五頁において「集中審理」を強く提唱されていた。その先見の明に敬服する。

（3）　「弁論兼和解」について、小林秀之編著『新民事訴訟法の解説』（新日本法規・一九九七）一七八頁（この部分の執筆者は、小林秀之・原強・畑宏樹）は、「弁論兼和解は、実定法上の根拠が全く存しないにもかかわらず、実務の知恵から生み出された手続で、最近の実務では完全に定着しているものである。弁論兼和解の標準的な方式は、公開の法廷でない和解室や準備室で一つのテーブルを囲み、インフォーマルな雰囲気の中で裁判官と当事者（必要があれば本人も出頭）が実質的な討論や和解のための話し合いを行い、争点や証拠の整理、弁論、書証の取調べ、和解勧試まで有機的に行う（ラウンド・テーブル方式とも呼ばれる。）。証人尋問までは行わないが、それ以前のほとんどの訴訟手続を行い、口頭による実質的討論により間接事実、背景事情、書証の理解も容易で、裁判官も当事者も事件の見通しをつけることができ、和解の機運も高まりやすいといわれている。このため、一方では実質的な意味での口頭弁論の再生・活性化と評価する向きもあったが、非公開の場所でそこまで訴訟手続を行うことが公開主義に反しないか、和解も行うこととの関係上双方審尋主義に反しないか、などの厳しい批判も根強かった。」と解説している。

また、「弁論兼和解」が生まれた経緯について、山本和彦「弁論準備手続①——立法の経過と目的」（『新民事訴訟法体系』第二巻（青林書院・一九九七）二四八頁所収）は、「元来は和解期日において和解が成立しなかったときにも当該期日を無駄にしないため、当事者が準備書面や書証を持参して弁論行為も行うようにした実務的工夫に端を発する。しかるに、一部の裁判官は、これを争点整理のための手続としてより積極的に活用することを提唱・実践し、多くの研究者の支持を得たのである。その利点としては、法廷ではなく準備室その他の非公開の場で、裁判官と双方当事者が膝を突き合わせて事件について実質的な討論を行うことにより争点整理が円滑化する点、法廷を使わないこと及び書記官の立合いを必ずしも要しないことにより、法廷や書記官の都合にかかわらず（非開廷日でも）実質的審理が行える点、争点整理と和解とを容易に行き来でき、柔軟な訴訟進行が図れる点などが指摘された。」と記述している。

（4） 「大阪地裁民事集中審理勉強会」について、詳しくは、鳥越健治「大阪地裁民事集中審理勉強会報告の掲載を始めるに当たって」判タ九〇九号四頁（一九九六）をご覧ください。この勉強会の会員による座談会「集中審理の実施と問題点」（判タ九〇九号七頁（一九九六）により当時の集中審理の試みの状況がよく分かる。また、集中審理実施の概要等を紹介したものとして松山恒昭・小林昭彦「集中審理実施票と会員に対するアンケートに見る集中審理の実際」判タ九四一号二九頁（一九九七）がある。なお、私は、この勉強会の第二回会合で体験報告をした。その報告を大幅に改訂したものが、小林昭彦「集中審理実施報告」判タ九〇九号三八頁（一九九六）である。

（5） 判事補のとき、アメリカのロースクールに留学して民事訴訟法を含むアメリカ法を学び、帰国後、法律事務所に派遣されてアメリカの連邦地方裁判所の民事訴訟事件二件を担当する機会に恵まれた。その経験からも日本の民事訴訟実務を変えたいとの思いを抱いていた。

（6） 在来様式の判決書と新様式の判決書の違いについては、司法研修所編『一〇訂　民事判決起案の手引』（法曹会・二〇〇六）をご覧ください。

（7）　裁判官及び弁護士が民事通常訴訟（主に単独事件）の訴訟運営の現状と展望について議論をした福田剛久ほか「座談会　民事訴訟のプラクティス（上）（下）」判タ一三六八号四頁及び一三六九号二三頁（二〇一二）があり、有益な議論がされている。また、控訴審や上告審まで含む民事訴訟実務に関する様々な質問に対して裁判官の視点から答える門口正人「連載　裁判最前線」（金融法務事情一九八一号～二〇一三号（二〇一三～二〇一五）も裁判実務の実情を解説するものとして貴重である。

（8）　新堂幸司『新民事訴訟法〔第五版〕』（弘文堂・二〇一一）六六五頁は、「この新様式は、大筋において、争点・証拠の整理を尽くして中心的な争点を洗い出し、これについて集中的な証人尋問等を行うことによって、審理の充実と促進を図ろうとする平成八年改正法の狙いを、判決の書き方に投影したものと評価できる」とされている。なお、上谷清「判りやすい判決書」（上谷清・加藤新太郎編『新民事訴訟法施行三年の総括と将来の展望』（西神田編集室・二〇〇二）二九五頁所収）は裁判官必読の論考である。この論考を読む度に、判事補一年目に上谷裁判長に時に厳しく時に優しく鍛えていただいたことを懐かしく想起する。

（9）　須藤典明「実務から見た新民事訴訟法一〇年と今後の課題」民訴雑誌五五号一一七頁（二〇〇九）も「陳述書は、新民事訴訟法になってすっかり実務に定着している」とされている。

（10）　私も「判決と和解は事件処理の両輪」（武藤春光「民事訴訟における訴訟指揮について」司法研修所論集五六号（一九七五）七三頁。後に加藤新太郎編『民事訴訟審理』判例タイムズ社・二〇〇〇）二五頁所収）であると考えている。判決起案並行方式については、和解が成立すると判決起案（をしたこと）が無駄になるのではないかという見方もあるが、私は、常々、判決起案をしたからこそ和解が成立したと前向きに受け止め、和解の成立を判決起案の成果と考えていた。なお、右の論考は、練達の裁判官の講演録であり、同じく練達の裁判官の講演録である佐藤繁「民事裁判について」司法研修所論集九四号（一九九五）一頁（後に加藤編・前掲書四二七頁所収）とともに滋味深い内容である。

（11）　新法施行一〇年の時点での弁護士の発言であるが、座談会「民事訴訟法改正一〇年、そして新たな時代へ」ジュリ一三一七号六頁（二〇〇六）で、秋山幹夫弁護士は、「私の体験している範囲では、改正の理念はかなり定着しているのではないかと思います。従来言われていた「五月雨式証拠調べ」とか「漂流型審理」というのは、ほとんどなくなっているのではないかと思います。争点整理をきちんとした上で、集中証拠調べを行って判断するというやり方がかなり定着しており、それによって審理が充実し、迅速化も図られていると言えるのではないかと思います。……迅速化を図る反面、審理の充実が疎かになるのではないかという懸念もあったわけですが、争点整理が導入されたことによって、従来よりも主張や証拠の整理がきちんと行われ、争点を意識して集中証拠調べが行われるようになったという点で全体的にいえば充実化も図られているのではないかと思います。」と発言されているし、司法研修所で開催された民事訴訟研究会「改正民事訴訟法の一〇年とこれから(1)」ジュリ一三六六号一二〇頁（二〇〇八）で、清水正憲弁護士も、「私の知っている範囲でも、大体関西のどこの裁判所でも弁論準備手続で争点整理をやって、集中証拠調べをやるというプラクティスがおおむね定着してきているのではないかと思います。」と発言されている。

(12) 本稿（新法施行二〇年の節目を迎えての民事訴訟実務に関する論考）の執筆依頼は、私が東京高等裁判所部総括判事のときにあり、専ら地方裁判所で私が行っていた集中審理の実務について書くとの前提でその依頼を引き受け、構想を立てて書き始めていた。したがって、本稿が現在のポジションとは関係しないことを付記しておきたい。

《シンポジウム》

# 倒産法と優先順位

岡　正　晶（第一東京弁護士会）

（司会）松下淳一（東京大学）
（報告）近藤隆司（明治学院大学）
倉部真由美（法政大学）
藤本利一（大阪大学）
（発言・質問）中島弘雅（慶應義塾大学）
山﨑雄一郎（東京弁護士会）
上原敏夫（明治大学）
佐藤鉄男（中央大学）
山本研（早稲田大学）
棚橋洋平（首都大学東京）
上田裕康（大阪弁護士会）
中井康之（大阪弁護士会）
黒木和彰（福岡県弁護士会）
赫高規（大阪弁護士会）
高見進（北海道大学）

目次



# はじめに

松下　淳一

それでは、平成二九年度の第八七回日本民事訴訟法学会大会のミニシンポジウムを開始致します。私は、この企画のとりまとめ及び本日の司会を務めます東京大学の松下でございます。よろしくお願い致します。

今回のミニシンポのテーマは、「倒産法と優先順位」です。倒産法の目的の一つは、欠乏した債務者財産の価値を、その財産を引き当てとする各種の権利を有する者に分配することにあります。債務者の財産の価値がすべての権利の完全な満足をもたらすには不足する以上、割合的な満足しか受けることができない権利者が生ずるのは不可避です。どの権利がどの程度の満足を受けられるか、換言すれば無資力リスクを権利者間でどのように分担するかについては、現在のいわゆる倒産実体法は、平時の実体法を根拠に、あるいは倒産手続内在的な考慮から、各種の権利の間に優先劣後の関係を設けています。本シンポジウムは、倒産法における優先順位を検討の対象とするものであります。

もっとも、優先順位に関する問題は極めて多数存在することから、本シンポジウムにおける時間の制約も勘案して、各報告者が現在特に関心を有する問題に絞って報告をすることと致します。

第一報告は、明治学院大学の近藤隆司会員による「弁済による代位における求償権および原債権の倒産法上の優先順位」、第二報告は、法政大学の倉部真由美会員による「民事再生手続における別除権協定の位置づけ」、第三報告は、大阪大学の藤本利一会員による「相殺期待の合理性について」です。大会次第に加えて、別途配布物があります。近藤報告については、本日配布のレジュメと別紙として判例の表が、倉部報告については本日配布のレジュメと設例を挙げる別紙が、藤本報告については本日配布のレジュメが、それぞれ用意されています。お手許に揃っているかどうかご確認下さい。

本シンポジウムの準備のために、取りまとめ役の私と三名の報告者は、五回勉強会を行いました。その際には、日本大学の杉本純子会員、慶應義塾大学の工藤敏隆会員にオブザーバーとして参加して頂いたこともありました。また、昨年一一月には日弁連倒産法制等検討委員会にて、本年三月には日本民事訴訟法学会関西支部研究会及び東京大学民事訴訟法研究会にて、それぞれ報告の機会を得て、様々なご意見を頂きました。皆様から頂いたご教示に心より感謝申し上げます。さらに、本シンポジウムの基礎となる研究は、民事紛争処理研究基金からの助成を受けています。この点、厚く御礼申し上げます。

それでは、第一報告を近藤会員からよろしくお願い致します。

## 報告

### I 弁済による代位における求償権および原債権の倒産法上の優先順位

近藤　隆司

#### 一 本報告の目的

明治学院大学の近藤でございます。本日は報告の機会を与えていただき誠にありがとうございます。

私からの報告は、弁済による代位の場面における求償権および原債権につきまして、それぞれの倒産法上の優先順位について、次のように問題を抽出・設定して検討するものです。

第一に、求償権の優先順位の問題としまして、破産者等の倒産債務者に対する債権につき代位弁済をした者が、倒産債務者に対して取得する求償権（民四五九条一項等）は、倒産法上、いかなる優先順位をもつか、という問題です。例えば、次の【Q１】のような問題が、考えられます。

【Q１】破産者の保証人が、破産者に対する債権のうち——破産手続開始までに生じた元本等（これは一般の破産債権であるものとする）と共にまたは別に——破産手続開始後の利息および遅延損害金の請求権（劣後的破産債権［破九七条一号二号・九九条一項一号］）につき代位弁済をした場合、破産者に対して取得する求償権は、一般の破産債権か、あるいは劣後的破産債権となるか。

第二に、原債権の優先順位の問題としまして、破産者等の倒産債務者に対する債権につき代位弁済をした者が、弁済による代位により取得するこの債権すなわち原債権（民五〇一条）は、倒産法上、いかなる優先順位をもつか、という問題です。例えば、次の【Q２】【Q３】のような問題が、議論されています。

【Q２】独立行政法人労働者健康安全機構（旧労働者健康福祉機構）その他の者が、破産者の使用人の労働債権（これは財団債権［破一四九条］であるものとする）につき立替払いその他の代位弁済をした場合、弁済による代位により取得する労働債権の財団債権性を承継するか。

【Q３】破産者の納税保証人が、租税債権（これは財団債権［破一四八条一項三号］であるものとする）につき代位納付をした場合、納付による代位により租税債権を取得するか。また、そうだとしたら、租税債権の財団債権性を承継するか。

これらのうち第二の【Q２】につきましては、最判平成二三年一一月二二日（民集六五巻八号三一六五頁）が、弁済による代位の制度趣旨につき、「原債権を求償権を確保するための一種の担保として機能させる」ものであるなどと述べ、労働債権の財団債権性（破一四九条一項）の承継を肯定しました。また、最判平成二三年一一月二四日（民集六五巻八号三二一三頁）も、同様の理由から、再生手続開始後に代位弁済した「請負契約の解除に基づく前渡金返還請求権」につき、共益債権性（民再四九条五項・破五四条二項）の承継を肯定しました。これら二つの最高裁の判例は、弁済による代位の制度趣旨から財団債権性・共益債権性の承継を肯定しておりますので、原債権が私債権の場合については広く一般的に射程が及び、実務上の解決は図られていると考えられます。しかし、とりわけそれ以前は、財団債権等の優先順位の承継を否定する見解も有力でした。

また、【Q３】の原債権が租税債権の場合につきましては、下級審の裁判例において、租税債権の優先順位の承継を認めるものはありません（東京地判平成一七年三月九日金法一七四七号八四頁、東京地判平成一七年四月一五日判時一九一二号七〇頁等）。しかし、最高裁の見解はまだ示されておりません。また、学説の多くは租税債権の取得自体を否定するようですが、租税債権の取得およびその優先順位の承継を肯定する方向で検討する論者も見られるところで、本格的な議論はこれからであると考えます。

ところで、弁済による代位の場面における優先順位の問題は、代位弁済をした者が原債権者から取得する原債権のみならず、第一の【Q1】のように、代位弁済をした者が固有に取得する求償権についても生ずるものと考えますが、これまでこの議論は見あたりません。

そこで、本報告では、まず**二**で、倒産法における優先順位の決定基準について二点ほど確認し、これを踏まえて**三**で、弁済による代位における求償権の優先順位について検討し、そして**四**で、弁済による代位における原債権の優先順位について、原債権が私債権の場合と租税債権の場合とに分けて検討することにいたします。

## 二　倒産法における優先順位の決定基準

### 1　倒産法における優先順位の決定法規

倒産法における優先順位の決定基準につきまして、まず一点目は倒産法における優先順位の決定法規で、これは平時実体法をベースにしつつも、倒産法により決定されるものと考えます。その理由として、第一に、民法等の平時実体法は、倒産の場面を基本的には念頭に置いておらず、これに対して倒産法は、倒産の場面のみを念頭に置いた法律であるということです。第二に、倒産法は、破産法九八条二項が優先的破産債権間の優先順位を民法等の平時実体法に依拠するなど、平時実体法をベースに優先順位を定めておりますが、倒産法独自の優先順位も定めていることです。例えば、破産法六六条一項二項は、商事留置権を特別の先取特権とみなすなどし、また、破産法一四八条一項三号は一定の租税債権につき、あるいは破産法一四九条は一定の労働債権につき、それぞれ優先的破産債権の性質のものを財団債権に格上げしています。なお、民事執行法は平時実体法に完全依拠しており（民執八五条二項・一八八条参照）、倒産法と対照的です。

### 2　倒産法における優先順位の決定時

二点目は倒産法における優先順位の決定時で、これは特別の定めがある場合を除き、倒産手続開始時に決定されるものと考えます。その理由として、倒産法は、倒産手続開始までに生じた債権のみならず、倒産手続開始後に生ずる債権についても、倒産手続開始時に倒産債権かそれ以外か等の優先順位を決定ないし固定していることです。破産債権の定義規定である破産法二条五項や、破産手続開始後に生ずべき破産財団の管理費用等を財団債権とする破産法一四八条一項二号などは、このことを前提にしていましょう。ただし、倒産法は、特別の定めを置いて、その例外も認めております。例えば、民事再生法九二条三項は、再生債権たる敷金返還請求権の一部につき、賃料債務の弁済等を条件に共益債権に格上げしています。また、いわゆる双方未履行の双務契約についての伝統的な通説によりますと、破産管財人が債務の履行を選択した場合における相手方の請求権を財団債権とする破産法一四八条一項七号も、破産債権から財団債権への格上げとなりましょう。

## 三　弁済による代位における求償権の倒産法上の優先順位——【Q1】について

### 1　求償制度における基本的視座

では、弁済による代位における求償権の倒産法上の優先順位に関する問題として、【Q1】についてです。

求償制度における基本的視座として、まず、代位弁済者の求償権は、原債権者の原債権とは別個の債権でありますが、その本来的性質は、保証人が自らの債務としての保証債務を履行する場合を含め、委託がある場合は委任事務処理費用の償還請求権（民六四九条・六五〇条）で、委託がない場合は事務管理費用の償還請求権（民七〇二条）と解されています。すなわち、【図1】に示しましたように、債務者に対する関係において、代位弁済前は原債権者の原債権が債務者に請求可能という意味で「原債権者の原債権→債務者」と表すとするなら、代位弁済後は「代位弁済者の求償権→債務者」と表されることになります。

次に、倒産の場面です。倒産の場面では、代位弁済前に原債権者が原債権を倒産債権として行使している間は、将来の代位弁済者は、その求償権を倒産債権として行使することができません（破一〇四条三項ただし書等）。また、最判平成七年

**【図1】　弁済による代位における求償権の位置づけ**

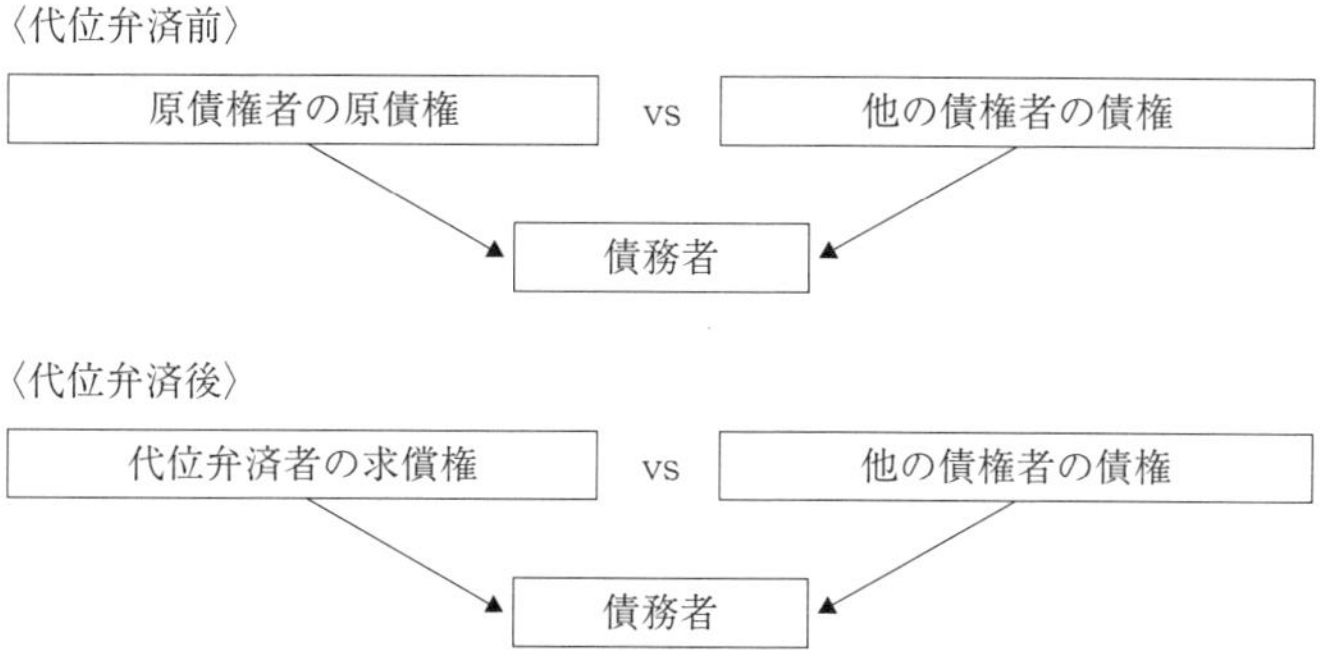


一月二〇日（民集四九巻一号一頁）は、民事再生の前身である和議の事案につきまして、「和議開始決定の後に弁済したことにより、和議債務者に対して求償権を有するに至った連帯保証人は、債権者が債権全部の弁済を受けたときに限り、右弁済による代位によって取得する債権者の和議債権（和議条件により変更されたもの）の限度で、右求償権を行使し得るにすぎない」と判示しました。本報告ではこのうち、「（和議条件により変更されたもの）の限度で」、というところに注目します。すなわち、これらのことは、【図1】に示しましたように、他の債権者の債権に対する関係において、代位弁済前は原債権者の原債権と他の債権者の債権とが競合するという意味で「原債権者の原債権vs他の債権者の債権」と表すとするなら、代位弁済後は代位弁済者の求償権と他の債権者の債権とが競合するという意味で「代位弁済者の求償権vs他の債権者の債権」となる、ということの現れと考えます。

## 2　検討と結論

さて、破産者の保証人の求償権は、破産手続開始までに生じた元本等についての部分のみならず、破産手続開始後の利息および遅延損害金について生ずる部分についても、破産手続開始前になされた破産者からの委託または原債権者との保証契約を原因として生ずるものでありますから、破産法九七条一号二号の適用はなく、一般の破産債権とも解されましょう。しかし、そう解すると、他の債権者とりわけ一般の破産債権者において、破産手続開始時に観念的ないし潜在的に決定されていた配当額が、その後＝破産手続開始後に、代位弁済者の求償権に配当される分だけ減少する、ということになってしまいます。この点につきまして、前述二**2**のとおり、倒産債権かそれ以外か等の優先順位は倒産手続開始時に決定ないし固定しており、そして、前述三**1**のとおり、代位弁済前は「原債権者の原債権vs他の債権者の債権」という構図であったのが、代位弁済後は「代位弁済者の求償権vs他の債権者の債権」という構図になる、という観点からみると、他の債権者はそのような不利益を甘受することは相当ではないと考えます。

よって、一般論として、代位弁済者の求償権の優先順位は、原債権の優先順位を超えない、と考えます。そして、【Q１】の場合には、破産者の保証人の求償権は、一般の破産債権ではなく、劣後的破産債権と解します。解釈手法としては、破産法九九条一項一号の類推適用と考えます。

## 四　弁済による代位における原債権の倒産法上の優先順位

### 1　原債権が私債権の場合——【Q２】の労働債権の場合について

#### (1)　判例法理の確認

続きまして、弁済による代位における原債権の倒産法上の優先順位に関する問題で、まずは、原債権が私債権の場合の一例として、【Q２】の労働債権の場合についてです。これについては、最高裁の判例があるところ、判例法理の検討という形で検討したいと思います。

まず、判例法理の確認です。最判平成二三年一一月二二日（民集六五巻八号三一六五頁）は、①「弁済による代位の制度は、代位弁済者が債務者に対して取得する求償権を確保するために、法の規定により弁済によって消滅すべきはずの原債権及びその担保権を代位弁済者に移転させ、代位弁済者がその求償権の範囲内で原債権及びその担保権を行使することを認める制度であ」るとした先例（最判昭和五九年五月二九日民集三八巻七号八八五頁、最判昭和六一年二月二〇日民集四〇巻一号四三頁）を参照したうえで、「原債権を求償権を確保するための一種の担保として機能させることをその趣旨とするものである」と述べ、この制度趣旨から原債権の財団債権性の承継を肯定しました。そしてこれに続けて、②「このように解したとしても、他の破産債権者は、もともと原債権者による上記財団債権の行使を甘受せざるを得ない立場にあったのであるから、不当に不利益を被るということはできない」と述べました。なお、最判平成二三年一一月二四日（民集六五巻八号三二一三頁）も同旨です。

(2) 代表的なアプローチの確認

次に、判例・学説における代表的なアプローチを四つほど、ごく簡潔に確認したいと思います。

① 弁済による代位の制度趣旨からのアプローチ　これは判例法理①とされたところでもあります。この制度趣旨を強調すればするほど、承継肯定の方向に向かいます。

② 代位弁済者と他の一般債権者との利益考量的アプローチ（「棚ぼた」否定論）　これは判例法理②とされたところでもあります。代位弁済者が取得した原債権は財団債権とはならず一般の破産債権と解するとすると、この代位弁済がなされることにより他の一般債権者は思わぬ利益を受ける、すなわち「棚からぼた餅」的に利益を得ることになるところ、債権者間の公平の見地からこれを否定する、ということで、「棚ぼた」否定論などと称すべきもので、したがって、承継肯定の方向に向かいます。なお、最判平成二三年一一月二四日における金築誠志裁判官の補足意見の中に、他の再生債権者が棚ぼた的に利益を得ることは公平とは言い難い、という指摘が見られます。

③ 原債権の求償権に対する附従的性質論（求償権と原債権の主従的競合論）からのアプローチ　これは、民法五〇一条柱書にいう「自己の権利に基づいて求償をすることができる範囲内において」の意義・解釈についてです。最判平成二三年一一月二二日等が参照する最判昭和六一年二月二〇日は、「原債権及びその担保権は、求償権を確保することを目的として存在する附従的な性質を有し、求償権が消滅したときはこれによって当然に消滅し、その行使は求償権の存する限度によって制約される」、さらに、「求償権による右のような制約は実体法上の制約である」などと判示しました。③のアプローチは、これに基づいた議論ですが、一方では、このアプローチから承継否定を導く学説・下級審裁判例が比較的多いものの、他方では、承継肯定を導くものも少なくなく、このアプローチは承継肯定・否定の決定打にはなっていないと考えられます。

④ 原債権の優先性（とくに破産法一四九条が財団債権と定める労働債権）の属人的な性質論からのアプローチ　これは、破産法一四九条の趣旨から、労働債権が代位弁済者に移転して債権者が労働者ではなくなった以上、例外的・政策的な優先性を特別に認める根拠は失われる、とするものです。先の③は私債権一般に通ずるアプローチであるのに対して、この④は労働債権に限定して承継否定に向かうアプローチです。

**【図２】　弁済による代位における原債権——私債権の場合——の位置づけ**

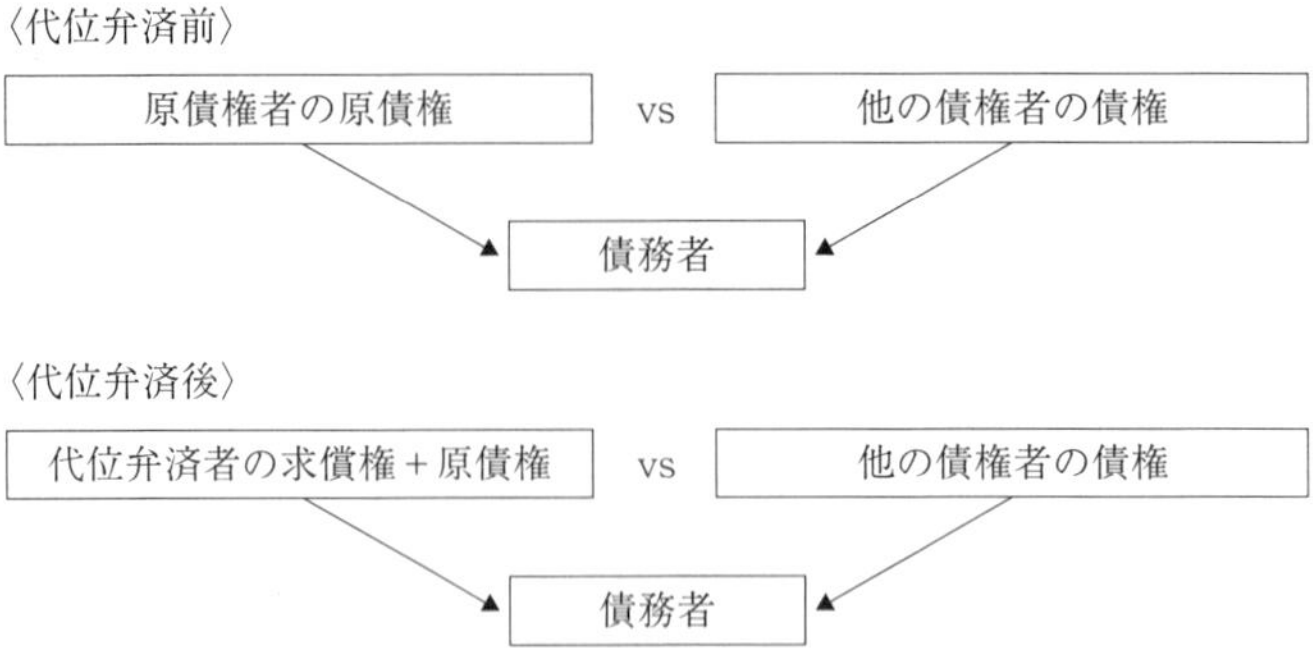


### (3)　判例法理の検討と結論

さて、判例は、①のアプローチ（弁済における代位の制度趣旨からのアプローチ）から出発します。そして基本的には、この①のアプローチのみから原債権の優先性の承継肯定を導いていますが、この点には疑問があります。すなわち、弁済による代位の制度趣旨は、代位弁済者の求償権を確保するために、法の規定により弁済によって消滅すべきはずの原債権およびその担保権を代位弁済者に移転させる、ということで、いわゆる債権移転説に立ち、そして、代位弁済者が求償権の範囲内で原債権およびその担保権を行使することを認める制度であるとしても、加えて、原債権を求償権を確保するための一種の担保として機能させる制度であるとしても、このような制度趣旨だけ、あるいは一種の担保というだけでは、債権者平等の原則を例外的に破ることを是とする正当化根拠としては不十分と考えます。

もっとも、判例は、①の説示に続けて補足的に②のアプローチ（代位弁済者と他の一般債権者との利益考量的アプローチ）から承継肯定の妥当性を述べております。この点につきまして、前述二**2**のとおり、倒産債権かそれ以外か等の優先順位は倒産手続開始時に決定ないし固定しており、そして、前述三**1**で示した【図１】を敷衍すると、【図２】のように、代位弁済前は「原債権者の原債権vs他の債権者の債権」という構図であったのが、代位弁済後は「代位弁済者の求償権＋原債権vs他の債権者の債権」という構図になる、という観点からみますと、承継肯定を正当化するには、①のアプローチに加えて②のアプローチも必要不可欠であると考えます。

なお、このように考えるなら、③のアプローチ（原債権の求償権に対する附従的性質論からのアプローチ）から承継否定を導くことは困難となりましょう。④のアプローチ（原債権の優先性の属人的な性質論からのアプローチ）はなお説得的と考えますが、①および②のアプローチから成り立つ論理は破産法一四九条が財団債権と定める労働債権にも妥当すると考えます。なお、破産手続開始前の労働債権のうち優先的破産債権（破九八条一項）に該当するものや、破産手続開始後の労働債権ゆえ財団債権（破一四八条一項七号）に該当するものについても、同様と考えます。

よって、一般論として、代位弁済者は、弁済による代位により取得する原債権の優先性を承継する、と考えます。そして、【Q2】の場合には、代位弁済者は、労働債権の財団債権性を承継すると解します。

### 2　原債権が租税債権の場合――【Q3】について

#### (1)　下級審裁判例の確認

続きまして、原債権が租税債権の場合で、【Q3】についてです。

まず、下級審の裁判例を確認します。東京地判平成一七年三月九日（金法一七四七号八四頁）、東京高判平成一七年八月二五日（TKCローライブラリーLEX／DB二五四七〇一二六）および東京地判平成二七年一一月二六日（金法二〇四六号八六頁）は、租税債権固有の優先権および滞納処分の自力執行権という租税債権の特質を理由に、代位納付者による租税債権の取得を否定しています。また、東京地判平成一七年四月一五日（判時一九一二号七〇頁）および東京高判平成一七年六月三〇日（金法一七五二号五四頁）は、租税債権の特質を理由に、租税債権の財団債権性・一般優先債権性の承継を否定しています。後二者は、代位納付者による租税債権の取得についての明確な言及はありませんが、論理的には、これを肯定していることになりましょう。なお、前掲最判平成二三年一一月二二日は労働債権のケースでしたが、田原睦夫裁判官の補足意見は、租税債権は「弁済による代位自体がその債権の性質上生じない」と述べております。また、倒産のケースではありませんが、下級審の裁判例の中に、代位納付者による租税債権の取得を否定したものがあります（大判明治三七年一二月八日民録一〇輯一五六四頁、浦和地決昭和三二年一一月二七日下民集八巻一二号二五一七頁）。

#### (2)　検討と結論

では、検討に移ります。まず、基本的視座として、租税法律関係は、私法理論の類推ないし私法規定の適用が認められている、ということでございまして、納税保証人が第三者納付により納税者に対して求償権を取得するのも、その一例です。ただし、それはあくまでも、公法理論ないし租税法規に反しない限度で、と考えられています。

この点、国税通則法四一条は、第三者の納付およびその代位について定めており、とりわけ、納付による代位について定めた二項を検討する必要があります。二項本文は、「国税の納付について正当な利益を有する第三者又は国税を納付すべき者の同意を得た第三者が国税を納付すべき者に代わってこれを納付した場合において、その国税を担保するため抵当権が設定されているときは、これらの者は、その納付により、その抵当権につき国に代位することができる」と定めています。

この規定についての租税法の文献の記述はほぼ横並びで、代表的なコンメンタール（志場喜徳郎ほか編『国税通則法精解〔平成二八年改訂〕』（大蔵財務協会、二〇一六）四九九頁）は、次のように解説しています。すなわち、「国税を納付した者は、求償しうる範囲において、『その抵当権につき国に代位することができる』。代位するとは、その抵当権が法律上その納付した者に移転し、その求償権を担保するものとなることである。なお、民法では、『債権の効力及び担保としてその債権者が有していた一切の権利を行使することができる』と規定しているが（同法五〇一条）、国税の効力として国が有していた権利（例えば優先権や滞納処分の執行権）につき一般私人が代位することを認めるわけにいかないし、人的担保についても、その執行方法が滞納処分による等の特異な内容を含むから、同様に代位が認められない。そこでそのような障害のない抵当権に限り、代位を認めることとしたものである。……代位者は、抵当権を実行するに当たっては、民法の規定による抵当権者と同様な地位において民事執行法に基づく競売をすることにな」る、とされています。

加えて、立法理由に遡ると、昭和三三年一二月の租税徴収制度調査会による「租税徴収制度調査会答申」がそれでありまして、現行の四一条二項本文に相当するところについては、「滞納者に代わって第三者が納付した場合に、租税債権固有の優先権及び自力執行権の代位行使は、当然認めるべきではないが、第三者納付につき納税者の同意を得た者及びその納付につき正当な利益を有する者が第三者納付をした場合において、その納付した租税につき担保を徴していたときは、その代位を認めることとすべきである」（調査会答申二八頁）、とされています（審議過程については、三ケ月章＝加藤一郎監修『租税法制定資料全集――国税徴収法〔昭和改正編〕（二）』（信山社出版、二〇〇二）二九六頁、三二二頁等参照）。

さて、調査会答申およびその審議過程にも目を向けますと、国税通則法四一条二項は、民法五〇一条をベースにしたうえで、租税債権の特質に応じたアレンジを加えたものであることがわかります。そして、代位納付者はその求償権のために原債権者の抵当権「のみ」を取得するという、いわゆる「接木説」に立って作られた規定と考えられます。しかし、民法五〇一条に関する現在の判例・通説は、いわゆる「債権移転説」であるところ、国税通則法四一条二項の解釈についても、規定の文言とは異なることになりますが、代位納付者は原債権者の租税債権および抵当権の両方を取得すると解することが相当と考えます。また、国税通則法の立法者が禁じようとしたのは、一般私人が国の権利を「代位行使」することにあると考えられるところ、国の自力執行権の発現である滞納処分および交付要求の行使を許さなければ足り、租税債権の取得およびその優先権という実体法上の権利の承継については認めることが相当と考えます。

そうであれば、代位納付者は――抵当権の有無にかかわらず――租税債権を取得する、ただし、租税債権につき滞納処分および交付要求をすることができないが、抵当権が設定されている場合には抵当権も取得し、民事執行法の定めに従って抵当権を実行することができる、と解するのが相当と考えます。

そこで、【Q3】の場合には、破産者の納税保証人は、納付による代位により租税債権を取得する、ということになります。そして、この場合も、原債権が私債権である場合と同様に、前述二2のとおり、倒産債権かそれ以外か等の優先順位は倒産手続開始時に決定ないし固定しており、また、前述三1の【図2】と同様に、【図3】のように、代位納付前は「国等の租税債権vs他の債権者の債権」という構図であったのが、代位納付後は「代位納付者の求償権＋租税債権vs他の債権者の債権」という構図になるところ、代位納付者は租税債権の財団債権性を承継する、ということになると考えます。

加えて、破産において、財団債権は強制執行をすることができませんが（破四二条）、破産債権に「先立って……弁済する」（破一五一条）などとされていますので、代位納付者の側から破産管財人に強制履行を求められなくても、破産管財人

【図3】　納付による代位における原債権――租税債権の場合――の位置づけ

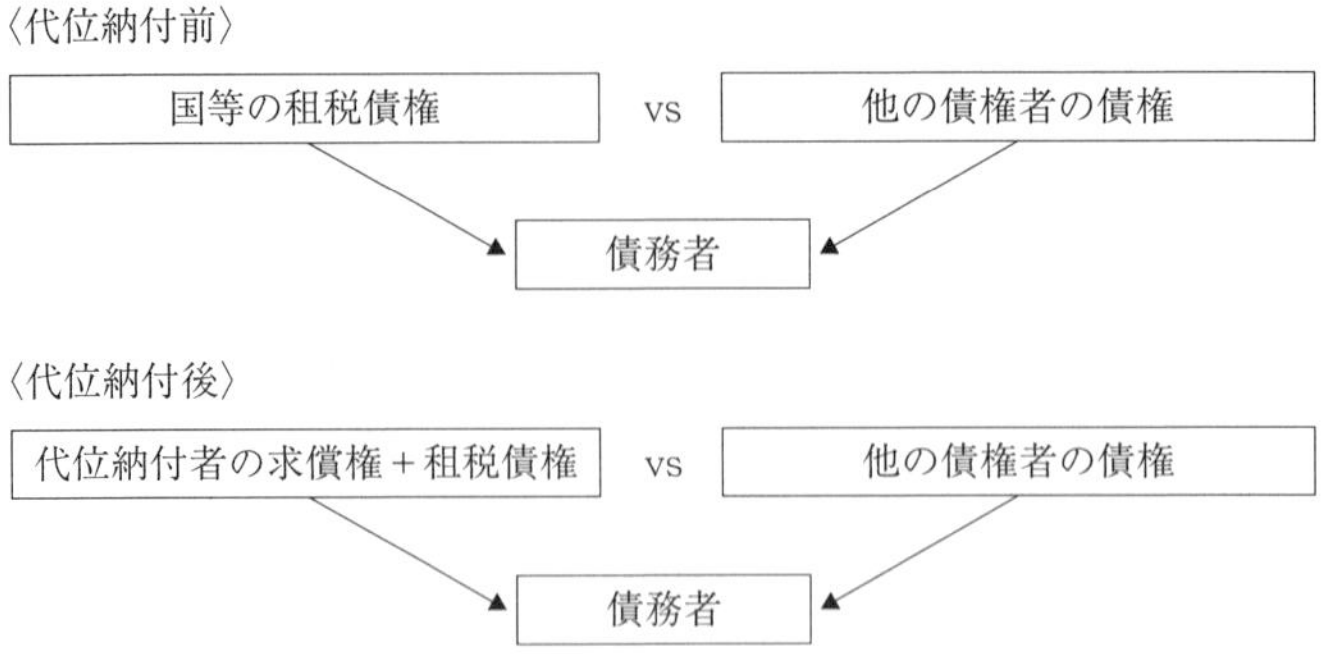


はその履行責任を負う、と考えます。すなわち、この場合の租税債権は、履行責任もない自然債務とは異なるもの、と考えます。なお、これに対して、民事再生における一般優先債権の場合には、強制執行が認められますので（民再一二二条四項・一二一条三項～六項参照）、再生債務者等が代位納付者に弁済しないときは、代位納付者は強制執行をすることができる、と解します。

よって、一般論として、租税債権の代位納付者は、納付による代位により租税債権を取得し、そして、租税債権の優先性を承継する、ただし、滞納処分および交付要求はすることができない、と考えます。そして、【Q3】の場合には、破産者の納税保証人は、租税債権を取得し、そして、租税債権の財団債権性を承継すると解します。

私からの報告は以上です。ご清聴ありがとうございました。

## Ⅱ　民事再生手続における別除権協定の位置づけ

倉部　真由美

法政大学の倉部でございます。本日はこのような機会を頂きまして、ありがとうございます。私の報告テーマは、「民事再生手続における別除権協定の位置づけ」です。早速報告に入らせて頂きます。

## はじめに

民事再生手続においては、手続の構造を簡素化するために、別除権者は、再生手続によらないで、その担保権を行使し得るものとされています。しかし、再生債務者は、別除権者に担保権の実行を控えてもらう代わりに、担保目的物の評価額を目安とした受戻金を分割で弁済し、再生債務者が全額を弁済した際には別除権者が担保権の抹消に協力するといった合意が得られるよう交渉をしなければならず、その交渉をもっぱら再生債務者と別除権者の間に委ねているのが民事再生法の制度設計です。したがって、別除権者の協力を得ることができるか否かにより、手続の帰趨が左右されるといっても過言ではなく、民事再生手続における別除権協定の意義は極めて大きいということができます。

本報告で用いる共通の事案として設例を設けました。簡単に事案を確認しますと、再生債務者X社は、Y銀行から六〇〇〇万円の融資を受け、これを担保するために、X所有の土地建物について、六〇〇〇万円の抵当権を設定していました。その後、Xについて再生手続が開始され、この時点でXの借入残高は五〇〇〇万円であったとします。再生手続が開始されますと、Yは、別除権付再生債権者として、五〇〇〇万円の再生債権を有することになります。

再生手続中にXとYが締結した別除権協定の内容のポイントは三つあります。

第一に、本件土地建物の評価額が三〇〇〇万円であり、これに相当する金額を、本件不動産の受戻金として、XがYに支払うことです。本報告では、かかる弁済を「別除権協定に基づく弁済」と表現します。

第二に、Xが受戻金三〇〇〇万円を別除権協定⑶項にしたがって弁済している限りは、Yは抵当権を実行しないこと、そして、受戻金の全額を支払った際には、Yは、抵当権の抹消に協力することです。

第三に、再生債権五〇〇〇万円から受戻金三〇〇〇万円を控除した残りの二〇〇〇万円を不足額と確認することです。ここで確認された不足額については、再生計画にしたがって再生債権者として弁済を受けることになります。この部分について、Yは、再生計画にしたがって、八〇％の免除を受け、権利変更後の四〇〇万円について一〇回の分割弁済を受けることになります。

このような内容が別除権協定の基本的な合意事項と思われますが、別除権協定には常に掴みどころのなさがつきまとう

設　例

**【事案】**　再生債務者X社は，Y銀行から6,000万円の融資を受け，これを担保するために，X所有の土地建物について，6,000万円の抵当権を設定した。平成28年11月1日に，Xについて民事再生手続が開始され，この時点におけるXの借入残高は，5,000万円であった。

Xは，Yとの間で，平成29年3月1日に，次の内容の別除権協定を締結した。

(1)　本件土地建物の評価額は3,000万円である。

(2)　XはYに対し，本件別除権の目的である本件不動産の受戻金として，3,000万円支払う。

(3)　XはYに対し，本件受戻金を，平成29年から平成38年まで毎年6月末日限り300万円ずつ10回に分割して支払う（利息については省略）。

(4)　Xが(3)の弁済を怠ったときは，Xは期限の利益を喪失し，Yは抵当権の実行をすることができる。Xが，遅滞なく弁済している限りは，Yは抵当権の実行をすることはできない。

(5)　Xが，本件受戻金を全額弁済したときは，Yは本件抵当権の抹消登記に必要な書類を交付する。

(6)　別除権不足額は，2,000万円であることを確認する。

その後，平成29年5月に，確定再生債権について80％の免除を受け，権利変更後の金額400万円を10回に分割して平成29年から平成38年まで毎年9月末日限り支払うという内容の再生計画案が可決された。また，本件再生計画について認可決定がされ，その後，確定した。

Yは，平成29年から平成31年まで協定に基づき900万円（300万円を3回），再生計画に基づき120万円（40万円を3回）の弁済を受けたが，その後，Xからの弁済は滞った。

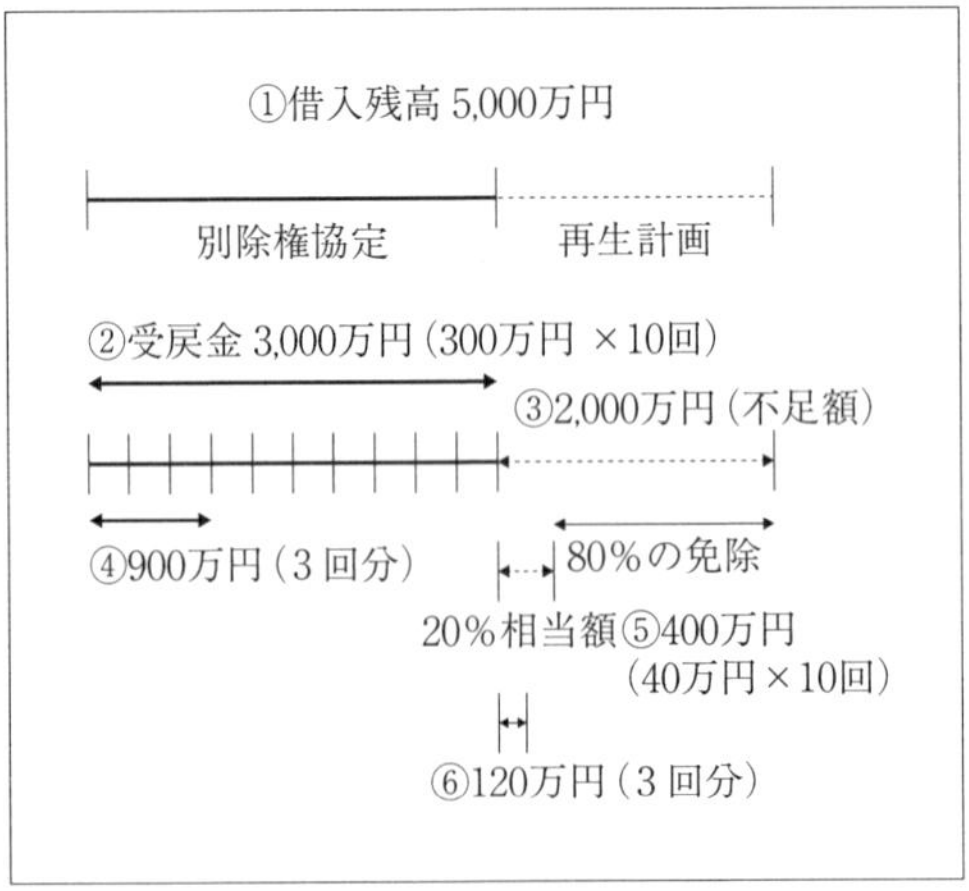

α）　担保目的物の評価額が⑦1,500万円に下落した場合

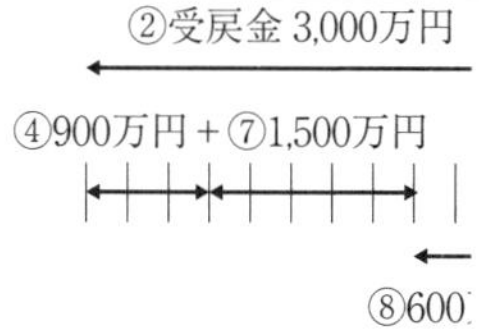


別除権協定に基づく弁済額④900万円と別除権行使による配当額⑦1,500万円を合計しても，受戻額のうち⑧600万円を回収することができない。共益債権説からは，再生債権であるとすると，再生債権者表に記載がなく，強制執行の手段をとることもできないとの批判がある。

β）　担保目的物の価値が⑨3,500万円に上昇した場合

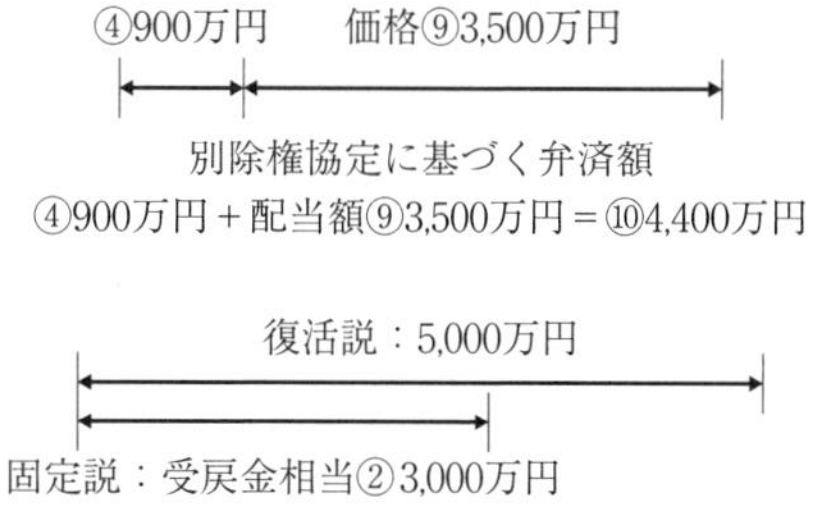


○固定説：別除権者は，被担保債権額である受戻額②3,000万円から別除権協定に基づく弁済額④900万円を差し引いた2,100万円を受領することができる。残額1400万円は再生債務者へ交付される。再生計画に基づく弁済金⑥120万円は再生債権者がそのまま保持する。

○復活説：別除権者は全額⑩4,400万円（④＋⑨）受領することができる。ただし，私見によれば，再生計画に基づく弁済金⑥120万円を精算した場合に限る。

ように思われます。これは次のような状況に起因すると考えます。すなわち、①再生手続において再生を図るためには、再生債務者は別除権者に担保権の実行を控えるよう協力を仰がなければならず、その一方で、②別除権者の実体法上の優先性を尊重しなければならないという要請があり、さらに、③被担保債権のうち受戻額をいくらと合意するか、その裏返しとして、不足額がいくらになるのかという点については、一般の再生債権者との債権者平等も要請されているという状況です。例えば、設例で担保目的物の評価額は三〇〇〇万円であるにもかかわらず、受戻金として、五〇〇〇万円を支払うという合意をしていたとすれば、一般の再生債権者への弁済に充てられることが期待される原資が、別除権者への優先弁済に充てられることになります。会社更生法は、これらのすべてを法の定めるところにしたがって実現しています。これに対し、民事再生法は、これらを再生債務者と別除権者の交渉に委ねているために、契約の自由の原則のもと、再生債務者と別除権者との間で合意が成立しさえすれば、いかなる条項も有効であると考えられる傾向があったことは否定できないのではないでしょうか。そして、再生手続の裏側で別除権協定の締結が可能とされているからこそ再生手続はうまく進むと評価され、別除権協定に大きく斬り込むことには、躊躇さえ感じられてきたように思われます。

しかしながら、とりわけ、受戻額の決定は、その裏返しとして不足額も決まるのであり、別除権者と再生債務者の二当事者の合意のみにまかせ、完全に自由に決定してよいというものではありません。また、別除権者は、常に担保権実行というトリガーを引くことができるのであり、交渉のはじめから、再生債務者と別除権者の間には大きな力関係の差があることも考慮する必要があります。かつて、旧和議法の時代には、被担保債権全額を弁済する単なる「弁済協定」が締結されていたといいます。民事再生法の立法後は、このような状況を批判的に捉えてきたのではなかったでしょうか。このように考えますと、別除権協定の締結に至る過程で、ほかの一般の再生債権者の利益を考慮した③の実現を保障する仕組みを、民事再生手続の中に設ける必要があるのではないかと考えます。

そこで、本報告では、民事再生法の枠組みの中で別除権協定により何が可能とされているのか、民事再生法は別除権協定をどのように規律しているのかという問題意識から、理論的な整理を試みたいと思います。その切り口として、次の二つの点をとりあげます。

第一に、別除権協定に基づいて弁済が約された債権の法的性質と弁済の法的根拠です。これは別除権協定において弁済が合意された債権自体の優先順位の問題です。設例では、別除権協定に基づいて受戻金三〇〇〇万円の弁済を合意していますが、再生債権の弁済禁止を定める民事再生法八五条一項にもかかわらず、なぜ別除権者Yへの弁済が認められるのかその法的根拠を明らかにする必要があります。他方、別除権協定に基づいて弁済が約された債権の法的性質を共益債権と解するならば、随時弁済が可能とされていますので、弁済することには問題はありませんが、その前提として、再生債権から共益債権に格上げされる根拠は何かが問われます。また、そもそも再生債務者と別除権者という二当事者間の合意により民事再生法全体におけるプライオリティ秩序を変更することが可能なのかも問われます。

第二に、別除権協定の通りに弁済ができなくなった場合の別除権協定の処遇を扱います。これに関しては、別除権協定の通りに弁済ができなくなった場合に、別除権者Yが行使することができる被担保債権額は、協定で受戻額とされた三〇〇〇万円のままで固定されるのか、それとも、もともとの被担保債権額五〇〇〇万円に復活するのかという議論の対立が見られるところです。これは、別除権者Yの不足額はいくらかという点にもかかわりますので、前述の③、別除権者と一般の再生債権者における分配の問題に影響します。また、設例の事案にありますように、別除権協定の通りに弁済ができなくなった時点で、別除権協定に基づく受戻金の弁済が三回、再生計画に基づく弁済が三回といったように途中まで弁済されていた場合が考えられます。この場合、別除権者Yが受領したそれぞれの弁済金はそのまま保持できるのか精算しなければならないのかを検討しなければなりません。さらに、再生計画に基づく弁済については、民事再生法八八条ただし書および一八二条によれば、弁済を受ける前提として、不足額の確定が求められるはずですが、不足額の確定を明確にしていなくても再生計画に基づく弁済がなされる場合もあるようです。したがって、この点については、民事再生法における不足額責任主義の意義を問い直す必要があると考えます。

本報告では、これらの別除権協定の基本的な構造について理論的な整理を試みながら、適宜、設例を用いて、より具体的に問題を検討することとしたいと思います。

## 一　別除権協定において弁済が約された債権の法的性質

### 1　担保目的物の価値下落リスク

それでは、ひとつめの問題である別除権協定において弁済が約された債権の法的性質について検討してまいります。

これは端的に言えば、再生債権なのか共益債権なのかということですが、主として担保目的物の価値下落が生ずる場面で問題となります。設例のように、①借入残高五〇〇〇万円のうち、②三〇〇〇万円を受戻金として一〇回で分割払いする旨の別除権協定を締結していましたが、三回の分割払いを終えたところで再生債務者が不履行をしたとします。この不履行の時点で、設例の(α)のように担保目的物の価値が、三〇〇〇万円から⑦一五〇〇万円に下落していたとしますと、別除権者が抵当権の実行をしたとしても、すでに受領している④別除権協定に基づく三回の弁済額合計九〇〇万円と⑦別除権実行としての競売による配当額一五〇〇万円を合わせても二四〇〇万円ですので、②受戻金である三〇〇〇万円に満たないということになります。そうなりますと、別除権協定において弁済が約された債権の法的性質が再生債権であるとすれば、残額⑧六〇〇万円の部分は、再生手続において不足額として届け出ていないために再生債権者表に記載されておらず、したがって、債務名義がないために強制執行をすることができないということになります。そうすると、担保目的物の価値下落のリスクをもっぱら別除権者が負担することになります。そこで、共益債権説は、担保目的物の価値下落リスクを回避するために、共益債権とするべきであると解し、のちほど紹介するような解釈論を展開しています。

別除権協定の締結に協力した別除権者をこのような担保目的物の価値下落リスクから保護することは、別除権協定の円滑な締結、ひいては、再生債務者の再生を後押しするということができ、共益債権説の意図するところは十分に理解することができます。しかしながら、現在の民事再生法のもとでは、共益債権説をとることには限界があると言わざるを得ません。次にこの点を明らかにしていきたいと思います。

### 2　共益債権説の検討

#### (1)　「共益債権」と「共益債権化」

・共益債権の意義　ここで、共益債権とは、いかなる債権であり、何を根拠に裏付けされているのかという点を確認しておきたいと思います。共益債権の基本的な理念によれば、再生手続を遂行し、その目的（民再一条）を実現するために再生債権者が共同で負担しなければならない費用としての性質を有する債権が共益債権とされています。また、共益債権とされる債権は、法定されている債権に限られています。

・例外的に再生債権が共益債権化される場合―開始決定前の借入等の共益債権化（民再一二〇条）　例外的に再生債権が共益債権化される場合には、例えば、開始前の借入金等の共益債権化（一二〇条）があり、裁判所の許可またはこれに代わる監督委員の承認が必要とされています。

このようにみてきますと、共益債権とされる債権も例外的に共益債権化される場面も極めて限定されているということができます。

(2)　共益債権説の苦悩と限界

さて、共益債権説の根拠は、各論者により様々説かれており、別除権協定は和解契約であると解する説、別除権協定により、既存の債権である再生債権について別除権を行使しない旨の義務を負う代償として、同一内容の別個の債権を取得し、これは再生債務者の行為によって生じるため共益債権となる（民再一一九条五号）と解する説、そして、別除権協定の締結を「新規融資」ととらえて共益債権化すると説く説などがあります。

いずれの説についても、先に述べました共益債権の意義に照らし、なぜ再生債務者と別除権者の間での合意により再生債権を共益債権とすることが可能なのか、正当化根拠を見出すことは難しいといわざるをえません。次の理由から、安易に二当事者間の合意のみによる共益債権化を認めるべきではないと考えます。すなわち、近藤会員の報告でふれられたように、倒産法は、原則として倒産手続開始時に倒産債権かそれ以外か等の優先順位を決定（固定）しています（破二条五項等）。ただし、倒産法は、特別の定めを置いて、その例外も認めています。このことは、別除権付再生債権についても同様であり、共益債権化して優先順位を変更するのであれば、その旨の定めが必要であると考えます。

3　再生債権説の検討

(1)　再生債権説の根拠

このような共益債権説に対し、別除権協定において弁済が約された債権の法的性質は再生債権であるとする立場があります。再生債権説の場合、個別的権利行使は禁止されているにもかかわらず、別除権協定において合意された弁済がなぜ可能なのか、その法的根拠を明らかにしなければなりません。

・民再八五条一項「この法律に特別の定めがある場合」立法担当者によれば、裁判所による再生債務者の行為制限について定める民事再生法四一条一項九号（および監督委員の要同意事項について定める五四条二項）に挙げられている「別除権の目的の受戻し」が八五条一項の「この法律に特別の定めがある場合」に該当し、例外として、個別的権利行使の禁止の対象からはずれると説明されてきました。再生債権説は、この点を根拠としています。

・民再四一条一項九号「別除権の目的の受戻し」　次に、「別除権の目的の受戻し」が裁判所の要許可事項として指定可能とされている趣旨については、別除権の目的の受戻しが再生債務者等および別除権者の双方にとって有利な場合に認められるべきであり、有利かどうかについては、再生債務者等の判断のみに委ねるべきではない場合もあるので、裁判所の要許可事項とすることができるとされたと説かれています。なお、実務上は、監督命令の中で、監督委員の要同意事項として指定されているのが現状となっています。

(2)　再生債権説の限界

・民再四一条一項九号の問題点―裁判所は「指定することができる」　しかしながら、再生債権説にも限界があり、民再四一条一項九号が八五条一項の「この法律に特別の定めがある場合」にあてはまるとしても、例外的な再生債権の弁済の根拠としては不十分です。なぜなら、四一条によれば、裁判所が要許可事項として指定しない余地が残されているからです。また、四一条一項九号の「別除権の目的の受戻し」が、本来は、典型的な受戻額の一括払いを想定していたとすれば、別除権協定のような受戻額の分割払いの場合に、裁判所による「弁済許可」であると解することが可能なのかという疑問も生じます。

・監督委員の同意事項とすることの問題点　次に、「別除権の目的の受戻し」が監督委員の要同意事項として指定された場合についても、果たして、監督委員の同意が裁判所の「弁済許可」に代わる効果をもつといえるのか疑問です。なぜなら、五四条二項の監督委員の同意の趣旨は、再生債務者の監督にあり、プライオリティの修正を認める裁判所の弁済許可とは性質を異にすると考えられるからです。八五条五項の場合、例外的に弁済をする際に、裁判所の許可が求められることと比較しても、別除権協定の場合に、なぜ「監督委員の同意」により弁済が許されるのか、民事再生法全体を通じた再生債権の例外的な弁済に対する規律の一貫性を欠くと思われます。

また、監督委員の同意を前提とした現在の実務の問題点もあります。例えば、別除権協定の締結の際には、監督委員の同意を必要としているものの、同意を得なければならない期間は、再生計画認可決定までとしている裁判所もあり、このような場合、認可決定があった後は、監督委員の同意は不要ということになります。実際には、再生計画認可後に別除権協定が締結される場合も多いという実情をふまえますと、監督委員の同意によるチェックを受けることもなく、再生債務者と別除権者の間で弁済がなされている事件が相当数存在することになります。

4　考えられる解決策

以上を踏まえ、考えられる解決策を検討してみたいと思います。現在の民事再生法のもとでは、解釈論としては、再生債権と解し、もれなく「別除権の目的の受戻し」を裁判所の許可事項として指定すべきであると考えます。裁判所の許可に代わるものとして、監督委員の同意事項とする場合にも、例外なく同意を要するように実務の対応が求められます。しかしながら、再生債権説にはすでに指摘したような限界があることから、立法論として、裁判所による許可を求める定めが必要であると考えます。

しかし、再生債権説によりますと、担保目的物の価値下落リスクを回避することができないという点を考慮しますと、立法論として、共益債権化を認める方向での検討が求められているのではないかと考えます。その前提として、別除権協定において弁済が約された債権が共益債権としての性質を備えているのかが問題となりますが、この点については、別除権者が別除権協定に応ずることにより再生が図られ、債権者一般の利益に資するということができ、共益債権としての性質を備えているといって差し支えないものと考えます。

また、共益債権化を認めた場合、牽連破産した場合に、財団債権として扱われるのかという点も問題となります。共益債権説のなかには、牽連破産した場合に財団債権として扱うのではなく、別除権協定が失効した時点で、共益債権としての合意も無効となるので、破産手続では、破産債権として扱われると解する見解もみられるからです。このように牽連破産した場合には破産債権として扱うとする実質的な根拠は、別除権協定における受戻額が担保目的物の処分価額よりも高額となる傾向が強いため、破産した後にも、財団債権として保護することは他の一般債権者を害することとなり適切でないからであると説かれています。

しかしながら、共益債権化を認める根拠が債権者一般の利益に資するという点に求められるとすれば、牽連破産した後も財団債権として認められるべきでありましょう。例えば、担保割れしているにもかかわらず、もともとの被担保債権額の全額を支払う単なる「弁済協定」と変わらない協定は、共益債権化を認める際の裁判所または監督委員の判断により排除され、冒頭で述べました③一般の再生債権者との債権者平等という要請にも自ずと応えるようなチェック機能が働くと期待できるのではないかと考えます。共益債権化を認める立法につきましては、報告の最後で試論として改めて扱います。

## 二　別除権者と一般の再生債権者との平等

### 1　問題となる場面　牽連破産等の場合

次に、別除権者と一般の再生債権者との平等について検討していきたいと思います。問題となる場面は、設例の(β)のように、担保目的物の価値が上昇している場面で、別除権協定に基づく弁済の不履行による協定の解除・失効、再生手続の廃止、さらに、牽連破産に至った場合です。このような場面では、別除権協定の内容はどの程度維持されるのか、より具体的には、(α)別除権協定における減額された被担保債権はそのままなのかあるいは復活するのか（設例でいいますと、①五〇〇〇万円なのか②三〇〇〇万円なのか）、(β)別除権者はすでに受領している弁済金（設例では、別除権協定に基づく三回分の弁済金合計④九〇〇万円、再生計画に基づく三回分の弁済金合計⑥一二〇万円）を精算することなく保持することができるのかといった点を検討する必要があります。

### 2　不足額確定の効果の有無――固定説と復活説

(α)については、固定説と復活説の対立があります。

固定説は、別除権協定の解除・失効等があったとしても、被担保債権額の減額の効果は維持されるとする見解で、他方、復活説によれば、減額の効果は失われ、別除権の被担保債権額は元の額に復活すると解します。

さらに、これらに加えて、別除権協定では、不足額の確定について、合意の内容は様々であることから、不足額確定の合意の有無により分類する見解もあります。

### 3　民事再生法における不足額責任主義の意義

・民再八八条ただし書の解釈論　民事再生法八八条は、不足額責任主義を採用しており、さらに、同条ただし書によれば、「当該担保権によって担保される債権の全部又は一部が再生手続開始後に担保されないこととなった場合」に、別除権者は、その債権の担保されない部分について再生債権者として、再生計画に基づく弁済を受けることができるとされており、別除権協定による合意は、まさにこのただし書の定める場合に該当します。したがって、別除権協定において、不足額が確定している場合に、再生計画による弁済を受けることができることになります。

・民再一八二条の立法背景―和議法下における不足額責任主義の不備の克服　また、民事再生法一八二条は、別除権を有する再生債権者の権利行使について、別除権の行使によって弁済を受けることができない債権の部分（不足額部分）が確定した場合に限り、認可された再生計画の定めによって認められた権利を行使することができる旨を定めています。

かつて、旧和議法も不足額責任主義を採用していましたが、不足額の権利行使について具体的な規定を欠いていたため、旧和議法四三条の解釈をめぐり、和議債権者として権利行使をする際に、不足額が確定していることを要するか否かについて争いがありました。

民事再生法一八二条は、旧和議法の立法的欠陥を改善し、再生手続においては、不足額が確定した場合に限り、当該部分について再生計画の定めによって認められた権利を行使することができるということを明らかにした規定であるということができます。

・再生計画に基づく弁済の受領と不足額確定の関係　不足額責任主義について定めるこれらの規定と立法背景に照らしますと、再生計画に基づく弁済を受けるためには、不足額の確定が前提とされているということができます。したがって、固定説により、別除権者は、受戻額②三〇〇〇万円を被担保債権として、別除権協定に基づく弁済額④九〇〇万円を控除した後の二一〇〇万円を別除権実行としての競売による配当として受領することができます。また、牽連破産に至った場合には、民事再生法一九〇条一項に基づき、権利変更された再生債権は原状の③二〇〇〇万円に復し、ここからすでに受領した弁済金である⑥一二〇万円を控除した額、一八八〇万円が、破産債権ということになります。

しかし、別除権協定の解除・失効により被担保債権が復活する旨の合意がされている場合、いわゆる復活型協定の場合には、不足額が確定しているということはできず、したがって、八八条ただし書の場合にはあたらないため、再生計画に基づく弁済を受けることはできません。復活の余地があるにもかかわらず、再生計画に基づく弁済がされた場合には、被担保債権が復活することと引き換えに、すでに受領した弁済金⑥一二〇万円を精算しなければなりません。

・別除権協定に基づく弁済金の精算の有無　別除権協定に基づく弁済金については、別除権者はそのまま保持することができると考えます。

**4　試論**

最後に、試論として、別除権協定において弁済が約された債権の共益債権化を認める立法がなされた場合にはどのように考えるか、検討してみたいと思います。

別除権協定において弁済が約された債権が共益債権化されることにより、牽連破産に至った場合もこの部分は財団債権として扱われることになります。担保目的物の価値が下落した場合も、別除権協定において弁済が約された部分については共益債権として保護されます。他方、別除権者は、不足額が確定していることを前提として、再生計画に基づく弁済を受領することができます。

設例にあてはめてみますと、担保目的物の価値が⑦一五〇〇万円に下落しているときに、担保権の実行をすると、共益債権化されている②三〇〇〇万円から別除権協定に基づいて既に弁済されている④九〇〇万円を控除した額二一〇〇万円に配当金一五〇〇万円が充当され、残りの六〇〇万円については、財団が潤沢であれば、随時弁済を受けることができ、財団財産が不十分な場合は、財団債権者の間での按分弁済を受けることになります。また、不足額すなわち③二〇〇〇万円から⑥一二〇万円を控除した額の一八八〇万円については、破産債権として届け出て、破産配当を受けることになります。

他方、担保目的物の価値が⑨三五〇〇万円に上昇しているときに、担保権の実行をした場合について、復活説と固定説のそれぞれに沿ってシミュレーションしてみます。まず、復活説により、被担保債権額が①五〇〇〇万円の被担保債権額からすでに受領した弁済額④九〇〇万円と⑥一二〇万円を差し引いた残額である三九八〇万円に復活すると考えますと、上昇後の担保目的物の価値である⑨三五〇〇万円を上限として、別除権者に優先弁済を認めることになります。すなわち、三五〇〇万円から別除権協定に基づいて既に弁済されている④九〇〇万円を控除した額二六〇〇万円について別除権者に配当されます。また、不足額は、③二〇〇〇万円から一五〇〇万円に修正されるため、牽連破産に至った場合、一五〇〇万円に原状回復し、すでに支払われている⑥一二〇万円を控除した一三八〇万円を破産債権として届け出て、破産配当を受けることになります。しかし、固定説に立てば、被担保債権額は、②三〇〇〇万円のままであるため、三〇〇〇万円から既に弁済されている④九〇〇万円を控除した額二一〇〇万円について、配当されることになります。

固定説と復活説の違いは、担保目的物の価値が上昇した場合のメリットを別除権者に享受させるか否かにあります。私見としましては、別除権協定において弁済が約された受戻金については共益債権として保護するのであり、また、受戻額については、処分価額と継続企業価値の間であれば（民再規五六条一項類推適用）、処分価額を超える金額でも良いと考えております。そうなりますと、別除権協定締結の時点で別除権の実行をするよりは保護されるということにもなりますので、その後の価値上昇のメリットまで享受させる必要はないのではないかと考えております。

共益債権化を立法により実現しますと、別除権者は担保目的物の価値下落リスクを回避することができるとともに、再生計画にしたがって支払われた弁済金の精算の問題が解消され、かつ、協定に基づいて弁済を受ける額が共益債権として再生計画案に記載されることにより、再生債権者等が情報を共有することができるというメリットもあると期待できます。

## むすびに

以上、本報告では、再生債権説と共益債権説のいずれをとったとしても、現在の民事再生法では十分に整備されていない点があることを明らかにしました。その上で、現在の民事再生法の下では、再生債権と解さざるを得ませんが、別除権協定に協力した別除権者を担保目的物の価値下落リスクから保護するためには、共益債権化を立法的に検討する必要があると考えます。そうすることにより、共益債権化のプロセスにおいて、裁判所または監督委員のチェック機能が働き、ひいては、冒頭で確認しました③一般の再生債権者との債権者平等の要請に応えることができるものと考えます。そして、試論として述べましたように、共益債権化による保護と牽連破産等に至った後の取扱いを明確化することにより、別除権協定に基づき別除権者が保護される範囲および保護されない範囲が明らかとなり、別除権協定締結の際に予見が可能となると考えます。

以上、骨子のみを報告し、不十分な点が多々あることと存じます。のちほどの質疑応答にてご意見ご批判を賜ることができましたら幸いです。ご清聴ありがとうございました。

# Ⅲ　相殺期待の合理性について

藤本　利一

## はじめに

「相殺の合理的期待」概念については、今や誰もがその存在を知り、今次債権法改正法案を含め、その活用が期待される現状がある一方で、倒産法上根拠となる明文はなく、また、その意味は必ずしも確定したものではありません。それゆえ、客観的に合理的な相殺期待の存在がまさに「期待」されています。(1)

近時、最判平成二八・七・八民集七〇巻六号一六一一頁（いわゆる三者間相殺事例）を契機として、伊藤眞教授は、相殺の担保的機能に対する合理的期待を相殺禁止全般にかかる基準として捉える傾向を批判されました。すなわち、相殺の合理的期待の保護は、相殺禁止の例外をなすものとして、「前に生じた原因」の判断基準として説かれたものに過ぎないとされ、そのうえで、手続開始後の債務負担や、他人の債権の取得を根拠とする相殺について、相殺の担保的機能に関する合理的期待の有無によって調整する余地はないと主張されます。

本報告では、「相殺期待の合理性」の始原について、昭和四二年の会社更生法一六三条とそれに伴う破産法（以下、「法」という。）一〇四条の改正における議論と、最判昭和四七・七・一三民集二六巻六号一一五一頁を契機とする山木戸克己教授の着想に求め、そこから学説の展開を俯瞰、整理し、必要な限りで判例の動向にふれつつ、そうした期待の「合理性」について整理整序を試みたいと思います。そのうえで、その理論上の意義や相殺法理の基軸となり得る可能性について考究することとします。

### 一　倒産法における相殺権の規律——破産法を手がかりに

#### 1　相殺の優先弁済効の承認

法六七条一項によれば、破産手続が開始された後も、破産債権者による相殺の行使は認められ、結果として、他の債権者に対するその優先弁済効が尊重されています。その意味で、相殺権は、受働債権の上に設定された質権を実行するかのように機能し、破産手続との関係では、担保権と同じように、優先弁済効が認められており、この地位が「相殺権」となります。しかし、公示手段もなく、受働債権を掴取できることから、質権のような担保権よりも強力なものであり、この点をどう評価するべきでしょうか。

2　相殺要件の緩和

(1)　自働債権について

自働債権である破産債権について、法六七条二項前段は、それが「破産手続開始の時において期限付」のものでも（法一〇三条三項）、非金銭債権（法一〇三条二項一号イ）であっても、相殺を許容します。民法上許されない相殺が認められているといえます。民事再生法には、再生債権につきこうした金銭化の規定はないため、受働債権と同種の債権でなければなりません（民法五〇五条一項本文）(2)。

法六七条二項前段は、停止条件付債権の相殺を認めていません。しかし、法七〇条において、破産手続中に条件が成就した場合、弁済額の寄託請求をすることで、破産債権者は相殺をすることができます。法七〇条の特徴は、受働債権弁済後にも相殺権保護を認めるところであり、民法上の規律を超える強さを持つとされます。

(2)　受働債権について

受働債権である財団所属の債権について、金銭化の規定はありません。法六七条二項後段について、停止条件付債務を受働債権とする相殺の場合、条件不成就の利益を放棄して、相殺することが民法上できるかが、従前、明らかではなく、かかる条項が相殺権の拡張を認めたものかについて議論がありました。また、このことは、民事再生法に法六七条二項後段に対応する規定がないため、そのような場合に相殺が認められるかについて争いがあります。

3　相殺禁止とその解除

破産法は、相殺禁止規定（法七一条一項二号〜四号・七二条一項二号〜四号）を有します。これらは、不完全であるとはいえ、当初から債権＝債務の対立がある法六七条二項の適用場面とは異なり、危機時期以降に債権を取得したり、債務を負担した場合に適用されます。かかる制度趣旨については、濫用的な相殺を禁止するという考えがある一方、相殺権の保障が、他の破産債権者の不利益のもと、相殺権者を厚遇することから、その正当化は、相殺の合理的期待の保護にあるとする考えが有力です。

各条一項の二号〜四号によりいったん禁止された相殺であっても、たとえば、法七一条二項二号のように、「前に生じた原因」にあたる場合には、その禁止が解除されます。ここにいう「原因」の解釈について、判例の蓄積がなされ、相殺の合理的期待の観点から、学説の集積がなされてきました。
各条文の規律を考える場合、そのいずれにおいても、「相殺の合理的期待」が議論の中核を担っていることが分かります。次にかかる期待概念がどのようにして発生し、展開したかを確認しておきたいと思います。

## 二　相殺期待の合理性——その発源と展開

相殺期待の合理性の議論には、二つの始原があります。一つは、停止条件付債務を受働債権とする、破産債権との相殺を否定した判例から生じたもの、今ひとつは、危機時期に負担した債務を受働債権とする、破産債権との相殺を肯定した判例とそれを起因とする昭和四二年の会社更生法とそれに伴う破産法の改正です。

### 1　破産法六七条二項後段——相殺期待の合理性とそれに対する懸念

ここで取り上げる二つの裁判例は、手続開始後に債務（受働債権）の停止条件が成就した事案において、相殺権行使の可否が問題とされました。従前の通説によれば、破産宣告後に停止条件付債務の条件が成就した場合、宣告時に「合理的期待」があれば、旧法九九条後段（現行法六七条二項後段）の趣旨から、旧法一〇四条一号（現行法七一条一項一号）「宣告後の債務負担」にはあたらないとしていました。

前掲最判昭和四七・七・一三は、会社整理において、処分清算型譲渡担保の目的物件を整理開始後に処分した清算剰余金の返還債権を受働債権とし、別口債権を自働債権としてする相殺の許否が問題となった事件です。

山木戸克己教授は、このような場合、相殺は許されないとして、最高裁の結論を支持しつつも、その理由付けを批判的に検討されました。譲渡担保権者は、別口債権（自働債権）と清算剰余金返還債務（受働債権＝設定者の責任財産）との相殺を期待し、担保視することは当然であるとされ、設定者について破産が開始した場合、かかる「期待」が他の債権者との関係で合理的であるか、この期待に法的保護を与えることが公平の理念に適するか、ということを問題にされました。ただし、山木戸教授は、期待の合理性ないし公平性に関し、論者によって判断が分かれるだろうと述べておられました。

福岡地判平成八・五・一七判タ九二〇号二五一頁は、損害保険会社との間で傷害保険契約を締結していた破産会社の破産管財人が右保険契約の解約を理由に解約返戻金の返還を求めたのに対し、損害保険会社において同社が破産会社に対して有する債権との相殺を主張して、その返還義務を争った事案です。

この判決では、相殺を認める結論（積極説）をとりつつ、その根拠として、「相殺期待の合理性」が掲げられていました。しかし、宮川知法教授の分析によれば、かかる「合理性」は、積極説の専売特許ではなく、破産債権者（停止条件付債務負担者）の相殺期待と無条件債務負担者とのそれを比較し、前者の期待が劣っているということが論拠となる消極説でも用いられるものであり、このままでは、「相殺無碍」の方向に進むおそれがあると批判されました。

**2**　「前に生じた原因」の導入——「合理的相殺期待」の展開

その後、相殺の合理的期待論は、法七一条二項二号にいう「前に生じた原因」を巡る議論を中心に展開することになります。この「原因」規定は、第三者の口座振込に基づく相殺を肯定した最判昭和四一・四・八民集二〇巻四号五二九頁を批判し、相殺禁止の範囲を拡張、強化する中、会社更生法一六三条の改正と歩調を合わせ、破産法にもまったく同趣旨の改正を加えることにより、昭和四二年破産法改正（二〇四条二号）として導入されました。その趣旨は、相殺についての正当な期待を保護し、相殺禁止の強化に伴う苛酷な結果の生じないようにする配慮に求められ、「相殺を期待するのが通常であるといえる程度に具体的・直接的な原因」をいうとされました。

(1)　「前に生じた原因」の意義

「前に生じた原因」のリーディング・ケースである、最判昭和六三・一〇・一八民集四二巻八号五七五頁は、手形の取立によって生じた手形金返還債務との相殺の可否が争われ、この債務負担が「前の原因」（旧法一〇四条二号但書）に該当するかが問題となった事案です。最高裁は、かかる但書の趣旨を「相殺の担保的機能を期待して行われる取引の安全を保護する必要がある場合に相殺を禁止しないこととしている」とし、かかる相殺期待があれば、「前に生じた原因」にあたると解しました。具体的には、破産債権者が、危機時期前に、破産者との間で、破産者が債務の履行をしなかったときには破産債権者が占有する破産者の手形を取り立て又は処分してその取得金を債務の弁済に充当することができる旨の条項を含む取引約定を締結したうえ、破産者から手形の取立を委任されて裏書交付を受け、危機時期を知ったのち破産手続開始前に手形を取り立てて取立金返還債務を負担するに至った場合に、相殺を認めました。

(2) 公平・平等による調整

近時、「前に生じた原因」について、注目するべき判例が続いていますけれども、ここでは、投資信託の最高裁判例を挙げます。最判平成二六・六・五民集六八巻五号四六二頁では、投資信託受益権について、その管理を委託された金融機関が受益権者の危機時期後に解約実行請求をして、その解約金返還債務を受働債権とする相殺の可否が争われました。原審は、受益権者の支払停止前に締結された投資信託受益権の管理等を目的とする委託契約が「前に生じた原因」に該当するとし、相殺を許容しました。しかし、最高裁は、債務の負担が「前に生じた原因」に基づく場合には、相殺の担保的機能に対する再生債権者の期待は合理的なものであり、相殺は禁止されないとしつつも、本件では相殺者にそうした合理的な期待がないとし、原審を覆したのです。

山本和彦教授は、この判決につき、前掲最判昭和六三・一〇・一八とは異なり、合理的な相殺期待がなければ、「前に生じた原因」にあたらない、と判示した点を指摘されます。そのうえで、「前に生じた原因」は、両判決を合体させることで、合理的相殺期待と等価になったとされ、「原因」の定義問題は回避されることになると述べられました。さらに、今後、「原因」は、必要とされる相殺期待の程度の問題に移行し、一般的な基準定立は困難であるとされます。

### 3 債権法改正法案・五一一条における倒産法上の相殺権規律の参照

債権法改正法案では、無制限説を明文化した規定が設けられるとともに（法案五一一条一項）、差押え後に取得した債権を用いての第三債務者による相殺につき、この債権が「差押え前の原因」に基づいて生じたものである場合にも、差押債権者に対抗することができるとの新たな規定（法案五一一条二項本文）が設けられています。後者は、倒産法上の相殺権に関する規律を参照しつつ、相殺の担保的機能に対する第三債務者の相殺期待を保護するものとされます。

### 4 伊藤眞教授の警鐘

こうした広がりをみせる合理的期待論に対し、近時、前掲最判平成二八・七・八（いわゆる三者間相殺事例）を契機として、伊藤眞教授は、相殺の担保的機能に対する合理的期待を相殺禁止全般にかかる基準として捉える傾向を批判されました。すなわち、相殺の合理的期待の保護は、相殺禁止の例外をなすものとして、「前に生じた原因」の判断基準として説かれたものに過ぎないとされ、そのうえで、手続開始後の債務負担や、他人の債権の取得を根拠とする相殺について、相殺の担保的機能に関する合理的期待の有無によって調整する余地はないと主張されます。傾聴に値する議論であり、真摯な検討が必要であると思われます。

## 三　若干の考察

### 1　相殺権が倒産手続上保護される根拠

破産法や民事再生法では、たとえば、抵当権は別除権として処遇され、手続によらずにその権利を行使することができます。しかし、別除権とされる破産法や民事再生法でも、さまざまな制限が存在します。更生担保権となるのは、たとえば、抵当権そのものではなく、その被担保債権であり、そこに優先弁済効が付与されているに過ぎません。このように、倒産手続で担保権を保護する本質は、優先弁済効の保護にあるといえます。

倒産法は、公示手段のない相殺の優先弁済効を保護しています。しかも、受働債権をいわば丸取りすることができます。敷衍すれば、倒産法が保護するのは、担保として機能する相殺であります。その意味で、相殺権は質権のような約定担保権を超える強さを持つといえます。アメリカ法と異なり、相殺権は担保権と同じ扱いはされず、端的に手続開始後の相殺も認められます。こうした保護は立法的決断であり、それを担保権に引き戻すようなことがあってはなりません。そして、こうした決断の基底には、手続開始後に相殺できなくなることの恐怖心を取り除き、相殺による早期の債権回収行動を抑制するという政策的判断があるように思われます。すなわち、信用の収縮を回避するということです。そして、相殺権はよく債権質になぞらえられるのですが、当事者間の合意なく設定されるものである点で、法定担保に類する要素があることには注意が必要です。

### 2　相殺権の保護範囲

倒産法が相殺権の担保としての期待を保護するという政策的決断をしたとして、その保護範囲については検討の必要があります。民法上、どのような場合に相殺ができるかについては、「相殺適状」（民法五〇五条一項本文）によって説明されます。すなわち、対立する債権の存在と、それらが同種の目的を有すること、対立する債権いずれもが弁済期にあること、です。これに対し、破産法は、いわゆる無制限説を採り、非金銭債権との同種性を超えた相殺も法律明文で認めます。この点、民法上の相殺ができる範囲との関連が問題とされてきたところです。

本報告との関係で、停止条件付債権を自働債権とする相殺の可否について言及しておきたいと思います。水元教授は、受働債権の弁済前に自働債権の停止条件が成就して行う相殺は、危機時期認識前に停止条件付債権による実体法上の相殺権が成立していれば、手続開始後の条件成就による相殺権は尊重される、と述べられます。法六七条二項前段に規定はなくとも、法七〇条の前提理解はこうだ、と。さらに、受働債権が弁済された後も、同条による寄託請求により、相殺権は確実なものとなり、これはいわゆる「超質権テーゼ」に基づく相殺権の拡張であり、それを立法論的に批判されました。法六七条二項前段の文言から、これら両者を批判的にみる見解もありますが、少なくとも法はこれらの相殺を保護していることは否定できません。

## 3　相殺期待の合理性による調整

### (1)　相殺期待の合理性の実質化の必要性

そもそも、相殺期待の合理性は、昭和四二年法改正における相殺禁止の苛酷さを緩和する際に「正当な期待」を保護するため、「前に生じた原因」がある場合には相殺禁止を解除するという形で登場し、一方で、受働債権たる停止条件付債務が手続開始後に条件成就した場合に、法六七条二項を限定するものとして用いられました。

では、相殺期待の合理性はどのように解されるべきでしょうか。たとえば、無委託保証人の事後求償権を用いた相殺が争われた最判平成二四・五・二八民集六六巻七号三一二三頁は、「相殺の合理的期待」について、民法上の差押えと相殺が問題となった最大判昭和四五・六・二四民集二四巻六号五八七頁を引用しつつ、相殺の担保的機能に対する期待の保護と、それが許されない場合があるという抽象的な指摘をしながら、法七一条一項一号の類推適用を導きました。すなわち、相殺期待の合理性は、相殺権規律に関する諸条文の目的論的解釈に貢献しています。そうであれば、相殺期待の合理性について、抽象的な命題にとどまることは、相殺規定の解釈において、不安定さを招来し、妥当ではないでしょう。

### (2)　手がかりとしての「前に生じた原因」（法七一条二項二号等）の解釈

そのための指針として、「前に生じた原因」に関する議論が参考になります。前掲最判六三・一〇・一八は、「前に生じた原因」の趣旨を「相殺の担保的機能を期待して行われる取引の安全を保護する」としたところ、前掲最判平成二六・

六・五が「相殺の担保的機能に対する再生債権者の期待は合理的なものであって、これを保護することとしても」、債権者の平等や公平の趣旨に反するものではないとしたことで、学説の通説的理解（相殺期待の合理性）と合致することとなったからです。

前掲最判昭和六三・一〇・一八では、手形の取立によって生じた手形金返還債務との相殺の可否が争われ、かかる債務負担が「前の原因」（旧破産法一〇四条二号）に該当するかが問題となりました。

この問いに対し、藤田友敬教授は、個々の契約ごとにその性質を分析し、そこでの相殺の担保的機能への期待の強弱を判断するという考えを前提に、その考慮要素として、①当該受働債権の発生原因の特定性、②債務者・第三債務者に課せられている拘束の強さを挙げられます(3)。さらに、従来学説で問題とされてこなかった、「前に生じた原因」の典型例（代理受領や強い振込指定）に見られる、③自働債権と受働債権の牽連性についても検証されました(4)。

これらの要素は手形取立委任を例として次のように検証されます。手形が金融機関に裏書譲渡されていれば、受働債権の発生原因としての特定はある（①）。手形債務者はその所持人（金融機関）以外の者に手形金を払えず、債務者も手形を取り戻さない限り別の者に取立を委任できないし（排他性）、取立委任を撤回しない特約（不可撤回性）があれば（②）、「前の原因」は認められる、と。そのうえで、本件では、手形が実際に裏書交付されていることを前提に、①特定性については問題がなく、ただ、取立委任の撤回可能性があったとされるも、信用金庫取引約定書四条四項と五条から、撤回に制限があることが示唆され、本件ではすでに撤回ができない状態であったとされます。問題は、③牽連性です。本件では、上記約定書四条四項が重要であるとされ、これは自己の占有する有価証券が将来発生するかもしれない債権の弁済にあてることがありうる旨の約定であり、対内的効力しかないものの、取立委任のために手形の裏書交付を受けた以上、抽象的ながら牽連性があり、合理的な相殺期待は否定できないとされます。有益な分析であります。本報告では、かかる諸要素を相殺期待の「合理性」判断枠組みを考える足がかりにしたいと思います。

### (3)　「相殺期待の合理性」の射程

#### （ア）　停止条件付債務を受働債権とする相殺の可否

現在の有力説は、破産法六七条二項後段について、相殺期待が「合理的でない」場合に、停止条件付債務の条件成就後の相殺を許しません。この見解は、債務の発生のみならず、債務額もその上限すらも分からないとして、前掲最判昭和四七・七・一三の場合、相殺に対する期待が脆弱であり、相殺は許されないとしました。伊藤教授は、この点に「相殺期待の合理性」は及ばないとされました。難問であります。

私見によれば、「相殺期待の合理性」は、倒産法が有する相殺に関する諸規定を目的的に解釈するために必要な指導原理となります。相殺権が他の担保権よりも強力な効力を持つこと、公示性がないことからしても、相殺権の保護範囲について調整の余地を全体として残すべきであり、これにかかる条文解釈は、相互の意味連関をはかりつつ、できる限り合目的的になされるべきでしょう。それゆえ、破産法六七条二項後段の解釈についても、相殺期待の合理性が重要な指針となると解します。

前掲最判昭和四七・七・一三についていえば、清算金支払義務について、その金額の上限や具体性がないことは、受働債権の発生する見込みが不確定なものといえます（特定性が弱い）。そして、前述のように、破産法六七条二項後段が確認規定であれば、かかる指針は民事再生法等にも波及し、倒

| 自働債権 | 受働債権 | 相殺の可否 | コメント |
|---|---|---|---|
| 別口債権 | 清算剰余金返還債務 | × | 債務の上限額等が不明 |
| 未収保険料債権、関税等の求償権 | 解約返戻金債務 | ○ | 合理的期待があるとして相殺を肯定 |
| 不法行為債権 | 解約返戻金債務等 | ○ | 「特段の事情」による処理 |
| 手形貸付債権 | 預金債務（売掛金の振込） | ○ | 昭和42年法改正の契機となった判例 |
| 約束手形買戻請求権 | 取立金返還債務 | ○ | 合理的期待のリーディングケース |
| 手形貸付金債権 | 別段預金債務（当座勘定取引契約の解除） | × | 破産管財人と破産債権者が旧破産法104条2号の効力を排除する合意をするも、否定された |
| 貸金債権 | 預金債務 | × | 危機時期の振込入金 |
| 貸金債権 | 預金債務（退職手当金の振込） | ○ | いわゆる強い振込指定 |
| 保証債務履行請求権 | 投資信託受益権に係る解約金支払債務 | × | 投資信託事例 |
| 事後求償権 | 預金債務 | × | 委託なき保証契約 |
| 1992年 ISDA マスター契約に基づく清算金債権（姉妹会社（非相殺者）が再生債務者に対して有する債権） | 1992年 ISDA マスター契約に基づく清算金債務（再生債務者に対する債務） | × | いわゆる三者間相殺 |

産法全体をカバーすることとなります。

（イ） 無委託保証人の事後求償権事例（前掲最判平成二四・五・二八）

ここまでは、受働債権が問題となる事例を見てきました。上記相殺期待の合理性の射程について、自働債権の取得が問題となる場合を検討する必要があります。前掲最判平成二四・五・二八は、無委託保証人の事後求償権による相殺の可否につき、相殺禁止に関する法七二条一項一号の（類推）適用が問題となった事例です。

判旨は、本件相殺を認めると、「破産者の意思や法定の原因とは無関係に破産手続において優先的に取り扱われる債権が作出されることを認めるに等しい」といいます。そして、約定担保権類似のものとして相殺権を位置づけてもいます。しかし、相殺権は本来法定担保権に類似するものであり債務者の意思に重きを置くことは適切ではありません。また、判旨の理解は従前の民法学説からもニュアンスが異なるとの指摘もあります。そもそも保証契約は主債務者の意思にかかわらず締結できるものであります（民法四六二条参照）。主債務者（破産者）の関与や予期がないまま創出される相殺期待についても、その合理性を検証するべきでしょう。つまり、

| 引用判例 | 適用条文 |
|---|---|
| 最判昭和47・7・13民集26巻6号1151頁 | 旧破産法104条1号（現行法71条1項1号） |
| 福岡地判平成8・5・17判タ920号251頁 | 旧破産法104条1号（現行法71条1項1号） |
| 最判平成17・1・17民集66巻7号3123頁 | 旧破産法99条後段（現行法67条2項後段） |
| 最判昭和41・4・8民集20巻4号529頁 | 旧破産法104条3号本文の趣旨を類推し、同条1号を拡張解釈した後、同条3号但書の類推適用（昭和42年法律88号改正前）（現行法71条1項3号、同条2項2号） |
| 最判昭和63・10・18民集42巻8号575頁 | 旧破産法104条2号但書（現行法71条2項2号） |
| 最判昭和52年12月6日民集31巻7号961頁 | 旧破産法104条2号但書（現行法71条2項2号） |
| 最判昭和60年2月26日金法1094号38頁 | 旧破産法104条2号但書（現行法71条2項2号） |
| 名古屋高判昭和58年3月31日判時1077号79頁ほか | 旧破産法104条2号但書（現行法71条2項2号） |
| 最判平成26・6・5民集68巻5号462頁 | 民事再生法93条2項2号 |
| 最判平成24・5・28民集66巻7号3123頁 | 破産法72条1項1号類推適用 |
| 最判平成28・7・8民集70巻6号1611頁 | 民事再生法92条1項 |

「相殺を基礎とした担保化によって債務者が信用供与を受ける機会の拡大やより有利な信用供与の促進が図られるなど、相殺者の優遇を正当化するだけの取引合理性」があるかを考えるべきであります。

自働債権について、保証契約が有効に締結されていることから、当該保証債務を履行した場合、事後求償権の発生の見込みに関する①特定性はあり、また②保証人（破産債権者）と債権者への拘束もあるといえます。問題は、事後求償権（自働債権）と預金債務（受働債権）との牽連性でありましょう。判旨が「債務者の意思」として論じた事柄はここに関連するようにも思われます。その意味で、本件では明示の牽連性はありません。しかし、合理性を考える場合、主債務者・破産者の他の債権者との公平が問題となります。この者らは、保証人・相殺者の保証による主債務者・破産者の信用が拡大したことで恩恵を受けていたはずです。また、保証人・相殺者の事後求償権が停止条件付債権または将来の請求権だと解すれば、条件未成就の間相殺はできない（法六七条二項前段）とはいえ、停止条件成就への配慮を規定した法七〇条を前提に、条件成就後には受働債権に対する優先弁済効はなお維持されるわけですから、保証人・相殺者の相殺期待は保護されてよいのではないでしょうか。停止条件付債権者が法七〇条の保護を受けることに、相手方の意思は無関係であると思われます。以上から、黙示の③牽連性がないとはいえず、保証人・相殺者には相殺期待の合理性があり、法七一条一項一号を類推適用し相殺を禁止する最高裁の判旨には反対します。

## 結びにかえて

相殺権が担保権として保護されること、しかもそれは約定担保権よりも強いものであり、法定担保の要素を持つものであることを示唆しました。倒産法は、信用供与の継続保障という観点から、手続開始後であっても相殺を許容します。この場合、破産者の他の債権者との公平が図られなければなりません。山木戸教授が述べたように、これを規律するものが「相殺期待の合理性」であり、これは倒産法における相殺権規律全般の基礎をなすものであります。その内実は、「前に生じた原因」の判断から抽出されるものです。この要件は、前掲最判昭和四一・四・八への反発をもとに導入された苛酷な相殺禁止から相殺者の保護を考えて導入されたものでありました。すなわち、本報告は、開始後の相殺と開始前の相殺の異別性を意識しつつも、それを一体として理論化することを志向しました。きわめて不十分な分析であることは自覚するも、今後、さらにこうした枠組みと基準をもとに、より多くの裁判例を検証しつつ、相殺権に関する理論の前進に貢献できればと存じます。ご清聴ありがとうございました。

〔付記〕 本報告は、科研費【24402007】、【16K03402】の研究成果の一部である。

（1） 松下淳一「相殺禁止」（竹下守夫ほか編集代表）『破産法大系第2巻 破産実体法』二四四頁、二四九頁註8（青林書院、二〇一五年）。

（2） この点、破産手続における金銭化が、金銭配当のために認められるものであることから、非金銭債権を自働債権とし、金銭債権を受働債権とする相殺は、配当目的を超えて、合理的な相殺期待を有しない債権者に相殺を認めるもので、立法論として不当であるとの見解がある（水元宏典『倒産法における一般実体法の規制原理』（有斐閣、二〇〇二年）、松下淳一『民事再生法入門〔第2版〕』（有斐閣、二〇一四年）一一二頁註(5)）。

（3） 藤田友敬「判批」法協一〇七巻七号九一頁、一〇〇頁以下。

（4） 牽連性とは、発生原因がある程度特定した将来の預金債務をあてにして特定の貸付けを行う、ということとの指摘がなされる（藤田・前掲註（3）一〇四頁）。

## 討論

**【松下（司会）】** それでは、シンポジウムを再開させていただきます。会員の皆さんから多数の質問を頂戴しました。質問者の数でいいますと、近藤報告に六人。倉部報告に六人、藤本報告に三人、そして、私に一人です。お一人で四つの質問をされた方もいらっしゃいますので質問の数はさらに増えます。

それでは、近藤会員への質問です。まず、慶應義塾大学の中島弘雅会員からのご質問です。「報告者がどのような視点から三つの設例を通して、この問題を分析しようとしているのかが今ひとつ分かりにくい。報告者は【Q1】については劣後的破産債権である原債権が代位弁済者に移転してきたことによって、代位弁済者の求償権は原債権に代わって、劣後的破産債権に入れ替わると言われ、他方で【Q2】及び【Q3】では財団政権である原債権が移転した場合には、財団債権性が承継され、代位弁済者は優先性を主張できると言われました。しかし、破産債権としての求償権が現にあるにもかかわらず、なぜ、原債権の優先性によって、すなわち、原債権が劣後的破産債権か財団債権かによって結論が決まってくるのか、その理由が私には理解できませんでした。その点をぜひご教示ください」ということです。中島先生、それでよろしいですか。

**【近藤】** ご質問ありがとうございます。三つの設例のうち【Q1】は、代位弁済者がもともと固有に取得する求償権の優先順位を考えようというものでございます。それに対して【Q2】と【Q3】は、これらの場合にも代位弁済者は求償権を取得するのですが、それに加えて原債権者の原債権を取得するというときに、その原債権の持っていた優先順位を承継するか、というものでありまして、【Q1】の問題と【Q2】【Q3】の問題は大きく違った次元で考えております。

【Q1】では、劣後的破産債権である原債権につき代位弁済をしたという場合につきまして、代位弁済者の求償権は一般の破産債権ではなく劣後的破産債権になるという見解を示しましたが、もちろんこの場合にも、代位弁済者は求償権を取得するのと同時に原債権者の原債権が移転してきて取得しております。【Q1】で考えておきたかったのは、求償権の方の優先順位でありましたので、原債権の方につきましては、報告の中では言及しておりませんでした。今、言及させていただきますと、【Q2】【Q3】の場合に限らず、代位弁済者は原債権者のもとで原債権がもともと持っていた優先順位をそのまま承継するものと考えますので、劣後的破産債権であった原債権者の原債権は、劣後的破産債権の状態で代位弁済者に移転することになると考えております。

**【中島】** 中島です。そうすると、結局、原債権を基準にするのなら、それは、倒産手続による優先性の問題ではないのではないでしょうか。

**【近藤】** ご質問ありがとうございます。【Q1】につきましては、代位弁済者の求償権は一般の破産債権になるのか、あるいは劣後的破産債権になるのか、というところが結論部分でありまして、その理由付けのところで、原債権の持っている優先順位が影響してくるものと考えております。

**【中島】** とりあえずお考えは分かりました。

**【司会】** それでは次の質問に進ませていただきます。次は東京弁護士会の山﨑雄一郎会員からです。数字がたくさん出てきて、私が読み間違えるといけないので、ご本人にご質問用紙を読んでいただいた方がいいのではないかと思います。

**【山﨑】**　東京弁護士会の山﨑雄一郎と申します。よろしくお願いいたします。【Q2】について質問をさせていただきました。「労働者健康安全機構の立替払いの例が書かれていたかと思います。例えば，労働者の債権者Aの方が，破産会社に対して一〇〇万円の退職金債権を持っていた，という仮定をしていただいて，そのAの方の給料が月額三〇万円であるとすると，その三ヶ月分の九〇万円までが財団債権の性質を持つということになろうかと思います。そして，残り一〇万円が優先的破産債権ということになります。この労働債権者Aが立替払制度を利用すると八割の立替払いを得られて，Aの債権は二〇万円，労働者健康安全機構の債権は八〇万円というふうに分かれていくことになると思います。

この場合に破産手続の実務上，これは機構のホームページに書いてあることではあるのですが，その債権額の割合にそって財団債権と優先破産債権の割合を定めるということになっております。そうすると，債権総額一〇〇万円のうちの九〇万円の財団債権ということになるので，比率としては九割ということになります。そうすると，Aに残っている破産会社に対する債権の二〇万円のうちの九割の一八万円が財団債権の性質を持っているもの。残りの二万円が優先的破産債権の性質を持っているものとなります。それから，機構の方で取得した八〇万円の債権のうち九割にあたる，七二万円が財団債権，残りの八万円が優先的破産債権ということになります。結果的にAという方は機構の立替払い請求を利用すると，残債権のうち一八万円は財団債権として最優先に払われるということになった上に，立替払い八〇万円は現実に取得している，ということで九八万円，結果的に優先的な弁済を受けられる状態になっているということに，整理されると思います。そうすると，ひるがえって，機構の立替払額はもともとの財団債権部分である九〇万円の内数の額である八〇万円にとどまるので，Aから財団債権に相当する債権部分としてその性質が引き継がれていくという説明，すなわち，八〇万円がそっくり承継されているという説明が結果的に難しくなっているんじゃないか」というのが私の疑問点です。今，こういう理解でいいのか，先生の方では別の理解があるのかということをご教示いただければなと思います。よろしくお願いいたします。

**【近藤】**　ご質問ありがとうございます。【Q2】の設例の立て方は単純すぎたかなと，山﨑先生からのご質問を受けて感じております。【Q2】に関しましては，立替払いその他の代位弁済をしたのはすべて財団債権であるということを前提に設例を立て、また私見を述べてまいりました。しかし実務では、機構が立替払いの額を財団債権と優先的破産債権のそれぞれの額の割合に応じて振り分けております。

山﨑先生からお示しいただきました数値を使いまして、【Q2】を修正しますと、機構が労働者Aに立替払いをしたのは八〇万円で、そのうち七二万円が財団債権の部分で、残りの八万円が優先的破産債権の部分ということでございます。

【Q2】につきましては、全額が財団債権ということを基本的に念頭に置いておりましたが、「四　弁済による代位における原債権の倒産法上の優先順位」の「1　原債権が私債権の場合――【Q2】の労働債権の場合について」の最後に述べましたように、破産手続開始前の労働債権のうち優先的破産債権に該当するものについても同様と考えます。すなわち、財団債権に該当するものも優先的破産債権に該当するものも、弁済による代位の制度趣旨はもちろんのこと、他の一般債権者との利益考量論的アプローチの仕方も同じとすべきでありますから、それぞれの優先性はそのまま代位弁済者のもとに承継されていくものと考えております。

したがいまして、山﨑先生のご質問に対する回答としましては、七二万円の財団債権を立替払いしたというところは財団債権性を承継し、八万円の優先的破産債権を立替払いしたというところは優先的破産債権性を承継するということになります。

【山﨑】　今のご説明、おおむね私も回答としてはそうかなと思います。債権の移転に関して破産法が予定している場面と、機構の制度はまったく違う組み立てになっているために結果的にこういうことになるのだと思います。今回提示された論点で必ず出てくるお話だと思いますので、一緒にご説明いただけるとありがたいかなと思った次第です。

【司会】　それでは、次に進ませていただきます。明治大学の上原敏夫会員からの質問です。「【Q3】について、報告の結論に賛成である。根拠付けとして【Q2】の検討で指摘された利益衡量的アプローチは妥当しないのでしょうか」という質問です。これと合わせて中央大学の佐藤鉄男会員から二つ質問をいただいているのですが、一つ目の質問がこれと関連すると思われますので、一緒に扱わせていただきます。

「報告の基本スタンスとしてレジュメに出てくる構図で、問題となっている租税債権、労働債権、共益債権の代位は、図の左枠の問題として効果も統一的にというお考えは、理解します。租税以外で今から最判を根底からひっくり返すのはかなり難しいでしょう。ただ、代位を左枠内の権利の置き換えと考えると、そもそもそこに優先順位の問題は残っていないようにも思われます。また、代位取得自体が目下のところ否定されている租税の問題は、左枠の中に入れる事が排除されてしまっているような気もしますが、いかがでしょうか」。これは中島先生のご質問にも関係するかもしれませんが、合わせてよろしくお願いいたします。

**【近藤】**　ご質問ありがとうございます。上原先生からのストレートなご質問に、まず回答したいと思います。【Q3】の租税債権に関するところですが、【Q2】の労働債権のところと同様に、いわゆる利益衡量的アプローチ、あるいは「棚ぼた」否定論というものは、租税債権の場合についても妥当すると考えております。

【Q3】のところで、まずクリアしなければならない問題は、租税債権を代位納付した者はそもそも租税債権を取得するのかという問題であります。私見は、租税債権を取得するということでございます。その次の段階の問題が、倒産の場面に特有の問題でありまして、租税債権が財団債権性を持っていたというならば、代位納付者はその財団債権性を承継するのかという問題、言い換えれば、とりわけ一般の破産債権者との競合問題であります。【Q2】の労働債権のところで、①弁済による代位の制度趣旨からのアプローチ、それから②利益衡量的アプローチを示しましたが、この二つは租税債権の場合にも必要不可欠なアプローチであると私は考えております。

①のアプローチにつきまして、国税通則法四一条二項は民法五〇一条をベースにしたものですから、弁済による納付の制度趣旨も、求償権を確保するための一種の担保として機能する等の点で異論はないように思います。また、②のアプローチも、やはり他のとりわけ一般の破産債権者との競合ということを考えますと、労働債権等の私債権の場合だけでなく、租税債権の場合についても必要不可欠なアプローチであって、それが妥当して初めて租税債権が代位納付者に移転するだけでなく、その優先性も承継されることになると考えております。

佐藤先生からのご質問のうちにつきまして、今の回答の続きとして回答させていただきますと、【Q3】の租税債権の場合については【図3】をお示しいたしましたが、【Q1】の求償権についての【図1】、並びに【Q2】の労働債権の場合についての【図2】につきましても、すべて同じ構図の図解でありまして、いわば統一的に考えております。すなわち、原債権者のもともとの原債権があって、代位弁済・代位納付により原債権者のもとから消えていく。その時、代位弁済者・代位納付者の求償権が現れる。そして同時に、代位弁済なり代位納付なりで原債権を取得するというのなら、求償権とそれを担保するための原債権という二本立てになる、という構図です。したがいまして、租税債権につきましても労働債権と同様に考えるべきである、というのが私の見解でございます。

**【上原】** 明快な説明、ありがとうございました。レジュメで紹介していただいておりますが、私が今から十年以上前に、研究者としておそらくはじめて、この問題を取り上げて論文を書いたときは、本日言われている利益衡量的な側面に集中して論じたため、租税債権の代位の可能性をめぐる公法的な側面の議論が十分でなかったと反省しております。今日、近藤さんの報告でそのあたりが非常に明確になってきたと感じております。ありがとうございました。

**【司会】** では、佐藤会員の二つ目の質問です。近藤会員にです。「倒産法と租税法は法体系の中でどういう関係にあるのでしょうか。倒産法は憲法のごとき、最高法規ではないので、他の法規と交錯した場合に当然、優位に立つ。つまり、倒産法によって他の法を修正することができる保証はありません。否、むしろ、わが国の倒産法は租税に遠慮して道を譲ってきた感があります。なので、租税は代位を許さないと言われると、高いハードルを感じてしまうのですが、ドイツではむしろ、破産法は租税法に優先すると言われるようになり、これは特に優先権の増大で『破産の破産』が叫ばれて以降、その克服を意図して言われているわけで、『代位できる、租税保証人安心せよ』は、日本では通用しない考えでしょうか」というご質問です。

**【近藤】** 結論から申し上げると、日本でも通用する考えだと考えています。破産法が特にそうで、会社更生法もそうであると考えます。民事再生法は制度設計上そうなってはおりませんが。

さしあたり破産法に目を向けてみますと、まず実体的な側面でいうと、破産手続開始前の原因に基づく租税債権はその一部は財団債権に格上げされていますが、原則的には優先的破産債権とされているなど、破産手続による制約を受けるところがあります。また、手続的な側面でも、滞納処分はその続行は許されていますが、新たに開始することができないなど、やはり制約を受けるところがあります。

このように、わが国におきましても、租税債権といえども実体的側面・手続的側面において制約を受けるところがありますので、倒産法は租税法に優先しているものと、私は考えております。

**【司会】**　それでは佐藤会員からの質問は以上です。

次に、早稲田大学の山本研会員から二つご質問を頂いています。一つ目ですが、「倒産手続の開始前に、租税債権を代位納付した場合も、代位納付した者は納付による代位により、租税債権（原債権）を取得し、後に開始される倒産手続において財団債権（一般優先債権）としてこれを行使できるのでしょうか」というのが一つ目の質問です。

**【近藤】**　ご質問ありがとうございます。【Q3】は破産手続開始後に代位納付が行われたという事例でして、【Q1】【Q2】も破産手続開始後に代位弁済が行われた事例といたしました。それが典型例と思われるからです。しかし実際には、倒産手続の開始前に代位弁済なり代位納付なりが行われていたという場合もあるわけでございます。このような場合は、倒産手続の開始後に行われた場合の応用問題と考えております。

結論から申し上げると、倒産手続開始前に租税債権を代位納付していた場合にも、代位納付者は租税債権を取得し、その後、破産手続が開始されたなら財団債権として行使することができ、再生手続が開始されたなら一般優先債権として行使することができると考えます。

その理由ですが、倒産手続開始前に代位納付した租税債権というものは、仮にその後に倒産手続が開始されたなら財団債権あるいは一般優先債権になるものでありまして、代位納付者はそういういわば潜在的な優先順位を持った租税債権を取得していたと解するのが適当と考えるからであります。また、そう解しないならば、倒産手続開始後に代位納付をした場合には租税債権の優先性を承継するのに対して、倒産手続開始前に代位納付をしていたという場合には租税債権の優先性を承継しないということになりますので、代位納付者と他の債権者との間の利益衡量的アプローチという観点からみましても、このような差異は看過できないように思われます。

なお、労働債権を弁済による代位により取得する場合についても、同様と考えます。

**【司会】**　それでは、山本研会員の二つ目の質問に進ませていただきます。「破産手続において優先的破産債権として扱われる租税債権について代位納付した場合、代位納付者には優先的破産債権たる原債権（租税債権）と、一般の破産債権としての求債権の二つが並存的に帰属することになるのでしょうか。また、優先的破産債権としての届け出がされていなかった場合も、代位納付者は優先性を承継することができるのでしょうか」ということですけど、お願いします。

**【近藤】**　私見によりますと、優先的破産債権である租税債権について代位納付したという場合におきましても、代位納付者は求償権を取得するとともに、納付による代位により租税債権を取得するということで、そして、求償権の方は一般の破産債権で、租税債権の方については優先的破産債権性を承継するということで、この二つが並存的に帰属することになると考えます。なお、労働債権の場合についても同様と考えます。

また、納税保証人がいるなどという場合でしたら、もしかしたら租税債権者は優先的破産債権としての届出をしていなかったということもあるかもしれません。そういったときは、その後、代位納付をした者による届出を認めるかどうかという問題が生じることになりますが、優先的破産債権という性質を持った租税債権を取得するということに変わりはないと考えます。本日は優先的破産債権性を承継するというところまでとさせていただき、届出という手続的なところにつきましてはその先の課題とさせていただきたいと思います。

**【司会】**　具体的な手続についてはさらに検討が必要かと思います。続けて、近藤会員に対する質問ですが、首都大学東京の棚橋洋平会員から短い質問を二ついただいております。まとめて読ませていただきます。一つ目の質問ですが、「共益債権の発生が手続開始後にならなければ判明しない場合にはどのように考えるべきでしょうか」。それから、二つ目の質問ですが、「（ご報告の対象ではないかと存じますが）非免責債権の代位弁済があった場合にも「非免責性」は承継されるでしょうか」というご質問で、一括してお答えください。

**【近藤】**　ご質問ありがとうございます。一つ目のご質問につきましては、「二　倒産法における優先順位の決定基準」の「2　倒産法における優先順位の決定時」に関するものとして回答させていただきます。本来的な共益債権ということでしたら、破産では財団債権ということになります。

確かに、破産手続開始の時点ですでに存在している債権でしたら分かりやすいのですけれども、手続開始の時点では、破産財団の管理費用等が実際にいくらなのかは判明しておりませんし、その債権者は誰なのかも判明しておりません。もっとも、手続開始の時点でこれくらいの費用はかかるというところは、観念的には存在するはずで、その時点で手続費用さえ賄うことができないというときに同時廃止がなされるというのは、このことを前提にしているものと考えられます。

そこで、倒産手続開始の時点ですでに存在していた債権はもちろんのこととして、その後将来的に発生すべき債権につきましても、実際に発生したときにはどのようなランクが与えられるかが、手続開始の時点ですでに明確にされている、ということを述べたかったのでございます。

二つ目のご質問は、租税債権などのように、代位弁済ないし代位納付される債権が非免責債権である場合、非免責性も承継されるのかという問題でございます。本日の報告は、代位弁済者の求償権と原債権につきまして、倒産の場面における優先順位を検討するものでありますから、他の債権者との競合を前提としたものでございました。それに対して、原債権の非免責性という問題は、他の債権者との競合を前提とするものではなく、原債権者あるいは代位弁済者と破産者等の倒産債務者との関係において検討すべき性質のものと考えます。

この問題につきましては、非免責性も承継されると解するのが素直かと思います。例えば、優先的破産債権である租税債権を代位納付したという場合には、破産手続終了かつ免責許可決定の後も、代位納付者は破産手続で配当されなかった残額について破産者に追及することができると考えております。

**【司会】**　本日のテーマは、現在の責任財産に対する優先順位の問題ですが、今の最後の非免責性の問題は、新得財産の引き当て可能性という問題かと思います。

それでは、近藤会員に対する質問は以上で終わりとして、続いて、倉部会員に対する質問に移りたいと思います。

先ほど、申し上げたとおり、六人の方から質問が出ているのですが、一人複数の質問もありますので、順次読み上げさせていただきます。

最初に大阪弁護士会の上田裕康会員からご質問をいただいています。「別除権協定は、現状においても価格の相当性、目的物の使用の必要性、再生債務者の弁済能力を、慎重に検討した上で監督委員が同意をしている。従って、あたかも別除権者と再生債務者の間の合意にまかせて完全に自由に決定されているということを前提とした立論には違和感がある。また、監督命令においては、全件受け戻しについての同意が定められている。指定しないことは現実にはない」ということです。お答えをお願いします。

**【倉部】**　上田先生、ご質問を頂き、また、実務の状況をご教示いただきまして、ありがとうございます。監督委員の先生方を批判しているような報告に聞こえてしまったかもしれませんけれども、そうではなくて、実際に現実の実務では監督委員の先生方が慎重にご判断をされて、同意するかしないかを最終的に決定されているということは十分認識しているつもりでございます。

ただ、条文上は、同意事項として指定することができるということで、指定しない余地が残っていることは確かでございます。また、レジュメで引用しております一定期間の民事再生事件の実態調査をした結果をまとめに書籍がございまして、実態調査をさせていただいた記録を拝見しておりますと、なかには、認可決定後に別除権協定が締結されたらしいというような事例があったことも把握しております。ですので、完全に監督委員の同意がすべての事件でなされているかというと、やはり、そこは疑問があるのではないかということで、その点をあえてご指摘をさせていただいた次第でございます。

**【司会】**　大多数の事案がどうであれ、研究者としては気になるところは、気になるところです。

**【上田】**　今、認可決定後の別除権協定のお話がございましたけれども、監督期間は再生手続終結まで続いております。確かに認可決定後は、同意事項から外れることになりますが、その場合、監督委員の方から別除権協定の成立にあたっては、必ず事前に監督委員に説明し、了解を得てほしいとお願いをするというのが実務的な運用かと思います。

**【倉部】**　ご教示いただきまして、ありがとうございます。実務につきましては、十分に把握してないところがございますので、ご教示いただいたことを踏まえて、検討していきたいと思います。ありがとうございます。

**【司会】**　続きまして、大阪弁護士会の中井康之会員から質問をいただいています。これも読み上げさせていただきます。二つ質問がありますが、一つ目の質問です。第一の質問の柱書きは、「復活を予定した別除権協定について先生の見解を確認したい」ということで、「①不足額は確定しない。従って、再生計画に基づく計画弁済を受けることはできない、と理解しているのか。設例において一二〇万円の精算が必要という趣旨は、本来払うべきものでないものを払ったからか」というのが一つ目の小問です。

二つ目の小問は、「協定に基づく弁済（九〇〇万）の受領を許すのか。レジュメの設例(β)において、⑩の四四〇〇万円の受領を認めているとすると、九〇〇万円の受領を認めた上で実行時の価格三五〇〇万円の両方の取得を認めるのか。それは担保価値の二重利得を認めることにならないか」というご質問です。

【倉部】　中井先生、ご質問、ありがとうございます。復活を予定した場合に関する一つ目のご質問についてです。再生計画に基づく弁済を受ける場合は不足額は確定しない、従って、不足額が確定するならば、再生計画に基づく弁済は受けることはできないと理解しているのかというご質問ですけれども、そのように理解をしております。まず、復活を予定しているのであれば、不足額は確定していないと考えております。そこで、一二〇〇万円の精算が必要ということの趣旨について、本来払うべきでないものを払ったからかというご質問ですが、復活型ということが明らかな場合でしたら、予定不足額ということで、届出をして、未確定の場合は適確な措置の中で扱うというのが本筋ではないかと考えております。

次に、二点目のご質問についてです。協定に基づく弁済の九〇〇万円の受領を許すのかということですが、設例の(β)をご覧頂きますと、復活説のところで、別除権者は全額⑩四四〇〇万円を受領することができると記載されておりますので、担保価値の二重取りになるのではないか、というご指摘をいただきました。この点は私の報告の中で十分にはふれておりませんでしたけれども、ご質問をいただきましたとおり、ここは担保価値の二重取りになると考えております。

【司会】　中井先生、よろしいでしょうか。では、中井先生の第二の質問に移らせていただきます。もう少し総論的な質問に見受けられますが、「再生手続における担保権の取扱いについて」という大見出しがついています。「担保の不可分性についてどのように理解しているのか。今の第一の質問の一つ目の小問の回答との関連について、不可分性から四四〇〇万円を取得できると解するのか」というご質問です。

第二の質問の二つ目ですが、「担保権の実行時期選択の自由についてどのように考えているのか。別除権協定の締結をした担保権者は、その時点の担保価値を確保、把握していると理解すれば、固定説の結論に至らないか。復活説は実行時期の選択のやり直しを認めることにならないのか」というのがご質問です。

【倉部】　中井先生、ありがとうございます。不可分性についてですけれども、この点につきましては、別除権協定の締結をして担保目的物の評価額を目安とした弁済がされることになりますと、その時点で一定の制約がされ、不可分性の原則は完全に担保されるのではなく、後退すると理解をしています。民生再生手続全体を通じて、担保権者はどの程度の価値を把握できるのか考えますと、本日は別除権協定の締結時をとりあげましたが、この時点では処分価格を上回り、継続企業価値を上限として、ある程度幅を持たせた価値を担保権者は把握することができると考えております。次に、担保権実行中止命令と担保権消滅許可がございますけれども、いずれの場合も担保権者が把握している担保価値の範囲というのは、処分価格、民事再生手続の原則と申し上げてよろしいと思いますが、処分価格の範囲で保護されている、このように考えております。

それから二つ目のご質問ですけれども、担保権の実行時期の選択の自由についてですが、先生のご質問の中でふれてくださっていますように、私の結論としては固定説を取るということになります。ですので、繰り返すようですが、担保権者は別除権協定締結の時点の担保価値を把握していると考えております。おそらく私の報告とレジュメの記載の中で、固定説と復活説を並列して書いておりましたので、錯綜してしまったのではないかと思います。最終的に私の立場がどうなのかということが明確にお伝えできなかったのではないかと反省しているところです。ご質問いただきまして、ありがとうございます。

【司会】　それでは次の方の質問に進ませていただきます。福岡県弁護士会の黒木和彰会員から、四つ質問をいただいております。一問ずつ進めさせていただきます。「レジュメ2ページの別除権協定の通りに弁済できなくなった場合の別除権協定の取り扱いについてです。例として解除、失効、再生手続廃止、牽連破産があげられているところ、別除権者が催告解除した場合とその他の場合は同じか異なるか。催告解除は債務不履行を受けた契約当事者に契約の拘束力からの離脱を認める制度であるとすると、その他の再生手続廃止等により、債務者が履行できなくなった場合と同じと考えるべきか。」というのが第一の質問です。

【倉部】　黒木先生、たくさんのご質問、ありがとうございます。予定通りの弁済ができなくなった場合について、レジュメにまとめて書いてしまいましたので、このようなご質問をいただいたのかと思います。催告解除した場合と協定の解除・失効、再生手続廃止や牽連破産等の再生が困難な場合と同じと考えるべきかということですが、これは、同じと考えております。結論のみですが、よろしいでしょうか。ありがとうございます。

【司会】　では、第二の質問です。レジュメ三ページにあります、別除権協定において弁済を約された債権の法的性質の問題です。「別除権協定が成立した場合、担保物との牽連性は維持されていると考えているか否か。仮に別除権協定成立後も、担保物との牽連性が維持されている、この点において更生担保権と異なると考えるとすると、担保物の評価額が再生手続上、維持できると考える根拠はどう考えるべきか。とりわけ、共益債権（財団債権）として評価額相当分を行使できるとすることは、単に別除権の要保護性だけで説明できるか」という質問です。

【倉部】　ありがとうございます。これは、共益債権化の試論の中でということでお答えしてよろしいでしょうか。共益債権化をしたということになりますと、その共益債権化した範囲で優先的に弁済を受けるということを明確にしておりますので、先生のご質問の中でおっしゃっていただいていますように、この限りにおいては更生担保権に近付くのではないかと考えています。

ですので、担保目的物ともはや切り離す、保護を受けている範囲内で共益債権化された債権の実現をどのように考えるのかという方向で展開していけば、そのような結論になろうかと考えています。

【司会】　それでは、第三の質問です。レジュメの九ページにおける復活型協定の取り扱いについてのご質問です。レジュメの九ページですが、「不足額が確定しなくなるとして、一二〇万円の精算義務を負うとして具体的な行使方法はどうなるのか。債務者（破産管財人）は別除権者に対して、不当利得であるとして返還を求めるのか。この場合、債権の目的物保持権限があるのに「法律上の原因を欠く」ことになるのか」というご質問です。

【倉部】　ありがとうございます。復活型については私の立場としましては、あまり積極的にとっておりませんので、復活型を前提としたシミュレーションというのがなかなか考えにくいなとは思っているんですが、現実問題としては一応対応を考えておかないといけないのかなということで、ありがたいご質問だと思っております。

この場合、牽連破産手続において、破産配当の中で調整をするというのが現実的なのかなと今のところ考えていますけれども、そういったことを考えますと、中井先生からのご質問にもお答えしましたように、復活型の場合にはむしろ未確定の予定不足額として届出をして、未確定の場合の適確な措置に従って処理をするほうが良いのではないかと考えております。精算が後回しになってしまうわけですけれども、そのほうがこういったまさにご質問されているようなややこしい問題を避けることができるのではないかと考えております。

【司会】 それでは、最後の質問です。レジュメ十ページの試論についてのご質問です。「復活説の競売事件の取り扱いについて。復活説であれば債権額三九八〇万円を請求債権として差し押さえ、これに満つるまで配当を受けられるのではないか。仮に、二六〇〇万円までの配当を受けられないと考えると、これを強制執行手続上、実現する手続は何か。債務者（破産管財人）は、配当異議訴訟を行うことになるのか。請求債権以下の配当に対する異議事由は何か。特に、担保権不可分の原則のもとで、どのような異議事由が考えられるのか」というご質問です。

【倉部】 ありがとうございます。試論の箇所でふれております復活説に関するご質問ですけれども、先ほど中井先生のご質問にお答えしましたように、私自身は固定説を最終的にはとりますので、ちょっと復活説でのシミュレーションは十分に検討していない部分もございます。ですので、固定説をとった場合にどうなるかをお答えさせて頂くということでよろしいでしょうか。

そうしますと、対応としては配当異議になるのかなと思っております。その際には、試論では共益債権化が前提になりますので、共益債権化を求めると、共益債権化する決定がされる手続を考えておりますので、その決定の書面を提出し、さらにそれに基づいて既に弁済されているということで調整ができないかなと考えています。不十分な回答でございますが、今後さらに検討させていただきたいと思います。

【司会】 今後さらに検討が必要になるということでしょうか。それでは、次の質問です。大阪弁護士会の赫会員からご質問をいただいています。「倉部先生は、立法論として共益債権化が妥当と述べておられますが、先生の立法論では復活型協定も共益債権化されるのでしょうか。私は、別除権者が担保目的物の価値下落リスクを負っているということだけでは、共益債権化の根拠として不十分であると思っています。共益債権化が妥当なのは、「手続開始後に与信があった」と認められる場合が基本だと思います。「目的物を担保に新規に三〇〇〇万円を貸し付けた」のと同視できる場合、すなわち固定説的合意がなされたことが必須と考えます。他方で、このような「開始後与信の実質」のある協定については、現行法でも和解契約として共益債権化を監督委員合意のもと認めてよいと思います。法律に明文がないというだけでそれを認めないのは硬直的に過ぎないでしょうか」というご質問です。

**【倉部】** 赫先生、ありがとうございます。共益債権化について現行法の条文の中でもっと解釈論で頑張れというご批判かなと受け止めております。また、実務の状況もご教示いただきましてありがとうございます。

そこは非常に悩んだところではあります。報告の中では共益債権説に対する批判が非常にあっさりとしておりまして、どうも倉部は検討が足りないのではないかと思われたのではないかなと思っております。

私がこだわりました点は、次の点にあります。赫先生のご質問の中でお示しいただいていますように、新規に三〇〇〇万円を貸し付けたということで、新たな与信だと解釈ができるのではないか。確かに私もそのように考えられるかなと思ったところではございます。しかし、やはりそうなりますと、もとの再生債権はどうなるのか、再生債権を共益債権に置き換えるということを二当事者間の合意に基づいて行っているということには変わりないのではないかと考えました。報告の中でも申し上げましたように、当事者間の合意で、既存の債権、すなわち再生債権であるということで揺るぎがない、疑いがないものを合意によって共益債権化してしまう、その性質を変えてしてしまうということは避けるべきではないかという点がこだわったところでございます。

ですので、従来の共益債権説における解釈論でも共益債権化は成り立つのではないかとのご批判を受けるだろうことは、覚悟しているところでございますけれども、私のこだわった点はその点であるということを申し上げたいと思います。

**【司会】** それでは、次の質問です。中央大学の佐藤鉄男会員から二つご質問をいただいています。それに関連して、北海道大学の高見進会員からもご質問をいただいていまして、佐藤会員からの一つ目の質問と高見会員からのご質問を合わせて読ませていただきます。

まず、佐藤会員のご質問ですが、「報告の基調である、再生手続における別除権協定の明確化・透明化による再生債務者、別除権者、再生債権者の公平性確保には賛同します。しかし、これは突き詰めると、これまで債務者代理人と個々の別除権者の水面下の攻防に委ねられていたものを公式化すること、言ってみれば、『再生担保権』的な構成に近づき、ほとんど別除権概念は空洞化してしまうようにも思えます。それもありかもしれませんが、そういう含みと理解してよいでしょうか」というのが佐藤会員からの一つ目の質問です。

これに関連しまして、北海道大学の高見会員からのご質問です。「再生手続における担保権者の扱いは会社更生法的枠組によるべきであり、現在の民事再生法における担保権者の扱いに基本的な無理があるのではありませんか」ということです。

【倉部】　佐藤先生、高見先生、ご質問ありがとうございます。佐藤先生がご質問くださいました再生担保権的な構成に近付くのかという点ですが、一応、私の試論の中では別除権者には協定を結ばないという選択肢はまだ残されておりますし、共益債権化の前提としては別除権者と再生債務者の間の合意を重視しているという点では、更生担保権と同じような担保権ではないと考えています。

ですので、試論によれば従来よりも自由がきかないという硬直的な部分も出てくるという点で、ご批判はあるかもしれませんけれども、そういった点も否めませんが、まだ別除権構成は維持されていると考えております。

【高見】　北海道大学の高見です。民事再生法をつくるときに会社更生法の横につくりましたよね。このときに、担保権の扱いをどうするかということでいろいろ議論して今の形になっているわけですが、再生に必要な財産というものに担保があれば、これを使われなければ再生はできないわけですから、担保権が実行されないことをどうしたって確保しなければいけない。この合意自体は債権者の意向次第なので、それを両当事者間の合意に任せてはじめて担保権の実行をおさえることができるという枠組み自体に無理があると思います。やはりこういう再生がどうしても必要である事業については、これは会社更生法の枠組みと同じにすることにして、その都度必要でない担保権をそこから外すんだというふうにしないと、ここのところはうまくいかないのではないか。つまり、会社更生法のほかに、今民事再生法に合理性があるとおっしゃいましたが、どこに合理性があるのかよく分からないので説明してください。

**【司会】** 佐藤先生の二つ目のご質問とも関連するかと思います。

**【倉部】** はい、そうですね。高見先生のご質問に対してすぐにお返事しないことはご容赦ください。佐藤先生の第二の質問と合わせてということで回答させていただきます。「倉部報告の設例では、別除権者が一人の場合となっていますが、現実には別除権者は複数いることも多いわけです。その場合、別除権者間の公平性確保も必要であり、そうなると水面下の個別協定より、表に出した規律を志向する倉部提案は望ましい。こうした報告を伺って思ったのは、ドイツ倒産法における倒産計画（Insolvezplan）（§217~269）との類似性です。すなわち、別除権（Absonderungsrecht）構成を採りつつ、別除権に関する条項は、（必要的記載事項ではなく）有益的記載事項として、権利変更（不行使、猶予、減免、受戻し）の試みが可能となっており（特に§223）、しかも多数決原理（§244）が適用されています。クラス別に投票されますが、計画全体の中での自分の位置を確認でき、かつ履行確保システムも整っています。現行ドイツ倒産法の目玉であり、優れたものと言われていますが、手続的に重すぎて使いづらいようでもあります。倉部提案の注意点になるように感じますし、ドイツではどう活用の工夫をしているか、情報があれば合わせてお願いします」ということですが、計画の中に取り込むという方向性については高見先生と問題意識を共有していると思います。佐藤先生のご質問の中でもふれていただいていますように、ドイツ倒産法の倒産計画がわが国でいうところの民事再生と会社更生の中間をとったような手続であるということで、別除権構成をとりつつも、場合によっては権利変更もあり得る、そして組分けをした上での多数決原理での投票もあり得る手続です。高見先生に補足をしていただいたご発言の中でもふれていただいていますように、むしろそこまで取り込んでいかないと現実性がないのではないかと考えられるところでございます。そこで、そのモデルとして、ドイツ倒産法の倒産計画は参照すべきものではないかと感じました。佐藤先生には、ドイツ倒産法についてご教示をいただきまして、ありがとうございます。

佐藤先生から、ドイツで批判されている点、手続的に重たいとの批判について何か情報があるのかというご質問をいただいております。手続的に重たいという点についてのドイツ国内での工夫や対応については、本日、私が持ち合わせている情報には限りがありまして、十分にお答えすることができません。私の試論とドイツ倒産法の倒産処理計画との間での比較をさせていただきますと、試論では先ほども申し上げましたように、再生債務者と別除権者の間の交渉を基本的にはベースにしておりますし、別除権者が複数いる場合であったとしても、基本的には一対一で交渉を進めていくということになりますので、その点ではドイツ倒産法の倒産計画の中での別除権の取扱いとは大きく異なると考えております。

ですので、私の試論につきましては、従前よりは手続的には重たくなるという批判は避けられないとは思っておりますけれども、透明性・公平性の確保のためには一定程度はやむを得ないのではないかと考えています。透明性・公平性の確保、この点については佐藤先生から賛同するというコメントをいただきまして、大変心強く思っております。

さらに進みまして、今後、もしも再建型の倒産手続をわが国で一本化するというようなことまで踏み込んで検討する場合があれば、再生手続の中での更生担保権化を考えることもあろうかと思いますが、私は今日はそこまでは踏み込めていない、踏み切れなかったという立場でお話しをさせていただきました。そこまで踏み込んで可能性を模索するということになりました場合には、ドイツ倒産法の倒産処理計画は大いに参考になると考えております。

ですので、ドイツでの対応につきましては、佐藤先生からご質問をいただきました点も含めまして、今後の課題としてまた別の機会に十分に検討を進めていきたいと考えております。不十分な回答になりましたけれども、こういったところでおゆるし頂けますでしょうか。

**【司会】** 倉部会員に対するご質問は以上でございます。

続きまして、藤本会員の報告に対して、三名の方からご質問をいただいております。中央大学の佐藤会員から二つご質問をいただいています。一つ目が「相殺と担保はどこまで同じなのでしょうか。確かに、アメリカ連邦倒産法は相殺（setoff）を担保と同じ順位としています（11USC § 506(a)）。一般の債権者と比べ、ともに優位に立ち、手続外行使が許容される点で共通性があることはわかるわけですが、相殺権者と担保権者が競合するような場面が出てきた場合、両者はどのような関係にあるのか、両立ができないとなれば、この二者の優劣関係が問われることになるようにも思えます。ちなみに、制度的にこれらにブレーキをかける規制法理をみますと、相殺は相殺禁止のみであるのに対し、担保は再生における中止命令・更生における更生担保権・三法で（違いはあるものの）共通の担保権消滅許可請求と手段が豊富であることから考えますと、相殺権は担保権より優位にあるように感じるのですが、藤本先生のお考えはいかがでしょうか」ということで、これはそのままでよろしいですか。

**【藤本】**　ご質問ありがとうございます。まさにご指摘のとおり、私の報告もコアの部分はまさにそうでありまして、日本法における相殺権の規律というのは抵当権のような典型的な約定担保権を超える要素を持っているというところがまず一点ございます。端的に申しますと、開始後においても相殺ができるというところがやはり大きなポイントで、しかもそれは公示原則もなく、そして被担保債権は券面額で丸取りできる。これは、他の債権者からすると非常に大きなインパクトを持っているといえます。

しかしながら、例えば破産法の六七条一項では、債権債務の対立を前提に、そのような処理を認めるという法政策的な決断をしているというのが私の基本的な出発点であります。この着想は、山本克己教授が手続中の相殺権行使と、手続開始前になされた相殺の効果を維持する点を分けて分析されたことがきっかけです。

この点をなぜ強調するかと申しますと、やはり相殺権を倒産手続においてどのようにコントロールするかというのは、どの国においても悩んでいることだろうと思います。われわれはドイツなど大陸法系の規律を前提にすることが多くありますが、例えば、相殺権について、アメリカの連邦倒産法では更生担保権と同じような処理をする、つまり、受働債権とのリンクを切って、優先弁済効のみを保障するという立法的な決断を一九七〇年代にしています。これも一つの考え方であろうと思っております。

それに対して、わが国は佐藤先生がおっしゃったとおり、相殺禁止のみが基本的には相殺に対する制限になっていると。その意味では、わが国の相殺権の規律というのは非常に相殺権者にとっては手厚い保護をしているともいえます。これに対して、水元教授などはそれは過剰ではないかということを従前からご指摘されているわけですが、私は逆にその点を正面から肯定して、あり得べき相殺制度、相殺権規律の制度というものを考えるべきではないかというふうに考えるわけであります。

つまり、典型的な約定担保権を超えるものとして相殺権を位置づけるということです。そして、それを制度化するのが、手続開始後の相殺を認める六七条一項の中核規定であり、保護範囲を示す同条二項から七〇条です。ただし保護されるのは合理的な相殺期待があるものについてのみ、となります。条文は確かに複雑な構造を持っておりますけれども、基本的にはそれを体現しているものだというふうに素朴に考えております。

なぜそのように相殺権を手厚く保護するのかと申しますと、やはり倒産手続における信用維持ですね。倒産手続開始前などの信用状態というものをできるだけ保全する。そういう観点からやはり正当化していくべきではないか。金融的な発想になるかもしれないですけれども、そういう形での処理を考えていきたいというふうに思っているわけです。

その意味で、相殺権というものが約定担保権を超える要素を持っているということは、私の個人的な見解としてはそれを肯定的に捉えていきたいというふうに思っております。

十分なお答えになっているか分かりませんが、さしあたりの回答とさせていただければと存じます。

**【司会】**　それでは、佐藤会員からの二つ目の質問です。「相殺規律の考え方についてお聞きします。わが国の規律は、債権債務単位で当該相殺ができるかできないか、つまりall or nothingであるように思われるわけですが、中間的処理というか、人間単位で量的解決を発想することはできないでしょうか。それは、将来債権の包括担保で許容される範囲を考える発想と、厳密には違うとは思いますが、似てなくもありません。相殺は、担保のように攻撃と守備が事前には決まっておらず、つまりする側とされる側に互換性があるわけですから、こういう者の間ではお互いがどのようなポジションにあると認識され取引が管理されてきたか、その認識が合理的な範囲でこれを許す、そういう分量規制（アメリカ11USC§553(b) はそうした発想があるように理解できそうです）はあり得ないでしょうか」というご質問です。ここで引用されているのは連邦倒産法の五五三条(b)で、いわゆるポジション改善テストと言われているものだと思いますが、こういうものはあり得ないでしょうかということです。

**【藤本】**　貴重なご質問をありがとうございました。相殺については、今回取り上げていないたくさんの論点がございます。その中で例えばレジュメの脚注には少し書かせていただいたのですが、相殺権の規律に関しては、いわゆる相殺の効果論の問題があるというふうに思っております。これもアメリカ法の着想でありまして、佐藤先生ご指摘の条文がございます。アメリカ法におきましては、開始後はいわば更生担保権的な規律を相殺権に対して行うわけですけれども、開始前のものについてはいくつかの要件のもとに相殺を認めます。ただし、受働債権の価値というものを一定の時期に、つまり日本法に対する私の考え方から言いますと、相殺への合理的な期待がある時点での価値ですね。そこの価値に限定すると。受働債権の価値を限定して、丸取りを許さないという処理の仕方であろうと思っています。

そのために、アメリカ法が考えている、佐藤先生ご指摘の条文というのは、連邦倒産法の否認権の効果規定とほぼ同じ趣旨だというふうに言われております。そうしますと、いわゆる相殺否認を認めるのかということになってまいります。これは、報告の中でも取り上げましたけれども、昭和四十二年の会社更生法、破産法改正の段階で、立法担当者が相殺権の禁止、旧一〇四条の禁止規定を網羅的に完成させた暁には、これはもう否認の余地はないということを明言しておられるわけです。つまり相殺禁止をクリアして相殺が認められたものについて、否認権行使をするということは恐らく考えられていない。おそらく、これが、通説的な理解だろうと思います。

私は、恐らく、相殺の効果について、つまり要件のところで相殺期待による調整があるのだとすると、相殺権行使の効果についても相殺期待による調整というのはあり得るのではないかと、試論としては考えております。その場合には、先ほど申し上げた通説に対する大きなチャレンジが生じます。つまり、効果の面で相殺否認を認めざるを得ないということになります。では、その根拠条文として考えられるのは何かといいますと、例えば代物弁済の否認。いわゆる詐害行為否認と偏頗行為否認の両面的な要素を持つものというふうに言われていますけれども、いわゆる差額部分ですね。本旨弁済部分は残し、過剰な部分だけを消すというような規律の類推適用というのが一つ考えられるかもしれません。しかしながら、これはまだ着想の域を出ませんので、今回の報告の対象にはしておりません。今後、なおまた考えていきたいと思っています。

**【司会】** 藤本報告のレジュメの十ページの脚注五十二に言及があり、本日は、時間の関係で触れませんでしたが、今のご回答である程度お考えは分かったものと思います。

次の質問に進ませていただきます。第一東京弁護士会の岡正晶会員から質問を頂いています。「無委託保証人が相殺できるとしてその金額はいくらですか。民法四六二条によれば、代位弁済の時に利益を受けた限度です。破産開始後の代位弁済なら配当見込額となりますか」というご質問です。

【藤本】　ご質問ありがとうございます。まず、前提としまして、そもそもなぜいまさら無委託保証人の判例を取り上げたかということを述べます。大きくは二点ありまして、一点は今回の債権法改正において、「前の原因」が入りましたけれども、そこで念頭に置かれている判例として、これがかなり鍵を握っていると思われます。その議論の中では、この判例について、相殺はできないという形で前の原因が議論されています。そういう意味では、民法理論に対して与える影響は極めて大きいということが、なおあるということが一点です。

また、この判例があることからこの後に出てくる三者間相殺なども認められなくなるのではないかという印象を持っております。そういう意味では、この二四年の無委託保証人の判例というのは実は重要な結節点になっているのではないかということを、現在考えております。

ご質問については、水元教授は確か以前に、この場合には破産配当額を限度として認められるという構成があり得るという指摘を、全国倒産処理ネットワークのシンポジウムでしておられたかと思います。確かにそれはあり得べき見解で、当時は私もそのシンポジウムに参加させていただきましたけれども、なるほどと思ったところがございました。

しかしながら、私の現在の理論の枠組みから申しますと、それとは異なった方向性を示すことになります。つまりこういうことです。利益を受けた限度という民法四六二条の場合、典型的にはどういうふうに説明されるかというと、主債務者が反対債権を債権者に対して有していた場合、主債務者は相殺できたはずですから、その反対債権の範囲で、求償権（自働債権）は制限されます。この場合、その反対債権は保証人に移転し、保証人が債権者に請求をすることができるとされ（民法四五九条の二第一項後段、四六二条二項後段参照）、バランスが図られています。しかし、この破産の場合にはそういう関係にはありません。その意味で、自働債権によってバランスをとるよりは、先ほどの効果論のところに帰ってくるわけですけれども、どちらかというと、担保として機能する相殺というのは受働債権の価値による調整のほうが適切ではないかというふうに考えるわけであります。

とりわけ、相殺権は原則として保護されるべきでありますから、そうであれば、自働債権については、まずはそれを保護するということを前提に、受働債権の価値で調整するということを現在、試論でありますけれども、考えております。

お答えになっているかどうか分かりませんけれども、私の現在の見解は以上です。

【司会】　藤本会員に対する最後の質問ですけれども、慶應義塾大学の中島弘雅会員から質問を頂いています。「報告者は、相殺期待の合理性を相殺禁止全般にかかる基準として捉えようとする傾向には批判的であると理解しました（このような理解が誤解でしたら申し訳ありません）。しかし、相殺期待の合理性を相殺禁止全般にかかる基準としようとする考え方を頭から否定してしまうと、最判平成二八年七月八日の事案のような、デリバティブ取引において、法律に規定のない三者間相殺契約に基づき、企業グループ単位での一括決済処理やリスク管理をしようとしてきた実務界の要請に対応することができなくなってしまうのではないか。わが国の実定法自体が相殺を認めている場合にしか相殺ができなくなってしまうのではないか。このようにわが国の倒産法が定める相殺の規定が取引上の慣行や経済実態にうまく対応できていない場合に、相殺期待の合理性概念はうまく機能するのではないか」ということです。よろしくお願いします。

【藤本】　ご質問ありがとうございます。非常に重要なご質問をいただきまして、感謝申し上げます。

まず、前提としまして、私が先ほど来申し上げております相殺期待の合理性というものは、要するに債権として倒産法上保護されるものについて、相殺期待の合理性があるものは保護されるということが前提であります。その意味で、それを前提にまず条文を見ますと、例えば破産法六七条一項があります。六七条一項は単純に債権債務の対立があればいいというものです。二項でそれが拡張されているというような解釈もございますけれども、基本的にそこで認められているのは相殺権として保護される範囲ではないかと思われます。それに対して、相殺禁止によって相殺が限定付けられているわけであります。

この限定付けられているその相殺権行使に対する規制ないし規律、それをさらに正当化する必要が出てきます。保護範囲として倒産法が認めるものは原則保護する。その上で、なお禁止規制に対して正当性を問う。その正当性を問うものが「前の原因」であります。

いずれにしましても、このすべての条文の構造を一貫して規律するものが相殺期待の合理性ではないかというのが私の試論でございます。

その上で、中島先生ご指摘のように、取引社会における信用供与のシステムというものを充実させていくということにはまったく賛成であります。三者間相殺に関しましては、判例そのものがやや事案が複雑でありますので、まずは典型的な場合が何かを議論の出発点にしたいと思います。三者間相殺で考えておりますのは、例えばある原材料の供給会社Ａがあって、それを債務者企業Ｂに卸すと。そこで、例えばねじをつくってもらって、そのねじをＡの子会社ないし関連会社のＣがＢからねじを買い取り販売する、と。このとき、Ｂ社は、信用の基盤が不安定な会社ないし工場であるとします。Ａはこの原材料をＢに卸していいのか不安に思うのですが、このとき、このＡとＣのグループ会社内で、原材料を販売し、かつねじを買い取る、この両者の債権債務というものを、例えば三者間で相殺する。その場合、おそらくＢを債務者に該当するものとしてその同意を必要とすることは基本的には要らないのではないかと。こういう場合には、三者間とは何かという問題は残りますが、相殺は認められてもいいような気がしております。

それを前提に考えていきますと、恐らく理論上問題になるのは、六七条一項でいうところの債権債務の対立がはたしてあるのかということです。いわゆる相互性の問題であり、アメリカではIn re Lehman Bros., 458 B. R. 134（S.D.N.Y.2011）において、当事者間の合意で相互性要件は代替できないとして、三者間相殺が否定されました。相互性について、伊藤眞教授はまさに「絶対領域」であると示唆されるわけですけれども、私の解釈からしますと、場合によってはここに対して実質的な解釈を行う、つまり、債権債務の対立について牽連性をもって一定の場合には柔軟に認める場合があり得るのではないか、ということを試論として考えているわけでありますす。これは平成二八年の最高裁の判決で千葉裁判官の補足意見をより実質化していこうという方向性でございます。

ただ、現時点で十分な知見を持ち合わせていないというところがございまして、なおこれも試論の域を出ません。その意味で、脚注で簡単に引用するにとどめたわけでありますけれども、基本的には三者間相殺では認められる場合があり得る、と。その認められる場合として、私が一応抽出しました相殺期待の合理性の構造論を使って分析ができないかどうか。その上で、平成二八年の最高裁判決をもう一度考えてみたいわけでありますけれども、残念ながらこの判決の場合には、デリバティブの取引でありますとか、それから精算金の問題でありますとか、さらには三者間でどういう合意がなされていたのかということについて、十分に詰めきれておりませんので、結論については留保したいと思います。私の本日お示ししました相殺の構造論からいえば、三者間の相殺であってもなお認められる場合があり得るというのが現時点での私見でございます。

非常に不完全なものであることは自覚しておりますけれども、中島先生のご質問のご趣旨に対して私は現在そのように考えております。以上です。

**【司会】**　以上で、藤本会員へのご質問は終わりです。冒頭に申しましたとおり、私宛てに質問が一つ来ています。中央大学の佐藤会員からです。私は、大会次第十一ページに「平時の実体法を基礎に、あるいは倒産手続内在的な考慮から、各種の権利の間に優先劣後の関係を設けている」、と書きました。佐藤先生のご質問ですが、「悩みは、どこまでが平時実体法が基礎となるべきで、どこからどのような意味での倒産手続内在的な考慮が顔を出すのか、手続内在的な考慮はどこまで平時実体法を修正できるのか、それはまた手続ごとで差異が出ると考えてよいかどうかという点です」ということです。「シンポ準備の過程で報告者の方々で共有したお考えがあればお聞かせください」ということですが、特に準備の過程でそういう議論をしてきたわけではないので、私個人の考え方で返事をさせていただいています。

私個人は、倒産実体法というのは平時実体法が基準になる、これが基本と考えています。ただ、財団債権や共益債権の優先性は実体法では基礎づけられません。これは、倒産債権者の全体の利益になる行為、即ち共益性がある行為から発生する請求権は倒産債権者に優先するべきであり、倒産債権者は費用負担をすべきであるという考え方から、財団債権等の優先性が基礎付けられると考えます。

さらに、租税債権や労働債権の一部のように、政策的に格上げされた財団債権については、これはまさに政策的な配慮でしか説明のしようがないと思います。さらに難しいのは、更生手続における相殺と更生担保権の優劣で、これは実体法的にはなかなか説明が難しくて、手続内在的な考慮というのもあるかもしれませんが、この点については特にまだお答えできる知見がないということでご容赦頂きたいと思います。

以上で、ご質問とそれに対する回答をすべて終えたことになります。司会の不手際で十分に議論できなかった部分があったことについてはおわび申し上げますが、質問者のご協力で何とか若干の延長のみで終わることができました。限られた時間ではございましたけれども、熱心なご議論をありがとうございました。司会者、報告者一同より、心より感謝を申し上げます。

**【総合司会】**　以上をもちまして第八十七回日本民事訴訟法学会大会の全日程を終了いたしました。進行上、至らない点もあったかと存じますが、この点につきおわびを申し上げますとともに、会場の皆さまの進行へのご協力に感謝申し上げます。また、開催にご尽力をいただいた千葉大学関係の皆さまには篤く御礼を申し上げる次第であります。ありがとうございました。

来年度第八十八回大会は、平成三十年五月十九日、二十日に熊本大学での開催を予定しています。また来年、熊本でお目にかかりたいと存じます。ありがとうございました。

《研究報告》

# 民事再生手続の機能と事業の再生

北島（村田）典子

## 一　はじめに

民事再生手続は、破産手続、特別清算手続、会社更生手続と並ぶ倒産処理手続の一つであって、債権者による債権回収手段としての性質を有する。同時に、民事再生法は、事業の再生を目的としており（民再法一条）、再生型手続の一般法と位置づけられる。本報告は、債権者による債権回収と事業の再生という目的について考察するために、民事再生法の構造に照らすと、同法はどのような機能・意義を有するものとして構成されていると考えられるのか、そこでは、事業の再生という目的はどのように位置づけられるのかを検討することを目的とする。本報告は、事業の再生という目的が、民事再生法の倒産手続としての基本的機能に何らかの変容を加えるかを考察の対象とするものであって、再生計画の履行等については触れておらず、その意味で民事再生法の限られた面を対象とするにとどまる。また、以下の検討は、企業の倒産・ＤＩＰ型の民事再生を対象とする。

これまで、民事再生手続の目的が論じられる機会は少なかったように思われる。学説において民事再生手続の目的に触れるものは、民事再生法一条に言及するものが多く、そのほか、再生手続の目的は、再生債務者の事業の再生と再生債権者らによる損失の公平な分担（利害関係人の権利の調整）の二点にあるとする見解や、手続の下で債務者の事業を継続しその再建可能性を探ることにあるという見解等がみられるが、広く認められた見解がある状況ではないといえよう。しかし、民事再生法の目的・意義を検討する必要性は少なくない。それは、手続に関与する者に、手続を遂行する際の一定の指針を示すとともに、その指針に理論的基礎を提供する。また、本来予定されている基本的な機能を理解することは、法を適切に利用するための前提となろう。もっとも、本報告は、現在の民事再生法を前提に、その構造を分析することで見て取ることができる、法が果たしうる機能を明らかにすることが目的であって、得られた結果から個別具体的な解決が演繹されることを意味していない。個別具体的な問題については、各局面で必要となる別の考慮によって、修正が施される余地を予定していることをお断りしておきたい。

## 二　アメリカ連邦倒産法における倒産の政策をめぐる議論

まず、アメリカ合衆国における倒産手続の政策（policy）に関する議論を取り上げて、基本的視座を得ることとする。その代表的なものであるJackson理論は、歴史的経緯からすると、倒産法はあくまでも集団的な債権回収手段であって、債権者の権利実現に資するものであり、その目的は、財産所有者に最も利益をもたらす方法で財産を一体として用いることを認めることにある。そして、この理は再建手続の場合にも変わらないという。事業再生はチャプター11の目的ではなく、事業破綻の処理は倒産法が解決すべき問題ではない、チャプター11を含む倒産法は、あくまでも集団的な債権回収手段であると主張する。それを前提に、チャプター11はどうあるべきか、その姿に照らすと、現在のチャプター11はどう評価されるかを検討する。チャプター11を評価する基準は、チャプター11がグループとしての請求権者の利益に最も適う財産の活用を容易にするかである。Jackson理論によると、清算と再建は、それぞれ財産活用の一手法に過ぎず、両者の違いは、財産の新所有者が債権者自身であるか、あるいは第三者であるかという点にある。そして、分配の問題は財産の活用に影響を与えるべきではないとする（もっとも、Jackson教授らは、後に倒産法独自の分配効の存在を認めて、倒産法の分配的関心を説明しうる「拡大モデル」を定立した）。

これに対してWarren理論は、倒産法の分配機能に重きを置く。倒産法は、債務者の全債務に対する債務不履行を前提として、財産の保全と分配、債権者の権利の停止を目的とする。そして、倒産法の中心的問題は、誰が債務者財産から分配を受ける権利を有するか、どのようにしてその分配がなされるかにあるとする。債権者間の分配こそが倒産手続の中心であって、倒産法における分配制度の重要な部分は、債権者間の優先順位の確立にあるという。チャプター11は、再建が成功する場合には、全請求権者のために債務者財産の価値を保全して、それを最大化する機能を有しているが、再建がうまくいかない場合には、事業継続に利益を有する者に分配利益を与える。つまり、債務者に事業再建の機会を付与することで、チャプター11は、当該事業を拠り所とする者の損失を引き受けて、債務不履行によって生じた損失を債権者に分配する機能を有するという。そして、法の立案過程において、倒産が社会に及ぼす影響や紛争当事者の利益を超えた公益に関する政策論議がなされていたことに着目して、倒産法は、従業員、顧客、取引相手、コミュニティーにも配慮しているとする。

Frost 理論は、チャプター11を、金銭的破綻によって引き起こされた財産の活用の問題と分配の問題の解決を意図した法的枠組みであるとする。チャプター11の主眼は、事業が倒産前の請求権者の下でより高い価値を有しうることにある。そして、チャプター11は、破綻した会社の関係者が直面する、財産の活用と金銭的再構築の問題の解決を意図した交渉を行なうための、場所と推進力を提供するという。グループとしての債権者の利益のために、債務者財産の価値を最大化する財産の活用は、分配の問題とは独立に存在すると位置づける。チャプター11は、計画案への投票を通じて、債務者の事業に経済的利益を有する者に、財産の適切な活用に関する判断を委ねるとともに、債務不履行の分配ルールを定めることによって、分配利益の獲得を意図して財産活用に関する判断を操作する当事者の権限を制限することで、価値最大化の二つの要件を満たしているが、実際のチャプター11については、価値最大化の要請からはかけ離れていると評価する。

チャプター11の機能・目的、手続の正当化を検討する際には、財産を債務者の下で活用するか、一体として売却するか、個別に売却するかといった換価方法を意味する財産の活用と、分配という概念が用いられていた。財産の活用と分配のいずれを重視するかが、倒産手続の機能の理解にも影響を及ぼす。また、倒産手続は、債権者（投資家）の利益の最大化のみを考慮すればよいのか、それとも、労働者や取引相手、コミュニティー等より広い範囲の者の利益も考慮する制度であるのかという、利害関係人の範囲も関連した問題となる。これらは、日本の倒産処理制度を分析する際の手がかりを与えてくれる。

## 三　民事再生法の構造と意義・機能

### 1　財産の活用と分配

民事再生手続は、債務者の倒産を機に、債務者財産を保全して、財産価値を最大化し、再生計画に基づいて再生債権者に弁済を行う手続であって、債権者の債権回収制度の一つと位置づけられる。そこでは、債務者の財産価値を最大化する活用方法を探ることが、民事再生手続の一つの重要な機能といえよう。他方、民事再生手続は、債務者の倒産によって生じた損失を分配する機能も有している。以下では、まず分配機能について確認しておきたい。

### 2　民事再生手続と分配機能

(1)　アメリカ連邦倒産法における分配概念

Warren 理論を参考に、アメリカ連邦倒産法における分配概念、主に債権者間の優先順位と、債権者から非債権者への分配についてみていく。チャプター11は、債務者に事業再建の機会を与えることで、高齢の労働者、顧客、取引先、州や地方公共団体などの、債務者事業の継続に利益を有する者を保護する効果を有するという。これらの者が得る利益は、債務者事業に再建の機会を付与する手段の一部として、債権回収を制限された債権者の犠牲の下に与えられるものである。このことは、チャプター11が、債務者事業の継続に依存する者が被る損失を引き受けて、倒産によって生じる損失の一部を債権者に分配するという効果を持つことを意味する。また、倒産法立案過程において、倒産がコミュニティーに与える影響に関心が寄せられていたこと、紛争当事者の利益を超えた公益に関する議論も多くなされていたことを指摘して、議会は、倒産を債務者と債権者の間の問題というより、より広いものとして捉えていたと述べる。

さらに、Warren 理論は、倒産法は、債権者の弁済順位に関する定めを置くことで、債権者間の優先順位を明らかにしているという。以下はその一例である。従業員、租税債権者、漁業関係者、農業者が有する優先権等（11 U.S.C. § 507 各項参照）、未履行双務契約の当事者の取扱い（11 U.S.C. § 365）、制定法上のリーエンの取扱い（11 U.S.C. § 545）、いわゆる危機否認（11 U.S.C. § 547(b)）、同時交換的行為あるいは通常の取引過程でなされた移転の否認対象からの除外（11 U.S.C. § 547(c)(1),(2)）、相殺権（11 U.S.C. § 553(a)）、未履行契約における倒産解除条項の無効化（11 U.S.C. § 365(e)(1)）、再建を理由とする労働協約の破棄の承認（11 U.S.C. § 1113(c)）、将来の請求権者による権利行使の許容などがそれである。

これらは概ね次のように整理できよう。①倒産手続では、債務者の債務不履行を機に生じた損失を債権者間で押し付け合うことになるため、債権者間の優先順位が大きな意味を持つ。倒産法は、個別の利益状況を勘案して、時には非倒産法の実体法秩序を整理し直して、倒産法独自の基準に従った分配を行う。②再建に不可欠であることを理由として、債権者が倒産により生じる損失の負担を強制される場合がある。③債務者に再建の機会を付与する間に生じる手続の遅延は、債務者の事業継続によって利益を受ける労働者、取引先といった非倒産債権者と、倒産債権者との間での損失の分配（債権者から非債権者への権利の移転）をもたらす。チャプター11では倒産法の規定および事実上の効果によって多様な分配が行われており、それが手続に大きな影響を与えているといえよう。

(2)　民事再生手続における分配

①　再生の機会の付与

民事再生手続は、債権者の権利を制限しつつ債務者事業に再生の機会を付与することで、債務者事業の継続に利益を有する労働者や取引先等に利益を与える一方で、債権者に事業破綻による損失負担を求める側面を有する。これは、民事再生法が債務者事業の再生を目的に据えることで、必然的に生じる分配といえよう。また、再生という目的は異なる形での分配も導く。例えば、フルペイアウト方式のファイナンス・リース契約において、再生手続との関係で倒産解除条項が無効である旨を明らかにした最判平成二〇年一二月一六日民集六二巻一〇号二五六一頁が、再生目的との抵触を理由に倒産解除特約の効力を否定したと解すれば、それは、倒産法の外で債権者に認められうる権利を倒産手続で制限し、倒産による損失を債権者に負担せしめるという意味で、倒産手続による分配と評価できよう。

②　民事再生法上の制度

民事再生法が定める分配の例として、(a)再生債務者を主要な取引先とする中小企業者の保護・再生債務者の事業価値の毀損の回避ならびに事業継続の確保を理由とする、中小企業者の債権・少額の再生債権に対する再生計画認可決定前の弁済許可（民再法八五条二項・五項）、(b)いわゆる危機時期における偏頗行為否認（民再法一二七条の三）、(c)債務者事業の再生のために、事業継続に不可欠な財産に限って担保権の不可分性の原則に対する例外を認めることで、別除権者に債務者の倒産に伴う損失分配への関与を強制することにつながる担保権消滅許可制度（民再法一四八条一項）、(d)履行期未到来の債権や停止条件付債権、将来の請求権も再生債権として（民再法八四条一項）、再生計画による分配の対象とすること等を挙げることができる。

### 3　財産の活用
#### ――利益保護の対象と財産価値最大化――

#### (1)　財産の活用方法の判断権者

民事再生手続は、債務者の倒産を機に、債務者財産の活用方法を模索する手続と位置づけることができる。そこで、財産活用方法の判断権限を誰が有するかを検討することで、再生手続が主に誰の利益を保護することを念頭に置いているかを推察することができよう。

再生手続の中心に位置する再生計画は、直接には、再生債権者の権利変更に関する条項を定めるものであるが（民再法一五四条一項）、債務者財産を活用することで得られる金銭を原資として、再生債権者への弁済計画を定めるものであるから、財産活用方法についての判断が、再生計画案作成の前提となる。よって、第一次的には、再生計画案を作成する再生債務者（民再法一六三条一項）（場合によっては届出再生債権者（同条二項））に財産活用方法に関する判断権限が委ねられているといえる。

しかし、再生計画は、再生債権者による決議で可決され（民再法一七二条の三第一項）、裁判所の認可を得て（民再法一七四条）効力を生じる。再生計画の認可は、列挙された不認可事由の有無を判断するものであるから、再生計画の成立に際してより重視されるのは、再生債権者の決議といえよう。そして、再生債権者は、計画案決議の際に、弁済計画の前提となる財産活用方法の当否を考慮に入れると考えられるから、財産の活用方法に関する判断権限は、最終的に再生債権者にあるということができる。財産の活用方法が最適であるかの判断には不確実な要素が多いため、その結果に最も強い利害関係を有する者に判断権限を委ねるのが適切と考えられる。そうすると、民事再生手続は、財産の活用方法の模索という倒産処理手続の中心的事項について、再生債権者が最も強い利害関係を有することを前提としており、そのことは、民事再生手続が再生債権者の利益保護を予定した手続であることを示す一つの根拠ということができる。

#### (2)　手続遂行主体の負う義務
#### ――再生債務者の公平誠実義務――

民事再生手続では、原則として再生債務者が業務遂行権・

財産管理処分権を有する（民再法三八条一項）ことから、再生債務者が第一次的に財産活用方法について判断する。その際に、再生債務者が負う公平誠実義務（同条二項）の内容を検討することは、手続遂行主体がいかなる方向性の下に財産活用に関する判断を行うのか、ひいては再生手続は誰の利益保護を図る構造になっているのかを明らかにすることにつながる。

いわゆる財産管理制度において、管理者が事務処理の権能を取得すると同時に生じ、管理義務の遂行に際して求められる典型的な各権利義務について、代表的な財産管理制度である委任の場合と、民事再生手続における再生債務者について比較検討を行うと、再生債務者は財産管理人としての義務を直接的に、あるいは民事再生手続の制度によって間接的に広く負っていることがわかる。そうすると、再生債務者は一定の目的のもとで財産を管理する財産管理人として位置づけられる。

次に、再生債務者が、誰のためにどのような目的の下で財産管理を行うのかが問題となる。民事再生法三八条二項は、再生債務者は債権者に対して、その権限を行使する義務を負うと定めている。再生債務者が、いかなる目的の下にその権限を行使するかについては、再生債務者の地位をめぐる議論との関係で、手続開始決定によって、債務者はもはや従前の債務者ではなくなり、再生債務者所有の財産は全て再生債権者に弁済するための原資を産み出すという意味での目的財産となって、債務者はその管理機構としての地位に就くとの考え方を前提にすると、再生債務者による財産管理は再生債権者への弁済原資を生み出すという目的に拘束されるということができよう。

(3)　再生債権者一般の利益

民事再生法は、裁判所が一定の事項について判断をする局面で、それが再生債権者の利益に影響を及ぼす場合には、再生債権者一般の利益として（民再法三一条一項・八五条の二・一七四条二項四号参照）、裁判所が後見的にその利益保護を図るものとしている。

(4)　利害関係人の位置づけ

民事再生法が、再生債権者の場合と同様に、再生債権者以外の者の利益保護にも重きをおくとすれば、これらの者にも財産活用に関する判断権限を付与することが考えられる。民事再生法には、利害関係人の手続関与を認める規定が複数あるが、各規定の利害関係人の範囲は、各々が想定する場面に応じて異なっており、また、各規定の利害関係人が具体的に誰を指すかについて確たる見解があるわけではない。それを踏まえつつ、規定を概観すると、利害関係人として手続への関与を認められる者は、原則、再生債権者のほか再生債務者や一般優先債権者、共益債権者等の法的利害関係を有する者に限られる。債務者の倒産に事実上の影響を受ける従業員や顧客、コミュニティーが、主体的にその利益保護を図りうる構造にはなっていない。もっともこのことは、法的倒産処理手続において、これらの者の利益保護を軽視してよいことを意味するわけではなく、これらの者に対する利益保護が必要との価値判断を行う場合には、それに適した手続構造を模索する必要があろう（本稿はその価値判断を示すものではない）。

## 四　民事再生手続と事業の再生

民事再生法の基本的な機能が、債務者財産の活用方法の模索と債務者の倒産に伴う損失の分配にあるとすれば、手続の目的として掲げられる事業の再生（民再法一条）はどのように位置づけられるか。民事再生手続の中心は、債務者財産の価値を最大化する活用方法を探り、そこで得られる金銭を原資とした再生計画を作成することにある。民事再生手続は、最適な財産活用方法の模索という機能を果たす中で、その一手法として、債務者事業に再生の機会を付与する制度である。そうであるとすれば、事業の再生は、最適な財産活用の結果として得られるものであって、法が常にそれを目指すことを意味するわけではなく、また、手続開始段階での方向性としての意味を有するものであって、その達成を目指すものと言うことはできない。財産の最適な活用方法の模索を倒産処理手続の基本的な機能と考えると、民事再生法はこの点に何らかの変容を加えるわけではない。

他方、事業の再生という目的と民事再生手続の分配機能に関しては、民事再生手続特有の面が現れる。事業の再生の可能性を追求することは、その間、労働者や株主等には事業継続による利益を与えて、これらの者への損失の負担を抑制することを意味する一方で、再生債権者には手続の継続による損失（権利行使制限期間の長期化、不確定な将来への拘束、手続の長期化がもたらす専門家費用の高騰等）を負担させることを意味しており、それは、債権者から非債権者へと利益を移転することになる。たしかに、事業再生の成功によって、再生債権者への弁済額が増加し、労働者はその職を、取引先は債務者との取引を維持できるという、両者にとって有益な結果をもたらすこともあろうが、再生の成否は、将来のことであって不確実である。民事再生手続は、財産の活用方法の模索に関しては再生債権者の利益保護を指向しているにもかかわらず、同時に多様な分配機能をもつために、その構造上、再生債権者の利益を害する面も有すると評価できる。事業の再生という目的が、再生債権者への損失分配を促す契機となっていることは否定できないであろう。

## 五　おわりに

民事再生法の基本構造に鑑みれば、事業の再生という目的を据えても、財産の活用方法に関しては、あくまで財産価値の最大化が目指されるのであって、このことは、破産手続の場合と大きく異なるものではない。しかし、債務者事業へ再生の機会を付与することは、様々な分配効果を導くことで、再生債権者の利益を害する面を有しており、再生債権者の利益保護を意図する民事再生手続の基本的構造と相対立する一面も有していた。民事再生手続の運用や個別問題を考える際には、その点を意識する必要があろう。

このように、民事再生手続を、積極的に事業再生を図る制度ではないと位置づけたとしても、そのことは、民事再生手続が事業の再生に資する制度であることを否定するものではない。再生手続の利用によって、裁判所の関与・監督の下で、監督委員や公認会計士等の助力を得て、手続の公正さが保たれる場で、次なる財産の活用方法を探ることが可能となる。しかも、民事再生手続は、倒産によって最も影響を受ける債務者と債権者による手続関与が保障された手続であって、互いに情報を共有しつつ交渉を行って問題解決に取り組むことで、最適な解決策が導かれることもあろう。そのような民事再生手続の利点に目を向けつつ適切な利用方法を検討することが、今後重要となってくると思われる。

【付記】　学会報告において、司会の労をおとりくださいました田頭章一先生、および貴重なご質問・ご教示を賜りました高田賢治先生、藤本利一先生、高木新二郎先生（ご発言順）、ならびに準備段階でご教示を賜りました多くの先生方に心より御礼申し上げます。なお、紙幅の都合上、文献の引用は省略させて頂きました。

# 共有物分割訴訟の再構築

秦　公正

## 一　はじめに

共有物の分割を求める訴えが、近年、大きく増加している。その背景には、いわゆる「遺産ながれ」事案の増加、経済の回復（特に東京圏の地価の回復）があるが、さらに、最判平成八年一〇月三一日民集五〇巻九号二五六三頁によって「全面的価格賠償による分割」が分割方法に加えられたことがある。実際、そのような分割方法を求める者が相当数いる。

さて、民法二五六条一項本文は共有物分割の自由を保障し、各共有者は訴えによって共有物の分割を実現できる。判例・通説は、この訴えを本質非訟事件であるが形式的に訴訟とされている（形式的形成訴訟）と理解し、そこから、申立ての非拘束性〔命題①〕、証明責任の不観念（請求棄却判決の不許）〔命題②〕を導いている。

しかし、同じく形式的形成訴訟とされる境界確定の訴えとは異なり、共有物分割の訴えは、その法的性質につき、十分な検討を経ないまま現在に至っている。また、ドイツの判例・通説は、日本と異なり、共有物分割を「訴訟」、しかも「給付訴訟」と理解しており、さらに、遺産分割の最終手段も通常裁判所における給付の訴えなのである。

果たして、共有物分割の訴えは本質非訟事件であるとの理解は正しいのか。法的性質の再検討が必要ではないか。以上の問題意識にもとづき、本報告では共有物分割の訴えの法的性質を問い直し、その再構築を試みる。その際、重視する視点は、「形成結果」の違いとそれをもたらす「分割方法」の違いである。裁判上の分割方法には、現物分割、競売分割（二五八条二項）と、全面的価格賠償による分割があり、伝統的な考えは、「共有関係の解消」の観点から、一つの訴えにおいてそのすべてを対象としてきた。しかし、共有物の分割は、「共有関係の解消」と同時に「新たな法律関係を積極的に創り出す」ものである。そして後者の面について言えば、現物分割・競売分割と全面的価格賠償による分割では、趣旨、要件、効果等が大きく異なると考えられる。そうであるなら、両者の審判は分けて考えるのが適切ではないか。また、そのような理解は、共有者の利益にも適うのではないか。以下、全面的価格賠償による分割を求める事案を〔全面型〕、現物分割・競売分割を求める事案を〔通常型〕と呼び、想定事例として次のような事例を提示しておく。

裁判所は、次の場合、どのような判決をなすべきか。

〔事例1〕　X、Yは、土地Aを二分の一ずつ共有し、Xは土地Aを公道に出るための生活道路として使用している。しかし、XはYとの関係が良好でないため、Yに対し、土地AをXが取得し、Yに賠償金を支払う全面的価格賠償による分割を求めて訴えを提起した。審理の結果、裁判所は、現時点でXには賠償金を支払う能力がないと考えた。

〔事例2〕　X、Yが建物Bを二分の一ずつ共有し、Xが生活の本拠として建物Bを使用している。Xは自らが建物Bを単独所有したいと考え、Yに対し、全面的価格賠償による分割を求めて訴えを提起した。審理の結果、裁判所は、Xには建物Bを取得する相当性はあるが、現時点ではYに賠償金を支払う能力がないと考えた。

## 二　民法起草者の理解

民法起草者は、共有物分割の訴えは「非訟事件」であると説明し、これは現在の判例・通説の理解と一致する。この理由の説明に関し、以下の二点が浮かび上がる。

第一が、「裁判所が分割を行うから非訟事件である」との説明であり、第二が、民法二五八条による訴えは「権利の存否を対象としていない」との説明である。第二の点は、権利の存否を対象とする事件は訴訟事件であるが、民法二五八条の訴えは、権利の存在を前提として分割方法を決めるためのもので、権利の存否は民法二五六条の問題との理解による。

しかし、これらの起草者の説明には疑問がある。まず、なぜ裁判所が行えば非訟事件なのか。また、起草者は、分割請求権の存否の問題を十分認識してなかったのではないか。

さらに、民法二五八条を設けた理由にも再考の余地がある。この点、起草者は「二五八条がなければ誰が分割をするのかが不明確である」と説明する。二五八条が明確を期するための規定であるとすると、二五六条と二五八条が異なる場面を対象としていると理解する必然性もないのではないか。

次に〔命題①〕につき、起草者は、「なるべく杓子定規を避け、裁判所の職権を広くし、現物分割が不可能、あるいは、現物分割によって価格が著しく減少するおそれがない限り、現物で分割をしなければならない。その制限のほかは、裁判所に全権を与えることにした」と述べる。学説には、この「全権」の内容に全面的価格賠償による分割を命じることも含まれるとする見解がある。しかし、民法の規定には、現物分割と競売分割しか明示されておらず、また、起草者の文献でも裁判上の分割に関し、その二つにしか言及がない。それゆえ、起草者は全面的価格賠償による分割を想定しておらず、「全権」は、現物分割の内容決定を指すものと考える。なお、その際、裁判所に全権を与えた理由が問題となるが、起草者は、裁判所が「公平」に分割を行うので問題ないとだけ述べ、その必要性を十分明らかにしていない。

次に、〔命題②〕はどうか。法典調査会においてこの点が議論された形跡はない。裁判所が現物分割の内容を決めることに異論はなく、〔命題②〕は問題とされなかったと思われる。

## 三　共有物分割の訴えの法的性質、審理に関する判例・学説

### 1　判　例

判例は、共有物分割の訴えは形成の訴えであり（大判大正三年三月一〇日民録二〇輯一四七頁）、裁判所は当事者の申立てに拘束されず（最判昭和五七年三月九日判時一〇四〇号五三頁）、さらに、この訴えは本質非訟事件である（最判平成八年一〇月三一日民集五〇巻九号二五六三頁）ことを明らかにする。下級審では、大阪高判昭和五一年一〇月二八日判タ三四六号二〇六頁が、裁判所は当事者の申し立てた分割内容が不適切でも請求棄却をしないとする。しかし、他方で、訴訟物の存否については、傍論ながらこれを肯定する最高裁判決（最判昭和二七年五月二日民集六巻五号四八三頁）が存在する。

### 2　学　説

(a)　通説である形式的形成訴訟説は、共有物分割の訴えは本質非訟事件であって形式的に訴訟とされているという。その論拠は、形成の基準となる要件が存在しない、審判対象となる権利関係（訴訟物）が存在しないことである。そして、この形成要件・訴訟物の不存在から〔命題①〕、〔命題②〕を導く。民法学説の多くも、形式的形成訴訟説に立つ。

一方で、この見解に立ちつつ、訴訟物の存在を肯定する見解や、価格賠償の許容が従来の訴えの目的たる分割＝共有関係の解消に、分割以外の新たな法律関係の形成をもたらしたとして、共有物分割訴訟＝形式的形成訴訟との理解に再検討を促す見解がある。

次に、(b)二面説は、共有物分割の訴えには、共有物分割請求権の存否の審理と共有関係の廃止、分割内容の決定という異なる性質があるとする。この中には、誰と誰との間で共有を廃止するかの申立てにつき拘束力を肯定する見解、また、この訴えには訴訟物（共有物分割請求権）が存在するから訴訟事件の性質を持ち、分割請求権が肯定されると、具体的な分割内容の形成の段階に進むとする見解がある。ただ、二面説も、具体的な分割内容の形成は裁判所の裁量に委ねられるとするため、分割請求権が存在するときに請求棄却判決はなされない。

(c)給付訴訟説は、共有物分割請求権は「請求権」であり、分割の訴えは、被告に対し、原告が申し立てた分割内容への同意を求める給付訴訟であるとする。この見解の疑問点は、民法の規定に手掛かりのない、現物分割の要件をどう考えるかである。論者は、その点をドイツ民法の規定に全面的に依拠する。そして、ドイツ法は、原告が現物分割の要件を証明できなければ、裁判所は請求棄却判決をするとしている。

各学説に沿って事例を検討すると次のようになる。まず、原告Xが共有持分を有しない場合、判例・通説では原告は共有者ではないため、訴えは却下される。一方、二面説・給付訴訟説では請求原因事実がないため請求が棄却される。次に、原告が共有物分割請求権を有する場合、判例・通説及び二面説では請求棄却はなされず、何らかの分割が命じられるが、給付訴訟説では、分割方法の要件を証明できないときは請求が棄却される。

**3　検　討**

このように通説、二面説では、原告に共有物分割請求権がある限り、請求棄却はなされない。この背景には、共有は望ましくない状態であり、共有物分割の訴えの目的は「共有関係の解消」であるとの理解がある。しかし、どのような場合でも、裁判所が何らかの分割を命じるのが適切なのか。また、通説は、その論拠を分割内容の決定に関する「形成要件（訴訟物）」がないことに求めているが、要件は存在しないと言えるのか。例えば、〔**事例1**〕は、原告に支払能力がないため全面的価格賠償は命じられない。しかし、その場合に、他の分割を裁判所が命じるのは、分割を求めた原告の利益を損なうおそれがある。なぜならここでの原告の利益は、共有物を道路として継続利用することにあるからである。全面的価格賠償による分割は、このような共有者の利益を守るために認められたと考えるが、他の分割方法を命じることはその趣旨が徹底されないように思われる。原告が求めていないのならば、むしろ、請求を棄却することが原告の利益に適うのではないか。一方、形成要件の存否に関しては、最判平成八年が、全面的価格賠償による分割の要件をかなり詳細に明示しており、形成要件は存在していると考えることも可能ではないか。

さらに、すべての分割方法を一まとめで審判することは、予測可能性の観点でも問題がある。予想外の分割方法が命じられるリスクが大きくなるからである。その点が共有者による提訴をしづらくする可能性もあり、共有はできるだけ解消すべきという立場からも決して望ましくない。

ところで伝統的な考えは、「分割」とは「共有関係の解消」であると理解する。しかし、共有物分割は、離婚のごとく既存の法律関係を無くすだけでなく、「新たな法律関係を創り出す」ものでもある。全面的価格賠償による分割は、形成結果の点で従来の方法とは大きく異なるのであり、この点を重視した理解をすべきである。

以上の諸点から、私見は共有物分割の訴えの再構築が必要であると考える。具体的には各共有者は自己を所有者とする全面的価格賠償による分割を求める訴え〔全面型〕を、現物分割及び競売分割を求める訴え〔通常型〕から分けて審判を求められると考えるべきである。

## 四　全面的価格賠償の方法による分割とその法的性質

### 1　全面的価格賠償の意義

全面的価格賠償による分割とは、典型的には、共有者の一人が単独で共有物を取得し、持分を失う他の共有者が持分に相当する賠償金を得る分割を指す。このような分割が認められた理由は、各共有者の事情に配慮、とくに共有物の利用を必要とする共有者の個人的な利益の保護にあると考えられる。というのも〔通常型〕だけでは、共有物の利用に十分配慮することができない。例えば、〔事例2〕では、建物を現物分割できないときは競売分割をせざるをえず、原告Xは生活の本拠を失うことになるからである。

### 2　全面的価格賠償の法的根拠

最判平成八年は、裁判所がこの分割方法を命じられる根拠を非訟事件であることに求め、それは立法者の意図に沿うとする。また、同判決の原審は、全面的価格賠償を現物分割の一態様として許容する。しかし、起草者の意図は現物分割の内容面で裁判所に全権を与えることであり、ゆえに、最判平成八年の説明には疑問がある。他方、全面的価格賠償では、共有者の一部は共有物を得られないから、原審のように「現物分割の一態様」と説明することも難しい。そうすると、全面的価格賠償による分割は、前述した〔通常型〕による分割の限界、共有者の利益保護の必要性から、「判例による法創造」によって新たに認められたと理解せざるを得ない。

**3**　全面的価格賠償の要件

最判平成八年は、要件について、(a)特定の共有者に共有物を取得させる相当性があること、(b)持分価格の適正な評価、現物取得者に賠償金の支払能力があること（許容性）を挙げる。これらの要件は、通説・判例によれば、裁量権行使の要件となる。しかし、全面的価格賠償による分割を求める者からは、これらは、事実上、被告の持分を取得し、共有物を単独で所有する法律関係を形成する要件と考えられる。このような理解が許されるならば、形成要件の不存在を実質非訟事件の論拠とする説明は、〔全面型〕にはあてはまらない。

**4**　〔全面型〕の法的性質とその審理

〔全面型〕を求める訴えの法的性質は、通常の形成の訴えと理解すればよいと考える。全面的価格賠償をもたらす形成要件は存在しており、要件の充足を確かめて結論を導くことができるからである。審理は通常の訴訟手続に従うので、原告は、そのような分割を申し立てる必要があり、裁判所は申立てに拘束され、他の分割方法を命じることはできない。要件が充足されなければ、裁判所は請求を棄却する。棄却判決の既判力は、前訴基準時において、原告が被告に対し全面的価格賠償の方法による分割を求められないことに生じるから、後に〔通常型〕による分割を求めることは妨げられない。原告がどうしても共有物の分割を望むなら、〔通常型〕の訴えを併合しておけばよい。逆に、被告は、〔通常型〕の分割を求める反訴を提起できる。〔全面型〕だけを求めて請求棄却となった場合、〔通常型〕の可能性が残されるが、それは、私益に関わる事件につき、共有者の意思を尊重した結果である。逆に、〔全面型〕を分けることで審理の対象が限定され、裁判所の負担軽減・審理促進につながるとも考えられる。

## 五　〔通常型〕の法的性質

### 1　〔通常型〕の意義

現物分割は、共有物を各共有者の持分に応じて分割し、各共有者に単独所有権を与え、競売分割は、現物分割ができないなどの場合に、共有物を競売し、売得金を持分に応じて分割する。これらの主たる目的は、共有の本質的属性である共有物分割の自由を保障することにあると考える。現物分割は共有物分割の最も自然・本来的な形であり、また、競売分割は分割の自由を保障する最終手段になる。

### 2　〔通常型〕の分割を求める訴えの構造と審判対象

共有物の分割を求めるには、その者が共有持分を有し、不分割特約が存在しないなど、換言すればその時点で分割請求できることが必要である。これを訴訟物と解するかは措いても、裁判所が請求を認容するには、原告に共有物分割請求権があることが論理的前提であり、この点の確認なしに分割を命じることは想定できない。とすると、訴えには、分割請求権の存否と分割内容の決定という異なる性質がある。この点に関し、起草者は二五八条の訴えは分割請求権の存否を対象としないとする。また、民法の支配的見解は、分割請求権は形成権で、その行使により何らかの方法で分割しなければならない法律関係が生じるとする。しかし、分割請求権の行使により共有関係の解消は直接生じず、分割判決の確定によって生じる。そうすると、原告に共有物分割請求権があることは、「共有関係の解消」という法律関係を生じさせる形成要件（訴訟物）であるとの理解も可能である。逆に分割請求権は訴訟物ではないとすると、その判断に既判力が生じず、後に不当利得返還が求められるなど別の形で紛争が蒸し返される恐れがある。なお、訴訟物に関して、最判昭和二七年五月二日民集六巻五号四八三頁は、傍論において、不分割特約の存在を理由に分割請求を棄却した前訴判決の既判力は「訴訟物たる共有物分割請求権の不存在」の判断に生じるとする。

以上から、〔通常型〕の訴えでは、共有物分割請求権が訴訟物であると考える。

### 3　〔通常型〕の訴えにおける非訟的処理の必要性

次に、具体的な分割内容の決定はどう考えるべきか。結論として〔命題①〕、〔命題②〕は、なお維持すべきである。現物分割を想定した場合、共有物の多様性などの理由から、具体的な形成結果を詳細に条文に規定することは極めて困難である。そうすると、選択肢としては、抽象的に現物分割の要件を設定し、原告に具体的な分割案の提示を要求し、それが要件に合致するかを裁判所が判断すること（ドイツ法）、原告に具体的な分割案の提示は要求せず、裁判所の責任で具体的な分割案を決定すること（日本法）が考えられる。そこで、仮にドイツ法のアプローチを採用し、分割要件の存在＝訴訟物の存在から、手続は訴訟手続によると考えた場合、次のような問題が生じる。

まず、〔命題①〕に関し、申立ての拘束力を肯定すると現物分割自体が困難になる。例えば、AとBの間での共有地の分割を想定した場合、誰も取得を求めない場所が出てくることがある。拘束力を認める以上、その部分の競売を命じたり、共有のまま残すことも難しい。また、共有者の持分に応じた分割ができず、共有者間の公平に反するおそれがある。

次に、〔命題②〕に関し、分割を求める者がいずれの方法の要件も証明できなければ、共有物分割の自由が保障されないことになる。ゆえに、現行民法は、現物分割が不可能な場合は競売分割ができると定め（2つの方法を一体的に処理）、その点を共有者の証明に委ねなかったと考えることができる。また、別の問題点として現物分割の要件の証明を共有者に委ねると現物分割がほとんど認められないおそれがある。共有物の多くは同質ではなく、共有者も多数いる可能性があり、原告が現物分割案を示して申立てを行い、それが要件に合致することを証明するのは非常に困難を伴うからである。

以上から、具体的な分割内容の決定には裁判所の非訟的な処理が必要であり、〔命題①〕、〔命題②〕はなお維持されるべきである。

### 4　〔通常型〕の法的性質

〔通常型〕の訴えは、共有物分割請求権が訴訟物であり、その部分では訴訟事件の性質を有するが、具体的な分割内容の決定には、裁判所の非訟的な処理が必要であり、その点で非訟事件の性質を併せ持つ訴えと考える。

【付記】　個別報告において、司会の労をおとりいただきました、山本和彦先生、貴重なご質問・ご教示を賜りました、山岸泰洋弁護士、垣内秀介先生、高見進先生、越山和広先生、ならびに、本報告に関し、ご指導をいただきました中央大学民事手続勉強会、民事訴訟法研究会（東京大学）、早稲田大学民事手続判例研究会の諸先生方に、この場をお借りして心より御礼申し上げます。

# 争点整理における口頭議論の活性化について

佐久間　健　吉

## 一　はじめに

争点中心審理のためには関係者が適切に協働することが不可欠であり、関係者間に十分なコミュニケーションが確保される必要がある。殊に紛争の核心的争点を発見するプロセスである争点整理では、書面の交換だけではなく口頭による十分なコミュニケーションを活用する必要性が高い。本報告は、東京地方裁判所プラクティス委員会と東京3弁護士会有志とでした意見交換を踏まえ、具体的局面において関係者間で認識を共有すべき事項や認識共有を得るための具体的な口頭議論の在り方について、実務的観点から報告する。なお、意見にわたる部分は報告者の個人的見解である。

## 二　主要事実を中心とした事実主張が一応そろい、裁判所及び当事者が事案の概括的理解に達するまでの局面（第1局面）

### 1　第1局面における口頭議論の意義・目的

第1局面は、民訴規則所定の理想的な訴状、答弁書、答弁書に対する反論書が出そろった情報状態（いわゆる実質的書面3本の情報状態。この状態になれば、口頭議論をするベースとなる情報が関係者間に与えられたと見ることができる。）となる以前である。ここでは早期に紛争の全体像を把握することが目的となる。訴訟代理人は、要件事実のフィルターを通して具体的な主要事実及び重要な間接事実も含めた説得的なストーリーを裁判所に対して提示していく。裁判所は、訴訟物を把握した上で各当事者の主張を交通整理し、ストーリーをかみ合わせ何を判断すれば結論を出すことができるのかを理解していく。ここでの口頭議論はこの作業の最適化を目的とする。

裁判所は交通整理をするのに一定の先行理解が必要である。専門的知見を要する事案や複雑困難な事案など裁判所がこの先行理解を有していない事案では、先行理解を調達しつつ交通整理をするという課題に裁判所は直面する。裁判所は早期に先行理解を得るため各当事者に対して専門的知見等について積極的に説明を求め、当事者もこれに早い段階から柔軟かつ積極的に対応していくことが求められる。

**2**　一般的な事案における口頭議論の具体的な在り方

単純な事案では、当事者が主張を展開し、裁判所は大まかな方向性や疑問点などを確認する程度でスムーズに進行する場合も少なくない。もっとも、必ずしもそうではない事案もあり、その場合には裁判所の釈明権行使が事案理解促進のきっかけになることがある。被告がAの預金を引き出して取得したとして、Aの相続人である原告が被告に対し、引き出された預金相当額の支払を求める事案で、訴状では不法行為又は不当利得に基づくものと思われたが、被告は、Aから預金は頼まれて引き出し全額Aに返しているとし、原告はAが被告に預金引出しを依頼したことは争わないとしたため、裁判所から釈明を求めたところ、原告から訴訟物は準委任契約に基づく受取物引渡請求である旨説明がされるに至った事例がある。

また、口頭で疑問点の指摘や意見交換をすることで書面では必ずしも明確ではなかった主張が明確になり事案理解が促進されることがある。雑誌記事による名誉毀損を理由とする損害賠償請求で、摘示事実についての原告主張が明解ではなかったことから、関係者間で口頭議論をすることによって主張が明確になった事例がある。

さらに、口頭議論によって紛争の背景事情等が早期に把握されると、事案理解が一層深まり争点整理が促進される。当事者は当然のこととして把握している背景事情も、裁判所には把握できていないことも少なくない。口頭議論を通じて裁判所が背景事情を理解すると、紛争の実態が把握され、主張事実の位置付けが正確に理解でき、結果として早期の和解もできやすくなる。その過程で当事者側から積極的に紛争の背景事情を踏まえた早期の話合いによる解決が望ましいとの方針が示され紛争の早期解決に有効に働くこともある。

**3**　複雑困難な事案における口頭議論の具体的な在り方

専門的知見を要する事案や複雑困難な事案では、裁判所が正確な事案理解をすること自体に困難を伴う。この場合、裁判所は、当事者に対して何が分からないのかを明らかにし、事案理解のために必要な情報を積極的に求めていくことが必要であり、当事者も、裁判所の事案理解に必要な情報を積極的に供給していく姿勢が必要である。その前提として口頭によるコミュニケーションが欠かせない。

初期に口頭説明がされることによって、製造物責任訴訟における当該製造物の仕組み、株価算定方法、新しいタイプの金融商品の仕組みなど、事案理解の前提となる先行理解が確保された事例がある。準備書面等による正確な知識付与に加え、これを敷衍補充する口頭説明やこれに付随する臨機な質問と回答といったプロセスを経ることでより迅速で効果的な事案理解を得ることができる。

また、裁判所の釈明権行使をきっかけとする口頭議論によって事案解明が促進されることがある。特殊な不法行為訴訟で、原告が主張する事実関係や義務違反の態様が抽象的なものにとどまっていたが、裁判所が争点の前提となる計測数値などの外形的・客観的な事実関係について釈明権を行使し、それをきっかけとした口頭議論で当事者から資料が任意に提出され前提事実が明確になった事例がある。

また、口頭議論をすることで争点整理が進展することがある。システム開発を含む共同研究契約に基づき研究開発経費を請求する事案で、契約内容が複雑であり裁判所が実質的争点を把握することが困難であったが、提訴前から交渉していた当事者双方から実質的争点について意見を聴いたところ、当事者が問題としていたのは当該契約で合意されたシステムの水準及び原告が開発したシステムがその水準を達成しているか否かであることが明確となった事例がある。

さらに、裁判所が暫定的な事案理解を開示することで、関係者間で口頭議論がされ、主張整理が促進されることがある。システム開発を請け負った原告の履行の有無が問題となった事案で、原告が、被告の希望によりそれまで作業を進めていたシステムとは別のシステムの開発を先行させた旨主張したところ、裁判所は契約内容の変更であると理解し、被告も同様の認識であったが、原告は別契約の締結であるとの認識で齟齬があることが判明し、その後の口頭議論により共通の認識に至り争点整理を進めることができた例がある。裁判所の暫定的事案理解の開示で、当事者は、その後の主張の方向性を見定めやすくなり、それを起点とした口頭議論によって無用な書面の往復を避けられ、審理も迅速化することになる。

## 三　事実主張及び基本書証の提出が一応出そろい、主張事実及び書証の関連性や重要性などを検討して争点の絞込み・深化を図り、集中的に証拠調べをすべき核心的争点を確定するまでの局面（第2局面）

### 1　第2局面における口頭議論の意義・目的

ここでの口頭議論は、集中証拠調べをすべき具体的要証事実の確定へ向け、争点の絞込み・深化をすることが目的となる。裁判所は、事案に応じて「主張の骨格は出ましたか」などと審理が本局面に達したことを確認した上で、各当事者との間で共通認識を形成しながら手続進行を図ることが肝要である。ここで期日を弁論期日から弁論準備期日にすることでメリハリをつけることもある。

ここでは、主要事実のほか重要な間接事実等、それらと要証事実との関連性や証拠価値の評価、経験則など具体的かつ多岐にわたる事項に及ぶ。これら事項の検討は、書面交換だけで適正迅速にすることは困難であり、共通認識を確保しつつ機動的に分析・検討を加えかつ誤りなきを期するためには、関係者の見解や認識を披瀝し合い、口頭議論をしながら検討を深めていく必要性が極めて高い。

### 2　口頭議論の対象事項とその具体的な在り方

主要事実レベルの争点について不明確な点が残っている場合には、その点を口頭で確認しておくことが出発点となる。事案によっては、選択された法律構成自体が当該紛争の解決に資するものか否かについて率直な意見交換をすることも考えられる。抗弁や再抗弁が複数ある場合には、それぞれの対応関係などについて口頭議論をすることで、最も有効な攻撃防御方法を見極めることが可能となり、結果として争点が絞り込まれる。建物所有者が占有者に対して賃料相当損害金を請求する事案で、被告が売買又は取得時効による所有権喪失、使用貸借及び権利濫用の各抗弁を主張し、原告がこれらに対する再抗弁に当たる事実を複数主張するものの、主張相互間に攻撃防御方法としての整合性に問題があるように思える場合などは、各主張の攻撃防御方法上の位置付けについて口頭議論をすることが有益である。規範的要件につき、評価根拠事実と評価障害事実との区別やそれらの総合評価といったことは口頭議論をすることが取り分け有効であり、黙示の意思表示などについても同様である。

法律要件に係る事実主張の具体性の程度は様々で、訴訟の初期段階では抽象度の高い事実主張がされ、描写や反対描写という主張応酬の中で徐々に具体化していくことも多い。具体的事実が早期に提出されることが争点中心審理の要であるが、実務上、事実主張をすべき当事者が具体的事実を収集することが困難な場合があり、関係者間でこの点につき口頭議論をすることで主張の具体化が促されることがある。隣人に多額の遺贈をする旨遺言した被相続人の唯一の法定相続人が被告に対して遺言無効確認を求める事案で、原告は遺贈が不自然で意思能力の欠缺又は錯誤により無効であるという程度以上にその主張を具体化できないでいたところ、裁判所の釈明権行使をきっかけに、被告から、長年にわたり被相続人の身の回りの世話をしていたこと、被相続人から原告に財産を相続させたくない事情があると聞かされていたことなどが主張され、それを前提に錯誤の具体的内容及び意思能力の欠缺を推認させる間接事実等の主張が具体化されたという事例がある。

間接事実は、主要事実の存在を推認させる機能を有する間接事実、推認を妨げる機能を有する間接事実の仕分け、そのうち相手方当事者が争う間接事実と争わない間接事実は何かという観点から分析する必要がある。受託者が委託者に対してイベント運営業務の報酬請求をする事案で、委託業務の具体的内容や報酬金額に争いがあるものの、契約書や見積書がなく、原告・被告間の合意内容の認定に関し書証として数多くの電子メールが提出され、他には原告の支出に係る領収書や請求書が提出されているだけといった事例では、合意内容を推認するために有意な間接事実は何かについて口頭議論をすることが有用である。また、要件事実のフィルターを通してみると、主要事実、重要な間接事実等以外の事実は「背景事情」として後景に退くが、主要事実や間接事実等は背景事情の経緯の中に位置付けてみて初めてその存在の蓋然性や推認力の有無・程度を正確に判断することができるから、当事者の事実主張が持つストーリー性はこの段階での検討にも大きな意味を有し、その文脈で口頭議論の対象となる。

書証について、当該書証からいかなる事実が認められるのかを議論することも有効である。システム開発に関する契約不履行を理由とする損害賠償請求事案で、開発すべきシステムの内容が争点となったものの、契約書附属の要件定義書は一義的に理解し難く、当事者双方が主張するシステムの内容と書証との結び付きが不明確なケースでは、双方の主張と要件定義書の記載とがどのように結び付くのか、要件定義書のどの項目が問題なのかなどについて集中的な口頭議論を行う期日を設け、その結果に基づき、要件定義書の項目が合意された際の経緯や同種システムの仕様について主張立証を補充するという手続進行が奏功した例がある。

法律問題については、各自の論拠を示したりするなど口頭議論を通じて法律上の問題点が明らかになることで、特定の事実上の争点について証拠調べをすることの要否やその重要性が明らかになる場合がある。また、適用すべき法規範の存在やその内容自体に厳しい争いがある現代型訴訟などにおいては、法律上の問題点について当事者との十分な議論を経ること自体が最終的な裁判所の判断に正統性を与えることにもなる。

**3**　口頭議論の進め方・ルール

集中的で効果的な口頭議論をするには十分な事前準備が必要である。裁判所は、口頭議論の目的や必要性について具体的に説明して予告をする必要がある。裁判所の交替時などそれまでの訴訟追行をまとめて説明するに止まる場合などには、予告無しに行うこともあり得る。いずれにしても準備書面の事前提出の励行は必須条件である。

具体的な事実関係や背景事情及び専門的知見等につき口頭議論を行う場合など、当事者本人や担当者の出席が有益な場合がある。もっとも、本人等の不用意な発言から心証を採られることをおそれ、本人等の出席に消極的になるという指摘もあるから、本人等が出席する場合には、その発言の取扱いなどにつき、関係者間で事前に協議して認識に齟齬がないようにすることが必要である。

口頭議論の進め方は、まず裁判所が口火を切り、当事者間の活発な攻防を通じて充実した資料を提出してもらうことが有効である。裁判所が口火を切ることは、裁判所が自身の事案理解や暫定的心証に固執することなく、それらを各当事者に披瀝し晒すことによって誤りなきを期し、解明度が低い点について更なる解明を図ろうとするオープンでフランクな姿勢を維持し、各当事者もこれを受けて主体的かつ充実した攻防を展開している限り、当事者の主体的な訴訟追行と整合的である。重要なのは、そのような関係者間のフランクで活性化した関係性が構築されていることである。

口頭議論を活性化し、争点の絞込み等をするためには、裁判所の事案に対するものの見方や判断の方向性について暫定的心証を開示する必要がある。当事者にとって、裁判所が暫定的に形成している心証の内容を確認することは、自己の訴訟追行の効果が奏功しているか否かを見極め、主張立証を補強し挽回を図る契機となる。手続保障の観点から、暫定的な心証開示は当事者双方対席の下で行われるのが基本とすべきである。心証開示は、明確な表現で行うことが重要だが、他方で断定的な表現を用いることは自由闊達な議論の芽を摘んでしまうことにもなりかねない。裁判所は、当事者の意見を聞いて更に検討したいというオープンで柔軟な姿勢で臨むことが必要で、その姿勢が当事者に伝わるように表現を工夫する必要がある。

専門的知見を要する事案では、当該事案において必要な専門的知見がどのような位置付けにあるのかを見極めた上で、どのような目的で、いかなる事項につき、どのような立場で専門家を手続に関与させるか、手続に関与させる時期などの事項について、関係者間で十分に議論し共通認識を形成した上で、専門委員等のメリハリの効いた活用を図ることが肝要である。

自由闊達な口頭議論をして争点整理を活性化するために、議論の硬直化を招くような発言の取扱いについての懸念が表明されている。口頭議論の過程における個々の発言はこれを調書に記載することはせず、準備書面で記録上表れていない相手方や裁判所の発言を引用等しないことを事前に確認しておくことも考えられる。

**4**　口頭議論の結果の取扱い

口頭議論の過程が可視化されていれば、関係者間で追行されてきた訴訟行為を理解する上で便利である。議論の硬直化を招くことがないように個々の発言を記録化はしないとしても、その後の議論の前提となるような重要な事項については、当事者双方の了承を得た上で、調書にその要領を記載することが考えられる。

## 四　確定された核心的争点の立証に向け、証拠を整理し、集中的な証拠調べにつなぐ局面（第3局面）

### 1　第3局面における口頭議論の意義・目的

ここでは、集中証拠調べに向けて争点整理の成果を総括し、集中証拠調べに向けて人証の採否、尋問時間や順番など具体的事項を協議する。

争点整理の成果を口頭議論の対象とすることの意義は、争点整理の成果に関する関係者間の認識にずれがないか否かを明確にすることにある。訴訟代理人として判決を見た場合、争点が全くずれているとはいえないが、争点の重みづけの認識に齟齬があり、その点に重きが置かれるのであればより厚い主張立証をしておくべきであったと思わされることもある、との指摘があるところ、このような認識のずれが生じたままにならないようにすることは重要である。

**2**　争点整理の総括における口頭議論の具体的な在り方

争点整理の成果を総括し確認するには、記録化することを意識しつつ、それに向けて口頭議論をすることが有効である。記録化を意識した口頭議論で関係者の認識のずれがあぶり出される。複雑困難な事案では、口頭でのみ確認することは困難であり、記録化することの必要性や意義はより大きい。単純な事案においても、例えば箇条書きであっても、攻撃防御方法としての位置付けや立証責任の所在に気づかされることもあるし、関係者間で記録化へ向けて明確な訴訟追行をしようという意識が働くことにもなるなど記録化の意義は少なくない。争点整理の成果確認は、関係者間に存する、記録化することで要証事実の対象が限定・固定化されることへの漠然たる不安や抵抗感、記録化作業を伴う負担感などから、実際には口頭確認による場合が少なくなく、多くの事件で記録化が行われているとまではいえないが、争点整理の成果を確認する意義を今一度振り返る必要がある。

**3**　人証の採否における口頭議論の具体的な在り方

争点整理の結果についての共通認識ができていれば、人証の採否等はそれほど議論する必要はないが、意見交換をした上で採否を検討する過程を経れば、採否決定についての当事者の理解が得られやすくなり、その後の尋問の順序・方法に関する議論もスムーズなものとなる。決まった尋問の順序、在廷の可否等については、証拠調べ当日の混乱を避けるためにも、記録化しておくのが相当で、尋問時間を制限して採用したり尋問事項のうち一部に限定して採用したりする場合も、その旨を調書に記載して採用した範囲を明確にしておく必要がある。

**4**　口頭議論の記録化の具体的な在り方

争点は核心的争点が明らかになるように間接事実等に踏み込んで整理する必要があるが、具体の事案においてどこまで徹底的に整理するかは、紛争解決における適正・公平・迅速・経済をうまく均衡させる観点から、事案に応じてメリハリをつける必要がある。また、争点整理の結果をどの程度まで具体的に記録化するかも、事案に応じて考えていくほかない。記録化の程度が要件事実をなぞったレベルであれば記録化するのは容易である反面、記録化のメリットに乏しく、他方、その程度が具体的であれば記録化する意義は大きい反面、作業は容易でないものとなる。

口頭議論の結果の記録化の意義を考えると、関係者に余り負担のない調書記載の方法がもっと試みられてよい。具体的なふくらみを持った主要事実の記載であれば、口頭で確認するのに比してそれほどの負担を感じることなく、記録化のメリットを享受することができる。

## 五　おわりに

以上のとおり、結局は、諸先輩方が励行されてきたこと、その結晶としての現行民訴法が予定している、やるべきことをやるということに尽きる。

【付記】　紙幅の関係から、具体例など大幅に削りました。詳しくは、本報告と趣旨を同じくする判例タイムズ１４３６号ないし１４３８号の記事を参照いただければ幸いです。また、報告当日、拙い報告にご質問をいただいた諸先生方に感謝いたします。ありがとうございました。

# 既判力とその補完法理に関する一考察

川嶋隆憲

## 一　はじめに

前訴と同一または関連する請求について再び訴えが提起される場合（以下、「再訴事案」という）の法的規律に関して、今日の判例・学説の多くは、既判力の限界を信義則によって補完するという解釈論を採用する（以下、本報告では、このようなアプローチを「再訴事案の二元的処理」と呼ぶ）。

もっとも、このような「再訴事案の二元的処理」には理論的な課題も少なくない。例えば、①再訴事案に対しては、既判力による一元的な処理で足り、これを超えて信義則による調整を図ることは既判力制度の基礎を掘り崩すおそれを生じうる、とも考えられる。また、②既判力の限界を信義則によって補完するとしても、既判力の限界それ自体が不明瞭であれば、信義則を適用しうる領域もまた不明瞭とならざるを得ないという問題を生じうる。さらに、③信義則違反の有無を判断する評価基準についても、判例・学説上、十分な共通理解が形成されているとは言い難い。

紛争の実質的な蒸し返しを禁止すべきことは訴訟制度に普遍的な要請であるところ、イギリス・アメリカの両国においては、原則として一般的・類型的に適用される定型的なルールと、事案に応じた弾力的な運用が予定されている非定型的なルールとが併用されていることが目を惹く。もちろん、英米法理論をそのままの形で国内の解釈論に取り込むことはできないが、その基礎にある考え方（とりわけ、実質的な再審理を許容するか否かに際して考慮されるべき視点）や具体例は、今日において複雑化の様相を呈するわが国の既判力論や信義則論への新たな見通しを得る上で示唆的である。

そこで、本報告では「再訴事案の二元的処理」の当否を含む、その解釈・運用上の諸問題について、同じく再訴事案の法的規律につき二元的なアプローチを採用する英米民訴法理論に考察の手掛かりを得ながら、伝統的な理解の再考を試みる。なお、本報告に際して考察の対象とする日本法の理解としては、差し当たり旧訴訟物理論を前提とする。

## 二　英米民事訴訟法理論からの示唆

### 1　再訴事案に対する基本的アプローチからの示唆

英米民訴法における res judicata とその周辺法理に関する先行研究(1)によれば、英米両国にはそれぞれに独自の特徴が見られる一方で、再訴事案に対する基本的なアプローチとして、次の共通点を指摘することができる。すなわち、イギリスでは、原則として一般的・類型的に適用される res judicata に加えて、個別事情を勘案して弾力的に適用することのできる Henderson ルールによる事案処理が採られており、そこには「定型的ルール」(前者)と「非定型的ルール」(後者)の併用という、わが国にも見られる二元的な事案処理が見て取れる。一方、アメリカでは、それ自体が弾力的な性質を持つ res judicata による事案処理を原則ルールとしつつ、原則ルールが否定される場合を類型的に抽出した例外ルールの存在が事案の定型的処理を可能にしており、ここでもまた、「定型的ルール」(後者)と「非定型的ルール」(前者)の併用という二元的な事案処理のスタンスを見出すことができる。

### 2　争点遮断ルールからの示唆

また、特に英米法上の争点遮断ルール(イギリスの争点禁反言およびアメリカの争点排除効)に着目すると、㋐前訴当時において合理的な注意を払っても獲得することができなかった証拠で、当該証拠によれば前訴における判断が覆されることが明白である場合や、㋑前訴において裁判所が前提とした法に重要な変更があり、当該法によれば前訴における争点の判断が否定されることが明白である場合、また、㋒当該争点について前訴で上訴審の審理を受けることができなかった場合や、㋓当該争点について新たな判断をすることが前訴と後訴の手続上の差異(証拠制限の有無、立証負担の差異など)に照らして正当化できる場合など、様々な場合に争点遮断ルールが否定されていることが注目される。このような例外ルールの存在は、争点レベルにおける裁判所の誤った判断ないし正当性に疑いを生じるに至った判断が恒久化しない仕組みを備えるものとして、わが国の再訴禁止ルールの枠組みを考える上でも示唆的であると言える。

## 三　既判力とその補完法理に関する考察①——総論

### 1　二元的処理の有効・適切性

まず、「再訴事案の二元的処理」に向けられる批判としては、現行法の解釈論としては既判力による一元的な処理をもって必要かつ十分であり、これを超えて信義則による調整を図ることは既判力制度の基礎を掘り崩すおそれを生じうるとの批判が向けられる。しかしながら、一口に再訴事案と言っても、再訴提起に至る事情は様々に考えられるところ（前訴当時の資力不足、前訴請求の緊急性、判決確定後の事情変更など）、そうした多種多様な背景事情を持つ訴えの中から審理判断に値する訴えまでをも排除しないためには、個別事情に応じた柔軟かつ弾力的な処理を可能とする「非定型的」な判断枠組みを備えておくことが必要であると考えられる。

一方、再訴事案のすべてを「非定型的」な判断枠組みによるケース・バイ・ケースの判断に委ねることは、個別事情に基づく総合的判断を常に裁判所に強いることになり、審理の複雑化や長期化を招くおそれがある上、前訴判決によって確定された権利関係を絶えず不安定な状態に置くことになり妥当ではない。そのため、一定の領域においては、個別事情を問わず一律・画一的な処理を可能とする「定型的」な判断枠組みの存在もまた不可欠であると考えられる。前述した英米民訴法の基本的なアプローチも、再訴事案を「定型的ルール」のみ、あるいはまた「非定型的ルール」のみによって一元的に処理することとの困難さを裏付けるものと言える。

### 2　既判力の作用領域の明確化

次に、「再訴事案の二元的処理」が一定の合理性を持つとしても、単に既判力と信義則を併用すべきというだけでは解釈論としては機能しえず、既判力と信義則の作用領域をあらかじめ予測可能な形で特定しておく作業が不可欠である。ある事例が既判力の作用領域に含まれるか否かは、単なる説明の差異にとどまらず、具体的な事案処理に際して個別事情を斟酌することができるか否かという形で、実践的な差異を生じうる問題でもあるからである。この点、既判力の作用する領域は、今日では一般に、前訴と後訴の訴訟物が同一関係、先決関係、矛盾関係のいずれかに該当する場合であると解されているが、その限界にはなお曖昧な点が残る。

既判力の法的性質に関する通説的理解によれば、既判力は前訴判決の後訴裁判所に対する拘束力であり、前訴において既判力を生じた事項が後訴において再び問題となる場合において、後訴裁判所は前訴裁判所の既判力ある判断に拘束され、後訴当事者もまたこれと矛盾する攻撃防御方法を提出して争うことが許されない、という形で作用する。訴訟物が同一関係の場合に既判力が作用するのは、前訴判決によって確定された訴訟物たる権利関係が後訴において再び訴訟物として審理判断の対象となるからであるし、先決関係の場合に既判力が作用するのも、前訴判決によって確定された訴訟物たる権利関係が後訴の訴訟物の前提問題という形で再び審理判断の対象となるからである。また、矛盾関係の場合に既判力が作用するのも、前訴判決で確定された訴訟物たる権利関係が、これと表裏一体の関係にある後訴の訴訟物として再び審理判断の対象となって現れるからである。

このように見てくると、既判力の作用領域の限界を考える上では、「前訴判決において既判力を生じた事項が後訴において再び審理判断の対象となるか」という観点がその中核をなすと言うべきであり、既判力の作用する局面であるか否かについて疑義を生じる事案においては、上記の観点に立ち返った検討が不可欠であると考えられる。したがって、例えば、①XのYに対する所有権に基づく不動産の明渡請求または登記請求を認容する判決が確定した後、YがXに対して同一不動産の所有権確認の訴えを提起したという事例では、後訴の訴訟物であるYの所有権の存否を判断する過程において、前訴判決が確定したXの所有権に基づく明渡請求権ないし登記請求権の存否が再び審理判断の対象となることはないから、後訴において既判力は作用しないと考えられる。また、②金銭債権の数量的一部請求を棄却する判決が確定した後、前訴原告が残部請求の訴えを提起したという事例についても、一部請求の訴訟物と残部請求の訴訟物は別個であるとの理解を前提とする限り、後訴の訴訟物である債権の残額部分を判断する過程において、前訴判決が確定した一部請求部分が再び審理判断の対象となることはない（金銭債権の存否それ自体は後訴において再び審理判断の対象となりうるが、当該金銭債権の存否は前訴判決では理由中の判断に過ぎず、前訴判決において既判力を生じた事項には当たらない）。ゆえに、これらの事例はいずれも既判力の作用領域の枠外の問題として、その規律は既判力以外の法理（具体的には信義則）に委ねられることになる。

### 3　既判力の例外ルールの許容限度

次に、上記のような既判力の作用領域を超えたところで信義則による調整の余地を認めるとしても、そのような例外ルールを適用することが許されるのは、あくまで現行民訴法に抵触しない範囲にとどまる。この点、わが国の民訴法は、既判力の客観的範囲を原則として判決主文中の判断に限定する旨を定めることによって、訴訟の一回的解決の要請よりも、むしろ裁判所の審理の柔軟性や当事者の争点選択の自由の要請をより優先する立場を採用したと考えられる。とすれば、既判力の原則ルールに対する例外が許容されるのは、①そうした現行民訴法の規定の趣旨を損なわない場合か、または、②そのような民訴法の規定によって保護される利益を上回る利益が特に認められる場合に限られる、と考えられる。

このことを、より具体的に敷衍すれば、❶前訴において実際に攻撃防御や審理判断の対象となった事項を再び争う場合（以下、「❶類型」という）、または、❷前訴において攻撃防御や審理判断の対象となっていない事項であっても、後訴での提出を許容することが一方当事者の不当な利益獲得や負担回避に助力することになるなど、特に公平の観点から当該請求または主張を排斥すべき必要が認められる場合（以下、「❷類型」という）において、後訴における請求や主張を遮断することは、現行民訴法の解釈論としても許容しうる、と考えられる。前者の例としては、例えば、所有権に基づく抹消登記手続請求認容判決後の前訴被告による所有権確認の訴え（最判昭和三〇・一二・一民集九巻一三号一九〇三頁参照）や金銭債権の数量的一部請求棄却判決後の残部請求の訴え（最判平成一〇・六・一二民集五二巻四号一一四七頁参照）などが挙げられる。また、後者の例としては、後訴の提起を許容することが、紛争は決着済みであるとの相手方の期待に反し、その地位を不当に長期にわたって不安定な状態に置くことになる場合（最判昭和五一・九・三〇民集三〇巻八号七九九頁参照）などが考えられる。既判力の例外ルールをいかなる法規範に求めるにせよ、上記の範囲を超えて既判力の例外ルールを設定することは、現行民訴法の解釈の限界を超えるものとして許されない、と解される。

## 4　既判力の例外ルールの法律構成

既判力の例外ルールの法律構成としては、大別して、判決理由中の判断の拘束力を観念した上で、後訴においてこれと抵触する当事者の行為が遮断されるとする構成（以下、「判断拘束力構成」という）と、理由中の判断の拘束力を介在させず、後訴における当事者の行為の適否を直接的に評価する構成（以下、「行為評価構成」という）とに区別される。争点効理論や信義則に基づく判決理由中の判断の拘束力を肯定する学説は、ここでいう判断拘束力構成に分類しうるのに対して、判例が採用する信義則による後訴遮断の法理や、学説の中でも、後訴における当事者の行為に対して信義則を個別的に適用すべき旨を説く見解は、行為評価構成に分類しうる。

判断拘束力構成の下では、後訴における請求や主張が遮断されるか否かは、前訴判決に示された理由中の判断に抵触するか否かによって決まるため、その判断は比較的明確であり予測可能性に優れるという利点がある。他方、行為評価構成の下では、後訴における請求や主張が前訴判決の理由中の判断に正面から抵触しない場合でも、なお個別事情を勘案して当該行為を遮断するという柔軟な事案処理が可能となる一方、前訴で審理判断の対象とならなかった事項をもその射程範囲に収めることの反射的作用として、前訴における審理の柔軟性や争点選択の自由を損なうおそれを生じうる。

このように、判断拘束力構成と行為評価構成には、それぞれ一長一短があるが、㋐いわゆる紛争の蒸し返し事案は必ずしも前訴判決の内容と正面から抵触する請求や主張の形をとって現れるとは限らないこと、㋑行為評価構成の射程範囲も無制約ではありえず、現行民訴法の解釈論としては、前記❶類型と❷類型の限度で許容されるにとどまると解されること（前記三3参照）、㋒判決理由中の判断に既判力ないしこれに類似する拘束力を観念することは判例によって繰り返し否定されていること、等に鑑みれば、既判力の例外ルールの法律構成としては「行為評価構成」を採用することが、今日における実践的かつ建設的なアプローチであると言える。

5　判断枠組み——英米法理論の参照可能性

以上のように、現行法の下でも、❶類型と❷類型の限度で既判力の例外ルールを許容することができ、かつ、そのような例外ルールの法律構成を信義則に基づく行為評価に求めるとすれば、行為評価のための評価基準の定立が必要不可欠となるが、評価基準の明確化を図るにあたっては、上記❶類型と❷類型と類似した状況の下で適用される英米法理論の判断枠組みが示唆的である。

第一に、❶類型（前訴において実際に攻撃防御や審理判断の対象となった事項を再び争う場合）の行為評価枠組みとしては、英米法の争点禁反言や争点排除効の基礎にある考え方が参考になる。これらの争点遮断ルールは、前訴において裁判所が実際に審理判断をした争点であり、かつ、前訴の判断に不可欠の争点については原則として再審理を許さないとする一方で、公平の観点から再審理の禁止を許容し得ない事案においては例外的扱いを認めるものとし、そのような例外事案の類型化を図っている点で示唆的である（前記二2参照）。❶類型の行為は、一般的には、相手方当事者において既に解決済みとの期待を生じた事項を再び争う行為であり、原則として信義則違反の評価を免れないと解されるが、争点レベルにおける裁判所の誤った判断ないし正当性に疑いを生じるに至った判断が恒久化しない仕組みとして、「特段の事情」による再審理の余地を残しておくことが相当である。そのような「特段の事情」としては、例えば、前訴当時、合理的な注意を払っても獲得し得なかった新たな証拠を獲得した場合や、相手方の事情または手続上の制約のために前訴において十分な審理判断を受ける機会に欠けていた場合など、英米法に見られる諸事例が参考になる。

第二に、❷類型（前訴では審理判断を求めず、後訴に至って初めて審理判断を求めようとする場合）の行為評価枠組みとしては、イギリスの Henderson ルールの考え方が参考になる。Henderson ルールは、前訴において審理判断の対象となっていない事項について後訴で審理判断を求めることが「手続の濫用」であると評価される場合に当該事項について争うことを遮断するものであり、後訴における当事者の行為が「手続の濫用」に当たるか否かという、行為評価的な判断枠組みを採用する点に特徴がある。また、その具体的な評価基準として、㋐前訴における提出可能性のほか、㋑請求相互の関連性や、㋒後訴を提起するに至った事情、といった様々な要素を勘案した総合的判断の必要性を説く点でも示唆的である。❷類型の行為は未だ裁判所の審理判断を受けていない事項を争う行為であり、❶類型に比べて裁判所の審理判断の機会を保障すべき要請がより強度であると考えられることから、そのような行為が信義則違反との行為評価を受けるためには、単に前訴において提出可能性があったというだけでは足りず、これを許容することが一方当事者に不当に有利な地位を与えることになるなど、特に公平を害する事情の存在を必要とすると解するのが相当である。

## 四　既判力とその補完法理に関する考察②——各論

### 1　前訴訴訟物の基礎たる権利関係の蒸し返し

以上の総論的な視点をもとに、若干の再訴事案を素材として、各論的な考察を試みる。ここではまず、訴訟物の前提をなす権利関係について既判力を否定した、最判昭和三〇・一二・一民集九巻一三号一九〇三頁の事案をモデルとして考える。本件はXのYに対する所有権に基づく抹消登記手続請求が認容された後、XがYを相手取って提起した同一不動産の所有権に基づく明渡請求訴訟において、YがXに対して同一不動産の所有権確認の反訴を提起した事案である。前訴における審理の重点は所有権の帰属にあり、本件後訴（本訴および反訴）においてYが同一不動産の所有権の帰属を争うことは、実質的に紛争の蒸し返しであると見られる事案であった。

まず、本件後訴における既判力の作用について見ると、本訴と反訴のいずれにおいても、前訴の訴訟物である所有権に基づく抹消登記請求権の存否が再び審理判断の対象となることはないから、前訴判決の既判力は後訴には作用しない（前記三**2**参照）。したがって、本件後訴においては既判力の積極的作用も消極的作用も生じることはなく、本件後訴においてYが係争不動産の所有権の存否を再び争うことは、既判力の作用によっては遮断されないと考えられる。

次に、信義則の適用について見ると、本件後訴でYが係争不動産の所有権の存否を再び争う行為は、前記❶類型に該当する行為として、❶類型の評価枠組みに従い、「特段の事情」のない限り、信義則に反して許されないと考える。このとき、前訴判決の理由中の判断が誤判である可能性は皆無とは言えないが、誤った理由中の判断を固定化すべきでないことは、英米法の争点遮断ルールの考え方が示唆するとおりであり、わが国の解釈論においても、これと同様の視点を「特段の事情」の解釈に反映することが有益であると考える。

**2**　一部請求後の残部請求の適否

一部請求後の残部請求事案においては、一部請求の訴訟物と残部請求の訴訟物は別個であるとの理解を前提とする限り、一部請求訴訟の既判力は残部請求訴訟において作用しないと解される（前記三**2**参照）。

信義則の適用について見ると、まず、金銭債権の数量的一部請求で全部または一部棄却判決を受けた原告が残部請求の訴えを提起することは、前記❶類型に該当する行為として、「特段の事情」のない限り、信義則違反の評価を受けると考える。金銭債権の数量的一部請求を棄却するにあたっては、その前提として債権全体について審理判断を行うことが通常は不可避的である（当事者や裁判所に選択の余地はない）以上、これを再び争い得ないものと解しても、既判力規定の趣旨を損なうものではないと言える。

これに対して、前訴において全部認容判決を受けた場合は、必ずしも前訴において債権全体が審理判断の対象となったとは言えないことから、この場合に残部請求の訴えを提起する行為については、前記❷類型の評価枠組みが妥当する。したがって、残部請求の訴えは当然には遮断されないが、後訴を維持することが特に公平の観点から否定されるべき場合においては、前訴が請求認容判決であったとしても、なお信義則による後訴遮断を肯定しうる。この点、原告において一部請求を選択することは、相手方に対して複数回にわたる応訴の負担や前訴段階における債務不存在確認の反訴提起の負担を課すことになる以上、一部請求を選択する原告においては一部請求の利益を享受することに伴う一定の行為責任を負うと解するのが衡平に適うと考えられる。前訴原告においてそのような行為責任を果たすことが容易に期待できたにもかかわらずこれをしなかったことは、残部請求の訴えを信義則違反と評価する方向に傾くと言うべきである。

## 五　おわりに

本報告では、既判力およびその補完法理に関する理論的基盤の確立に向けた一つの試みとして、既判力の作用領域の明確化を図りつつ、既判力の作用領域を超えたところで発現する信義則理論を「行為評価構成」として再構成した上で、二つの行為類型に応じた二つの評価枠組みを提示した(2)。行為評価枠組みの具体化に向けてはなお詰めるべき点も少なくないが、英米法上の争点禁反言ないし争点排除効、また、Henderson ルールの判断枠組みは、豊富な実践例に裏打ちされた経験的指標として、わが国における行為評価枠組みの定立にとって有益な指針となりうると考える。

【付記】　本報告に際して司会の労をおとり下さいました大村雅彦先生、また、会場にて貴重な御質問および御教示を賜りました松本博之先生、河野正憲先生、ならびに、準備にあたり御助言を頂戴しました諸先生方に、この場を借りて心より御礼申し上げます。

(1) 本稿では紙幅の制約から英米法の紹介部分を割愛した。英米法における res judicata とその周辺法理については、拙稿「アメリカ民事訴訟法における res judicata」法学研究八五巻一〇号（二〇一二年）参照。

(2) 本報告で取り上げた、総論的考察と各論的考察の詳細につき、拙稿「既判力の補完・調整法理の諸相（一）（二・完）」熊本法学一四〇号、一四一号（二〇一七年）参照。

《紹　介》

# Elisabeth Kurzweil, Zur Entbehrlichkeit des rechtlichen Interesses bei der Prozessführungsbefugnis kraft Ermächtigung（Peter Lang, 2008）

山木戸　勇一郎

## 一　議論の背景と本書の位置付け

本書は、ミュンヘン地方裁判所の裁判官であった著者（現ミュンヘン高等裁判所上席裁判官）が、ニュルンベルク大学に提出して博士号を取得した、任意的訴訟担当をテーマとしたディセルタツィオンである。ドイツの任意的訴訟担当論の歴史に関しては、わが国の先行研究において詳細に紹介されてきたところであり(1)、本書においても簡潔に整理されて紹介されているところである。そこで、まずは本書の位置づけを明確にするために、任意的訴訟担当に関するドイツの議論の歴史について、以上の研究を参照しながら簡単に整理しておきたい。

任意的訴訟担当の許容性という問題領域が意識されるようになってきたのは、形式的当事者概念が主流化してきたＺＰＯ制定の前後からである。まず、判例においては、ＢＧＢ制定後に物権的請求権の譲渡が原則不可能とされたため、登記簿更正請求権を権利者に代わって第三者が訴訟上行使する事案が多く現れ、このような事案における第三者による権利行使は許容されていた。これに対して、当事者の地位の変更によって生じ得る相手方の不利益や実際上の必要性の欠缺を理由として、学説からは否定説が主張された（Kohler や K. Hellwig）。しかし、帝国裁判所一九一〇年四月二七日判決（RGZ73, 306）は、契約において確認訴訟の提起の義務を負った第三者が訴えを提起した事案において、任意的訴訟担当を一般的に許容する旨を明言した。そのため、学説からは前述の理由（相手方の不利益等）によって反発を受けることになり（H. Hellwig など）、同裁判所一九一八年一月一五日判決（RGZ91. 390）は、単に取立てのために債権者が第三者に授権した事案において、原告の権利保護の利益は全ての訴えの適法要件であるから、被授権者による訴訟追行を認めるためには、被授権者に固有の法的利益が必要であるとした。

このような、法的利益の有無によって任意的訴訟担当の許否を決定する考え方は、学説においてしばしば異論が呈されていたところではあるものの、概ね現在までの学説や裁判実務において広く採用されているといえる（任意的訴訟担当の許容要件としての法的利益は、以下「利益要件」と表記することとする）。そして、そこでのこの要件の実質的な性格は、主に当事者の地位の変更によって生じる相手方の不利益との関係を調整するためのものであるといえる（しばしば相手方の不利益として挙げられてきたものとして、裁判官の除斥・忌避の潜脱、証言拒絶権者の拡大、当事者尋問の規律の回避、反訴の機会の剝奪、訴訟費用償還義務の回避などがある）。

さて、いかなる場合に利益要件を充足するかに関しては、多くの学説や裁判実務は個別の事例に関して結論を述べるにとどまっており、一部の学説においては利益要件の定式化の試みがなされているものの（例えば Michaelis）、必ずしもその基準が明確にされるまでには至っていない状況にある。また、しばしば学説から指摘されているように、長年の裁判実務において、利益要件は拡大的に解釈される傾向にあった。そこで、これに対する警鐘の意味合いから、学説からは原則として任意的訴訟担当は不適法である旨の主張がなされることもあった（例えば一九八〇年前後に Frank や Koch など）。そのような警鐘的な主張のうち最近のものとしては、シューマン（Ekkehard Schumann）を挙げることができる(2)。

シューマンは、裁判実務が相手方の不利益について鈍感であるという認識の下、概略以下のようなことを述べている。権利者自身が手続追行するという自己関与性の原則は、当該原則の例外である任意的訴訟担当の範囲を狭めることを導くものである(3)。任意的訴訟担当の要件として、相手方に正当化できない不利益が存在してはならないという重要な要件が存するが、とりわけ裁判例はこのような不利益を過小評価しており、方法論的にも事実上も、相手方の利益は権利者ではない原告の法的利益の枠組みで扱われている。また、授権者をも規定の解釈上は当事者として取り扱うこと（授権者に対する手続上の貫徹〔Durchgriff〕）によって問題を解決することを、裁判例は基本的に否定している。裁判所は、訴訟追行授権を例外的制度として意識すべきであり、それを許容することが相手方の不利益を導いてはならない。授権者に対する手続上の貫徹やその他の方法で、相手方の不利益を防止することができない限り、訴訟追行授権は不許容と見るべきである、と。

本書は以上のような状況を前提として、主として利益要件の不要性とそれを前提とした解釈論について論じたものである。本書は公刊からは若干時間が経過しているところであるが、任意的訴訟担当の許容性が問題となった近時の最高裁判決（最判平成二八年六月二日民集七〇巻五号一一五七頁）によって、任意的訴訟担当の許容性を巡る議論が再び脚光を浴びつつあること、また、ドイツの任意的訴訟担当論に関する近時のモノローグを紹介することによって、先行研究発表後の理論状況の一端を明らかにすることにはなお意味があると考えたことから、本書を紹介することとしたものである。

## 二　本書の主張の概要

### 1　権利保護の利益と利益要件との関係

著者は、利益要件の内容が不明確であり、これが任意的訴訟担当の許容性のメルクマールとして機能しているかは疑問であるという状況認識の下、「権利保護の利益」という概念を訴訟追行権限の有無のメルクマールとして扱うことの正当性を検証するために、利益という概念の内容を吟味すべきであるとする。その際には、権利保護の利益すなわち権利保護の必要性と、利益の有無が問題とされている訴訟追行権限の関係が問題となるところであり、学説においては、権利保護の必要性を訴訟追行権限の要件と見たり、両者を同一のものと見たり、両者を区別する見解があるところであるが、この点を検討するに当たって、著者はまずこの両者の機能の差異に着目して、以下のように述べる。すなわち、訴訟追行権限は、誰が権利保護を求め得るかを画するものである。これに対して、個々の権利の行使についての利益の観点は権利保護の必要性に整理されるものであり、この利益は裁判所に権利保護を要求し相手方を訴訟に引き込むことが許されるか否かを画するものである。したがって、この利益の観点からは誰が訴訟追行について権限があるかといったことは認識することができず、単にこの利益は権利の行使について保護が必要とされることを表現しているに過ぎない。それゆえ、この利益が答えを与えるのは、単に訴訟が許されるかどうかであって、誰が訴訟を追行できるかではない、と。それにもかかわらず、訴訟追行の利益がしばしば訴訟追行権限の根拠として見られていることには、二つの理由があると著者は述べ、第一に、利益の概念が非常に広く明確ではないこと[4]、第二に、利益はしばしば処分権限や訴訟追行権限と同時に現れることを挙げている。そして、後者に関して、著者は以下のように指摘する。確かに、権利者自身の場合は基本的に権利の行使について利益を有するし、また、法定訴訟担当者のほとんどの場合も、権利者自身の利益とは別に、法の例外によって根拠づけられた利益を有し、このことは授権を必要としないことを基礎付ける。しかし、例えば法定訴訟担当である破産管財人に関していえば、破産管財人の地位は債権者の利益に立脚しており、そして、破産管財人の訴訟追行の利益というのは、破産管財人が担っている職務の一部としての義務を果たすべきことから生じるものであり、権利の行使についての利益とは別のものである、と。

そして、著者は、任意的訴訟担当の場合においては、処分権限と訴訟追行権限と利益が同時に現れることはなく、利益は権利者のもとに存在するとした上で、以下のように論じている。仮に利益を訴訟追行権限の基礎と考えるのであれば、利益はそのようなものとして要求され構成されることになろう。しかし、利益は誰に権利保護が必要かという問題の基礎ではないので、メルクマールとしては機能せず、諸々の事例において容易に利益は十分であるとされ、それゆえ制限としての意味を失うことになる。また、仮に利益が訴訟追行権限の基礎なのであれば、権利保護の必要性の場合と同じように、利益だけで訴訟追行権限の基礎とならなければならず、権利者の同意を要求するのは許されないはずであるが、このようなことは誰も主張していない。この点からも、誤解は明白である。利益は単にかどうかの問題であって、誰によっての問題を決定しない。利益というのは権利保護の必要性の基礎であり、それは主観的権利の保護に役立たない訴訟から裁判所や相手方を保護するものであって、正当な訴訟追行者を区別するための訴訟追行権限の要素ではない。訴訟追行権限は、権利者であること、権利者からの授権又は法律から生じるものである、と。

## 2　裁判実務の分析

以上のように論じた上で、過去の判例に現れた任意的訴訟担当の事例（登記簿更正請求権の事案、所有権者の用益権者に対する授権の事案、隠れた債権譲渡の事案、社会扶助法九〇条の事案、破産管財人の事案など）における利益状況を検討した結果として、これらの事例においては、権利保護の必要性（訴訟の利益）とは別に、訴訟担当の利益（第三者による訴訟追行の利益）が存在しており、いずれの利益も授権者と被授権者の双方に存在していたと分析する。敷衍すると、訴訟担当の利益は、多くの事案においては、訴訟担当者に訴訟追行が義務付けられていることを原因として生じている。また、若干の事案（登記簿更正請求権・用益権者・債権譲渡担保の事案）においては、訴訟担当者自身が訴訟において権利を行使する利益を有している。そして、訴訟担当者が訴訟担当の利益を有しているのと同時に、権利者も訴訟担当の利益を有している、そうでなければ権利者には訴訟追行を授権する誘因が存しないからである、と論じている。

## 3　相手方の不利益に関して

以上の通り、訴訟追行権限が権利保護の利益の有無によって画されるものではなく、訴訟追行権限は単に授権によって生じるものであるとすると、古くから指摘されてきたような、当事者を任意に変更することによって生じ得る相手方の不利益――このような不利益との関係は利益要件によって調整されてきた――について、どのように解決するのかという問題が生じることになる。

この点について、著者は、帝国裁判所が「民事訴訟の構造において取るに足りない干渉ではない」と指摘している通り、相手方の不利益は解決されるべき問題であるという認識の下、相手方の不利益が問題となり得る規定のそれぞれの趣旨や目的を考慮して、それぞれの規定の解釈によってこれを不適用としたり準用したりすることを検討することによって、相手方を保護することができるのであれば、任意的訴訟担当を制限する必要性は存在しないことになる、と論じる。

そして、任意的訴訟担当は代理と異なって当事者の変更を伴うものであるから、当事者に関連する規定が関係することになるが、そのような規定に関して任意的訴訟担当が問題となる場合においては、それぞれの規定における当事者は何を意味しているのか、また、それぞれの規定の内容はどの範囲に妥当すべきものなのかを考察する必要がある、と指摘する。

その上で、①被告側の場合の普通裁判籍などの管轄の規律、

②裁判官の除斥等の規律、③不知の陳述の規律、④当事者尋問の規律、⑤証言拒否権に関する規律、⑥文書提出義務者に関する規律、⑦訴訟費用負担者の規律、⑧訴訟費用救助の規律、⑨法定当事者変更の規律、⑩既判力の規律、⑪訴訟係属に関する規律、⑫反訴の規律について、以上のような観点から検討が加えられる。その結果として、当事者概念の変化——規定が設けられた当時は実体的当事者概念を前提にしていた規定が存在すること——を顧慮すること、また、授権者に対しても当事者に関する規定を適用すること（授権者に対する手続上の貫徹）を可能と解釈することによって、任意的訴訟担当についても現実に適合的な結論が得られることになる。そして、このような解釈を前提にすれば、任意的訴訟担当を許容することによって、相手方の地位が悪化することはない、と結論付ける。

**4**　任意的訴訟担当の有益性

著者は、以上のような解釈を前提にすると、当事者に関連する規定の適用においては、授権者と訴訟担当者の両者が当事者として扱われることになるため、譲渡や代理との比較において任意的訴訟担当は、むしろ訴訟法的には——証言拒絶権に関する規定を除いては(5)——利点があるとは言えない、また、実体法的にも各種の事案類型を検討すると、ほとんど任意的訴訟担当の必要性は存在しない、と指摘する。

そうすると、任意的訴訟担当は解釈上の制度としてはほとんど無益なのではないか、という疑問が生じ得るところである。この点に関して、著者は、譲渡や代理との比較において任意的訴訟担当は、授権者と被授権者との間の内部的法律関係の単純化（事後的な権利移転や債務関係を必要としない）、内部的法律関係の対外的明確化、内部的意図の対外的明確化という効用があり、この意味において譲渡や代理と並んで有益なものと見ることができる、と論じている。

## 三　おわりに

本書の議論を簡潔に整理すると、訴訟担当者の固有の法的利益（利益要件）は任意的訴訟担当の要件ではない、なぜなら、利益という概念は専ら権利保護の必要性の文脈において、およそ当該訴訟が許されるかどうかという問いに答えるものであり、誰が訴訟に関与することが正当かの問いに答えるものではないからである。そして、任意的訴訟担当を一般的に許容するとしても、その場合に生じ得る相手方の不利益の問題は、当事者に関連する規定の解釈によって十分に解決が図られる、というものである。

　周知のとおり、日本とドイツの間においては、任意的訴訟担当を制限する必要が生じる理由についての認識が大きく異なっている。すなわち、日本においては、弁護士代理の原則（民訴五四条一項）や訴訟信託の禁止（信託一〇条）の潜脱可能性の回避のために制限が必要と考えられているため、任意的訴訟担当の許容性の問題は、第三者による紛争介入の可否の問題の一局面であるといえる。これに対して、ドイツにおいては、不当に相手方に不利益が生じることを回避するために制限が必要であると考えられており、任意的訴訟担当の許容性の問題は、相手方の不利益との間の衡量の問題であるといえる（わが国においても、相手方の不利益は問題となり得るが、問題関心の中心とはされていない）。そうすると、仮に任意的訴訟担当の許容性を法的利益の有無によって限界づけるのであれば、そのような法的利益が果たす役割は両国で異なることになるため、要件としての有用性に関する評価もまた別異であり得ることになると考えられる（ドイツの場合は、利益要件を満たしたとしても相手方の不利益が消滅するわけではないのに対して、日本の場合は、仮に訴訟担当者自身に法的利益があるか否かを基準とするのであれば、それが直接的に第三者による不当な紛争介入の防止の機能を果たす可能性がある）。このように両国の間には、任意的訴訟担当の許容性を巡る問題の次元の差異が存することからすると、本書から日本法の解釈論に直接的な示唆を得ることは容易ではないように思われる。

　もっとも、任意的訴訟担当を巡る問題を考える上での着想については、参考となり得る点があるように思われる。例えば、本書においては、任意的訴訟担当自体には制限をかけずに、任意的訴訟担当の制限の根拠とされてきている相手方の不利益の発生自体を防止するように諸規定を解釈することによって、任意的訴訟担当を巡る問題の解決を図ろうとしている。日本法においても、任意的訴訟担当の制限以外の方法によって、任意的訴訟担当の制限の根拠とされてきている弁護士代理の原則や訴訟信託の禁止の趣旨との抵触可能性自体を防止することはできないかという観点から、任意的訴訟担当を巡る問題を改めて考察しておくことも一考に値するように思われる。例えば、第三者による不当な紛争介入の防止に関しては、弁護士法七二条本文（報酬を得る目的での業としての法律事件に関する法律業務の禁止）などのような法律上の制限がすでに設けられているところであるが、これでは十分に不当な介入の防止を達成することはできないのか。また、任意的訴訟担当の場合は弁護士強制とすることも選択肢として考えられるが（サービサー法一一条二項参照）、前述の規定によって十分に防止を達成できない場合に、このような選択肢を採用することによって防止を達成することはできないのか。そして、以上によっては十分に防止を達成できないとすれば、それはどのような意味で不十分なのか、といったことを改めて検討することも、任意的訴訟担当の制限のあり方を考察するために有益であるように思われる。

（1）　例えば、福永有利「ドイツにおける当事者理論の変遷」同『民事訴訟当事者論』（有斐閣、二〇〇四年）二頁以下、八田卓也「任意的訴訟担当の許容性について（一）～（三）」法協一一六巻二号八九頁以下、三号七二頁以下、四号七九頁以下（一九九九年）、堀野出「任意的訴訟担当の意義と機能（一）・（二・完）」民商一二〇巻一号三四頁以下、二号七五頁（一九九九年）など。

（2）　Schumann, Die Prozessermächtigung (die gewillkürte Prozessstandschaft) und der Rechtsschutz des Beklagten, Festschrift für Musielak, 2004, S. 457.

（3）　これに続けて、団体訴訟や第三者確認訴訟の例は、前者は現行法の状況によれば団体固有の権利を行使するものであり、後者は原告固有の権利領域に関わるものであるから、これを克服する手がかりとはならない。「民事訴訟の構造において取るに足りない干渉ではない」という帝国裁判所一九一八年一月判決が述べた説示は、今日においてもなお納得のいくものである、という趣旨のことを述べている。

（4）　著者はこの点を敷衍して、以下のように指摘している。何らかの方法で性質づけられた利益は、ほとんどすべての人間に当てはまり得ることになる。例えば、Michaelis は、諸々の任意的訴訟担当の具体的事例を整理及び検討した上で、利益というのは債権者の利益又は債務者の利益であると定式化しているが、二者の合致した意思表示から常に債権者と債務者が生じ得るのであれば、この定式が本質的に誰を排除するものなのかという疑問が生じ得る、と。

（5）　訴訟担当者と授権者の両者の親族が証言拒絶権を行使することが可能になるためである（ＺＰＯ三三八条一項一号乃至三号）。

# Christian Gomille, Informationsproblem und Wahrheitspflicht (Mohr Siebeck, 2016)

本　間　　学

## 一　はじめに

民事訴訟において、自己に有利な判決を得るのに必要な情報[1]の提出は、当事者の役割である。ところが、情報の偏在がある場合、これに何らの対策も講じられなければ、一方当事者はこの役割を果すことができず、敗訴判決を受けてしまう（情報問題）。この問題の是正に関してはドイツのみならずわが国でも、学説上、これまで様々な問題提起や提言がなされてきた[2]。本書もこの課題に取り組むものであるが、ＺＰＯ一三八条一項（真実義務）に違反する主張・否認に有効に対処する（以下、「真実義務の実効化」とする）事案解明モデルを模索する点で、従来の議論とは異なる特徴を有する。真実義務自体も、わが国では従前より実効的な義務履行確保が問題とされてきた[3]。その意味で本書の試みは興味深い。

本書は本文だけで四七三頁に及ぶ大著であり、論点も多岐に亘る。それ故、そのすべてをここで詳細に紹介することは到底できない。むしろ、著者の提案する真実義務の実効性を確保する事案解明モデルとはいかなるものか、その理論的基盤は何かを中心に紹介する方が、本書の特徴が明らかとなるだろう。以下、かかる観点から本書の紹介を試みる。

なお、著者 Christian Gomille は、二〇一二年よりアウグスブルク大学の Juniorprofessor の職にあり、本書は二〇一五／一六年の冬学期に、教授資格論文としてミュンヘン大学に提出されたものである。

## 二　本書の問題意識と目的（第一部）

まず著者は情報問題の主因を、この問題により敗訴の危険を負う当事者（die risikobelasteten Partei. 以下「敗訴危険負担者」とする）の相手方（以下、単に「相手方」とする）が、真実義務（ZPO一三八条一項）に反する事実主張や否認をした場合に、これが適切に規制されない点にあるとみる。

例えば、敗訴危険負担者の事実主張を相手方が否認すると、敗訴危険負担者は自己の主張した事実を立証する証拠を提出する必要が生じる。もっとも、真実でないことを知ってする否認は禁じられる（ZPO一三八条一項）から、真実義務に反する否認は本来、訴訟で考慮されないはずである。ところが通説は、「いかなる当事者も相手方の訴訟追行がうまくいくよう助力する義務はない（nemo tenetur edere contra se. 以下便宜上、「nemo tenetur テーゼ」とする）」とする考えを広く認め、そのような否認を事実上適法なものとして扱う。そのため、真実に反して争われた事実の立証に必要な証拠が相手方の下にあると、敗訴危険負担者は敗訴してしまう（情報問題の発生・二1(1)、2も参照）。

かかる問題意識からすると、情報問題是正の鍵は真実義務の実効化にあるということになる。そこで本書は、ZPO一三八条一項で定められた真実義務の実効化を可能とする事案解明モデルを構築しようとする。

## 三　当事者の事案解明への寄与（第二部）

### 1　通説および通説以外の事案解明モデルにおける真実義務の等閑視（第二章・第三章）

著者はまず、上記の問題意識を敷衍する形で、通説とその対案である一般的事案解明義務論等の分析を行い、真実義務を基礎とした事案解明モデルを生み出す必要性を示す。

(1)　通説の事案解明モデルは「nemo tenetur テーゼ」の適用を広範に認めるが、著者はこの点に疑念を抱く。そこで「nemo tenetur テーゼ」と真実義務が抵触する領域を解明し、その本来の適用限界を探り、結論として次のようにいう。まず主張段階では、両者の抵触はない。原告による請求原因事実の主張が十分に具体化されることが、相手方の応答の前提だからである。ただし、「nemo tenetur テーゼ」が正当化される範囲は上記主張の十分性の程度に依存するが、通説は十分性につき明確な基準を提示していない点で問題がある。これに対し立証段階では、相手方が、自己の手元にある情報が自らの訴訟追行に負の影響を与えると認識していた、又は認識できたときに、敗訴危険負担者の主張を争う場合には、「nemo tenetur テーゼ」は適用しえないという。この場合にその適用を認めることは、主張段階での真実義務違反を容認することに他ならないからである。しかし通説は、この場合にも「nemo tenetur テーゼ」の適用を認め、真実義務違反を隠蔽してしまっている。

かかる真実義務違反の隠蔽は、情報問題を惹起させる。もちろん通説はその問題性を認識しており、第二次的主張責任や証明妨害の法理を用いて、立証段階での問題の緩和を図っている。しかし、これらはいずれも要件・効果が不明確であるだけでなく、そもそも「nemo tenetur テーゼ」と整合的でない。通説によれば、このテーゼの根拠は証拠法上の公平に求められ、第二次的主張責任や証明妨害は例外的な問題事例に対処するものとされる。しかし、ここでの問題は構造的なものであり、決して例外的な問題などではないと説く（第四節・第五節）。

(2)　ところで情報問題の是正には、敗訴危険負担者に必要な情報へのアクセスを保障する方策もありうる。米国民事訴訟（第六節）、一般的事案解明義務論（第七節）および社会的民事訴訟論（第八節）がそうである。これらの事案解明モデルは、真実義務の実効化に資するか。

後二者に対する著者の回答は否である。これらはいずれも、意図的な不真実主張を最初から訴訟で不顧慮とするものではなく、当事者に開示義務を課すことで情報問題を是正するものだからである。加えて、両者が基盤とする実体的真実の包括的探究は憲法上の要請として確立しておらず、当事者主導型の現行の手続構造とも齟齬が生じる点も問題であるという。

他方、米国民事訴訟については、discovery のない、pleading から直接 trial に移行する手続を仮定すると、ドイツ民事訴訟との類似性を見出せるという。そして米国民事訴訟の検討から、次の点が示される。まず、「nemo tenetur テーゼ」に相当するルールはない。次に、訴答の具体化基準の厳格化（notice pleading から Twomby/Iqbal へ）[4]が主張段階での情報問題を惹起させている。さらに立証段階での情報問題は、pre trial discovery における広範な開示義務で是正されるという。

**2**　真実義務を考慮した事案解明——理論の導出（第四章）

このように通説、一般的事案解明義務論及び社会的民事訴訟論は、いずれも真実義務を等閑視している。もっとも、これには相応の理由がある。これらによれば、真実義務違反の審査が可能となるのは、現実には当事者の主張が証拠から認定される客観的事実と相容れないことが判明したときなのである。しかしこの時点では、裁判所は客観的事実に基づいて判決をする（ZPO二八六条〔自由心証主義〕）ため、当事者の態度はもはや重視されない。

　従って真実義務の実効性確保には、客観的事実と関わりなく、（主観的）真実性の審査を可能とする事案解明モデルの構築が必要である。著者は、次にこの課題に取り組む。

（1）　ここで参考にされるのが、言明による不法行為（Äußerungsdelikt）の真実性審査に関する議論である。ある者の言明が、他者の一般的人格権を侵害した場合、被害者には言明者（Erklärende）に対する不法行為に基づく損害賠償請求が認められる（BGB八二三条一項、二項、StGB一八六条、BGB八二四条）。この場合、言明者の意見表明の自由と被害者の一般的人格権の調整が必要であるため、言明者が当該言明を真実でないと考えていた（以下、「主観的不真実」という）ことが責任要件として要求される。その判断は次のようになされる。(5)

　言明は、当初、主観的に不真実なものと仮定される。言明者がこの仮定を覆すためには、その言明の真実性を示す十分な根拠事実を摘示する必要があり、摘示がなければ不真実と扱われる。ただし、この摘示は当初は概括的な摘示でよく、完全な摘示は被害者が真実性を訴訟で争ってからでよい。言明者が十分な根拠事実を摘示すると、被害者の反論も十分な根拠事実により基礎づけられなければならず、これがなければこの反論は不真実と扱われる。以上の根拠事実は期待可能なものでなければならない（第九節）。

　この判断枠組みは、言明の客観的真実性を審査することなく、主観的真実性の判断を行う点にその特徴がある。それ故、言明者が十分な根拠事実を摘示しなければ、仮にその言明が客観的に真実であったとしても、主観的真実性が肯定される。これは、根拠のない言明を意見表明の自由の保護範囲外に置くことで、一般的人格権の侵害を未然に防ぐ必要があることを理由に正当化される。また、裁判心理学における供述分析手法（Nullhypthese. ゼロ仮定）(6)とこの判断枠組みを対比し、後者は前者を応用したものであるという（第一〇節）。

（2）　以上のような判断枠組みを著者は、ZPO一三八条一項での事実陳述の真実性の判断に応用しようとする。まず、訴訟外での言明と訴訟内での事実陳述の特徴的要素を抽出し、それがともに意見表明の自由と一般的人格権との調整を要する点にあることを確認する（第一一節）。他方、訴訟法は事実や証拠の提出に関し具体的主張責任や主観的証明責任を用意しているから、これらに代えて、あるいは補充して上記の真実性審査を認める根拠も問われる。著者はいう。これらのルールによっては、真実性の際に必要とされる意見表明の自由と一般的人格権との調整はできない。しかし、この調整は基本法上の要請である。それ故に、この調整が可能な上記判断枠組みを用いるべきである、と。なお著者は、訴訟経済上の観点から、事実陳述の真実性を争う別訴を認めていない（第一二節）。

(3)　以上から著者は、ここで課題とした事案解明モデルを次のように素描する。主観的に不真実である事実主張がなされると、これはＺＰＯ一三八条一項違反となる。事実主張は、真実であることを基礎づけるのに十分な、期待可能な根拠事実が提出されるまでは、同条項の意味で主観的に不真実であると仮定され、それらの提出があって初めて、真実と扱われる。またかかる事実主張に対する否認も、同様に扱われる。このように各陳述は根拠事実が備わって初めて、適格なものとなる。ＺＰＯ一三八条二項はそのように解釈される。このように陳述が主観的に不真実であるか否かは、客観的真実性の審査なしに判断される。

**3**　真実義務を考慮した事案解明――具体化（第五章）

続いて著者は、**2**(3)で素描した事案解明モデルを具体化する作業を行う。

(1)　まず検討されるのは、敗訴危険負担者が最初にする主張（Initialbehauptung. 以下「冒頭主張」とする）である。情報問題が生じる場合、冒頭主張の段階では、真実性に関する根拠事実はその者の知覚領域外にある場合が多い。そこで、この段階で要求される根拠事実は如何なるものかが探究される。

真実性に関する根拠事実を提出する必要性は相手方の反応に左右されるため、相手方が冒頭主張を否認したときに初めて生じる。それ故著者は、敗訴危険負担者は自己に要求される根拠事実をすべて陳述する必要はこの段階ではないという。その上で、冒頭主張における根拠事実の具体性の基準についてその手掛かりをアメリカ法に求め、notice pleading のそれに依拠する。つまり、訴訟物の特定と相手方の応答を可能とするのに十分な情報であればよいとする（第一三節）。

(2)　冒頭主張が上記の程度で具体的になされると、これに対する相手方の応答が問題となる。冒頭主張に対する相手方の否認の根拠事実は、冒頭主張と同程度具体的なものであればよい。そのような否認がなされると、敗訴危険負担者の冒頭主張は、ＺＰＯ一三八条一項の意味で主観的に不真実であると仮定される。

この仮定を覆すには、敗訴危険負担者は期待可能な根拠事実を提出する必要があり、これがなければ、この者の主張はZPO一三八条一項によって排斥される。ここでの期待可能な根拠事実とは、敗訴危険負担者が認識可能で、かつ入手が困難でないものである。敗訴危険負担者がかかる事実を提出すると、相手方の否認は主観的に不真実なものと仮定される。この仮定を崩すためには、相手方は期待可能な根拠事実を提出しなければならない。ここでの期待可能な根拠事実は、敗訴危険負担者の場合と基本的に同じである（第一四節）。

(3)　両当事者が期待可能な根拠事実を提出すると立証段階に移行するが、ここでも情報問題はなお残存する。確かに、相手方の否認にも根拠事実の摘示が要求されるから、敗訴危険負担者の立証活動は幾分容易になる。しかしなお多くの場合で[7]、事実関係の解明に必要な証拠を入手できないため、このことは敗訴負担当事者にとって僅かな助力にしかならない。

そこで立証段階での対処として著者が着目するのが、証明妨害の制度である。まず、証明妨害に関するZPO上の諸規定を分析し、これらは主張段階における真実義務違反の陳述の結果を立証段階で是正するものとみる。これを例えば、ZPO四四四条（文書の滅失の効果）でみてみよう。相手方が、四二三条（引用文書に基づく提出義務）に基づく義務を負うにもかかわらず、利用妨害の意図で文書を滅失させた場合、当該文書を引用してなされた陳述は、通常、真実義務に反するものである。というのも、ZPO四四四条はKann規定だが、通常、敗訴危険負担者に有利な効果が認められており、また同条の文書滅失が意味をもつのは、当該文書が敗訴危険負担当事者に有利に作用する場合に限られるからである。このように著者はZPO上の証明妨害の諸規定を、主張段階で真実義務違反がある場合を法定したものと理解する。それ故、相手方の証明妨害行為は、証拠評価に際して、敗訴危険負担者に有利に作用すると説く。

そしてこの理解を一般証拠法上の制度に展開する。つまり相手方が、主張段階で故意に真実に反してした否認を隠蔽するために証拠の提出を拒む場面で、一般に証明妨害を認める。具体的には、証拠が存在し、入手可能であるにもかかわらず、相手方がこれを開示しない場合や、文書作成義務があるにもかかわらず、相手方が故意に文書作成を怠った場合、さらに保管義務がある情報媒体を故意に譲渡、毀損等、利用不可能な状態にした場合である（第一五節）。

(4)　以上で示された事案解明モデルは、主張の真実性を基礎づける根拠事実の提出を要求するため、当事者の正当な秘密保護の利益との緊張関係が生じうる。そこで著者は当事者に対し、私的秘密ないし営業秘密として機密情報の開示を要求できない場合には、この情報は主張段階でも立証段階でも期待可能な根拠事実とはいえないという（第一六節）。

## 四　受訴裁判所の役割（第三部）

事案解明に関する当事者の義務と責任は、これに関する裁判所の権限と相互に関係する。そこで本書で提示された事案解明モデルが与える、事案解明に関する裁判所の権限への影響が最後に考察される。

⑴　まず議論の俎上にあげられるのは、①顕著な事実、②自白、③当事者からの主張のない事実が証拠から明らかとなった場合の処理、④等価値陳述といった、古くから両者の相互関係が議論されてきた場面である（第六章）。

①につき著者はＺＰＯ二九一条の顕著な事実を、法が認めた、当事者の陳述の真実性を基礎づける根拠事実と捉える。それ故、同条の意味での顕著性に反する自白等は考慮されない（第一七節）。また②に関して、当事者が真実でないことを知ってした自白等も、受訴裁判所を拘束するという。真実義務を、相手方が誠実な態度をとれば生じなかった情報問題から、敗訴危険負担者を保護するための制度と考える点に、その理由は求められる（第一八節）。

③については本書の事案解明モデルでも、当事者からの主張のない事実が証拠調べで明らかとなったとしても、これは原則として考慮されない。この場合、当事者の主張はいずれも根拠事実により基礎づけられているから、真実義務は問題とならない（第一九節）。また④に関しては、相手方が当該事実について客観的主張責任及び客観的証明責任を負う場合、又はこの事実がＺＰＯ一三八条二項により必要とされる否認の構成要素である場合には、一方当事者の援用は不要とする（第二〇節）。

⑵　次に本書で示された事案解明モデルが、裁判所の(i)一般的な実体的訴訟指揮（ＺＰＯ一三九条）、および(ii)当事者に事実の調査につき協力を命じる権限（一四一条以下）に与える影響が検討される（第七章）。この事案解明モデルにおいて真実義務は情報問題の是正手段として位置づけられ、裁判所の事案解明権限はその限りで認められる。つまり、当事者には陳述の真実性を基礎づける根拠事実の提出が義務づけられるから、実体的訴訟指揮や当事者の事実調査への協力命令は、

この事実との関係で肯定される。

以上のことから、(i)実体的訴訟指揮は、受訴裁判所が当事者に、必要に応じて冒頭主張の欠落点及び必要な根拠事実を指摘するものと位置づけられ、その制度目的は当事者の法適用に関する予測可能性の保障に求められる（第二一節）。また、(ii)当事者への事実調査への協力を命じる権限は、ZPO一三八条一項違反や証明妨害によって生じる消極的効果をかわすためのものと理解される（第二二節）。

## 五　若干のコメント

以上が本書の要約である。

かつて中野貞一郎博士は、真実義務の実効化の鍵は訴訟の基本構成にあると指摘されていた(8)。陳述が主観的真実に反していることは、通常、客観的真実が明らかとなった後に表明化する。また主観的真実の探求は、通常、困難な作業である。そしてこれらの原因は、現在の訴訟の基本的構成にある。本書は、客観的真実性の審査を経ることなく、真実性につき根拠事実を挙げさせることで真実義務違反を判断する枠組みを訴訟の構成に組み込むことで、この問題の解決を試みるものであり、真実義務の実効化の一方策として興味深い。

また本書の提案するモデルは、シュトゥルナー教授の一般的事案解明義務論、あるいは社会的民事訴訟法論とは異なり、客観的真実の探究を志向するものではない。つまり、「nemo tenetur テーゼ」の適用を真実義務と抵触しない範囲に限定し、真実義務の実効化を図る判断枠組みを提案する。その枠組みの中で当事者は、自らの陳述の真実性を基礎づける根拠事実の提出を要求され、このような根拠事実の提出が、結果として事案解明に一定程度寄与することになる。また証明妨害を、真実義務に反する陳述の結果を立証段階で是正するための制度と捉え、裁判官の自由心証の中で考慮する。その意味で、当事者の主体性を維持しつつ、情報問題への対処を明文規定が存在する真実義務を基盤に統一的に説明しようとする試みといえよう。もっとも、当事者の各陳述にその真実性に係る根拠事実を要求することが、手続を重くすることにならないかは気になるところである。また本書の事案解明モデルにおける情報問題への実効的な対処は、最終的には証明妨害の理論が決め手となる。本書の証明妨害に関する理解が情報問題への有効な対処となるのか、より詳細に検証する必要があろう。この点は他日を期したい。

(1)　本書で「情報」とは、自己に有利な事実の認定を受けるために必要な情報をいう。これには主張の具体化に必要な事実や主張を立証するための証拠を含む。

(2) わが国の議論状況については、八田卓也「事実認定と証明」法時八二巻二号（二〇一〇年）三四頁以下の整理が簡にして要を得ている。またいわゆる事案解明義務論との関係では、越山和広「訴訟審理の充実・促進と当事者の行為義務」民訴雑誌五七号（二〇一一年）一一一頁以下の整理・分析が有益である。

(3) 例えば、中野貞一郎「民事訴訟における真実義務」同『過失の推認』（弘文堂・一九七八年）一五三頁、一六九頁以下。最近のものとして、三木浩一＝山本和彦編『民事訴訟法の改正課題』（有斐閣・二〇一二年）六頁以下。

(4) この点に関する邦語文献として、太田幸夫「アメリカ法におけるプリーディング要件論の新たな展開」比較法文化一九号（二〇一一年）七九頁がある。

(5) この要件及び判断枠組みは連邦憲法裁判所の一連の判例において形成されたものであるが、その集大成的な意義を有するものとして、ヘルンバイン決定がある。同決定については、上村都「一般的人格権と意見表明の自由――ヘルンバイン決定」自治研究七七巻一号（二〇〇一年）一二八頁に紹介がある。

(6) これは供述の信用性を当初はゼロと仮定して、これを明らかとなった事実で検証することで、信用性の有無を判断する手法のことをいう。

(7) 当事者の知覚領域外の事実や消極的事実などが問題になる場合が挙げられる。

(8) 中野・前掲注(3)一七三頁以下。

《海外学界事情》

# 国際手続法学会ウィーン大会に参加して

芳賀雅顯
（慶應義塾大学教授）

## 一　はじめに

二年に一度開催される国際手続法学会の大会（Tagung der Wissenschaftlichen Vereinigung für Internationales Verfahrensrecht e.V.）が、二〇一七年三月一五日から一八日までウィーン大学法学部の運営によって、オーストリア最高裁判所会議場を大会会場として開催された。この学会は、ドイツ法系の研究者を中心とする民事手続法に関する国際学会である。

三月一五日（水）は、ホーフブルクに近い、ウィーナー・レンフェライン（Wiener Rennverein）において、ビュッフェ形式で一九時からレセプションが行われた。

大会での報告そのものは、三月一六日（木）および一七日（金）の二日間にわたって行われた。今回の大会は二つの大きなテーマの下で報告がなされた。初日の統一報告テーマは国際倒産を内容とするもので、二日目は訴訟法の比較法的方法論に関するものであった。また、初日の最後に、ＥＵにおける各種機関の法制定に関する報告がなされた。

参加者の数は、大会二日目に配布された参加者リストによると七七名であった。参加者が所属する大学の所在地国は、オーストリア、ドイツ、スイスはもちろん、イタリア、スペイン、ハンガリー、ギリシャ、ブルガリア、リトアニア、アメリカ合衆国、トルコ、そして日本と多様であった。日本からは、安西明子会員（上智大学）、小田　司会員（日本大学）、酒井　一会員（名古屋大学）、本間靖規会員（早稲田大学）、村上正子会員（名古屋大学）、吉田元子会員（関西学院大学）、渡辺惺之会員（大阪大学）、渡部美由紀会員（名古屋大学）および筆者の九名が参加した。日本からの参加者の数は、ドイツ語圏以外では最も多いものであった。

## 二　大会報告の内容

### 1　大会初日

まず、三月一六日（木）は、八時から九時まで参加登録時間が予定された。九時を回ってしばらくしてから後に、会長のブルクハルト・ヘス教授（ルクセンブルク・マックスプランク手続法研究所所長）、オーストリア最高裁副所長エリザベート・ロブレク氏、ウィーン大学パウル・オーバーハンマー教授による挨拶があり、その後に報告が始まった。

初日は、国際倒産に関するもので、二〇一五年改正ヨーロッパ倒産規則と一九九七年ＵＮＣＩＴＲＡＬモデル倒産法をテーマとするものであった。

第一報告は、ラインハルト・ボルク教授（ハンブルク大学）による、「適用範囲、国際倒産管轄および主・従手続の協調に関する諸問題」と題する報告であった。本報告は、ヨーロッパ倒産規則とモデル法は、一方は拘束力ある規則で他方はソフト・ローであることを度外視すると、指針となる諸原則において共通する点が多いこと（たとえば、普及主義、相互信頼、協調性、法的確実性など）、他方で、モデル法では国際倒産管轄、準拠法ルール、グループ企業倒産、あるいはデータ保護に関する規律がないことを明らかにした。また、国際倒産管轄原因としての「主たる利益の中心地（ＣＯＭＩ）」という概念について、倒産規則とモデル法が相互に影響を及ぼしあっていることが指摘された。

第二報告は、クリスチャン・コラー教授（ウィーン大学）による、「管財人と裁判所間のコミュニケーションと取り決め、コンツェルン倒産の協調」と題する報告であった。グループ企業の倒産における、管財人間や裁判所との意見交換、そしてプロトコルに焦点をあてたものである。本報告では、関係者間の協力義務の下で国際倒産手続は実施されるべきであるが、主として関係者の善意を基礎において手続の協調を図るこの方法は、その実現に際して困難を伴うものであることが述べられた。この関係で、プロトコルにおいて管轄条項あるいは仲裁契約を定めることが可能なのかという問題提起を行っている。しかし、改正ＥＵ倒産規則六条や仲裁適格との関係で困難であるとしている。他方、本報告は、グループ企業の倒産において当事者自治を広く認める可能性を示唆している。

第三報告は、フランコ・ロランディ教授（ザンクト・ガレン大学）による「スイスの視点」と題する報告であった。スイスは国際倒産について、EUおよびUNCITRALの動きとは異なる独自の道を歩んできたが、現在、一九八七年スイス国際私法典第一一章で規定されている国際倒産に関するルールを改正する動きがあることが報告された。

大会報告初日の最後は、「ブリュッセル、ウィーン（ヨーロッパ法律協会）およびベルリンにおける現在の発展状況に関する報告」と題する、ヨーロッパの関係諸機関による法制定に関する情報提供がなされた。まず、ブリュッセル（EU）からは、司法消費者総局のパル・シラーニ氏が、国際倒産に関するUNCITRAL第五作業部会にEUがついに参加したことなどについて報告がなされた。つぎに、ウィーンからは、ヨーロッパ法律協会（ELI）の最近の作業についてクリスティアーネ・ヴェンデホルスト教授（ウィーン大学）が報告をした。その中では、とくに国境を越えた民事訴訟原則に関するヨーロッパ法律委員会による法統一プロジェクトや、倒産法における事業救済に関するプロジェクトが進行中であることの報告がなされた。最後に、ベルリンからは、ドイツ連邦司法省トーマス・ラウト博士が、ブリュッセル（Ⅱa）規則改正、ドイツにおける人権訴訟、および連邦司法消費者保護省による国際私法および国際民事手続法の領域における改正草案（ドイツ民法施行法八条に代理に関する抵触規定を新たに盛り込むと共に、とくに送達について非EU構成国との司法共助を向上させることを目的とする改正案）の動向について報告がなされた。

## 2　大会二日目

大会二日目は、訴訟法の比較法的方法論に関するものであった。

まず、ブルクハルト・ヘス教授（ルクセンブルク・マックスプランク手続法研究所）による、本テーマに関する導入的説明がなされた。そこでは、比較訴訟法の方法論に加えて、ドイツ民事訴訟法改正に与えるオーストリア上訴法の影響について注意が向けられた。

第一報告は、シュテファン・フーバー教授（ハノーファー大学）による、「こんにちにおける比較訴訟法」と題する報告であった。本報告は、比較法の調査および方法論全般に関する現状だけでなく、いくつかの具体的テーマ、たとえば、法廷地法原則、私権の実現を担う手続法の補完機能的性質、裁判官の裁量の範囲や国家の果たす中心的役割といったテーマに関する訴訟法の比較についての報告であった。

第二報告は、フェルディナンド・ガスコン・インシャウスティ教授（マドリード・コンプルテンセ大学）による、「ヨーロッパ連合における比較訴訟法」と題する報告であった。本報告は、ＥＵにおける比較訴訟法の果たす役割や各国に及ぼす影響、その中で、とくにヨーロッパ司法裁判所とヨーロッパ人権裁判所の判例の重要性を強調するものであった。

第三報告は、マーガレット・ウー教授（ノースイースタン大学）による、「国際的視点」と題する報告であった。本報告は、アメリカおよび中国の視点からの比較訴訟法、とくに外国法の適用との関係についてなされた。それによると、アメリカ合衆国においては、最近、〝外国法の適用禁止 Foreign Law Bans〟と呼ばれる保護主義的な傾向が看取されるとし、具体的には、準拠法として指定された外国法が適用されるのは、その準拠法所属国の法制度を全体として評価したときに、アメリカ合衆国における基本的権利に反しない場合に限られるとする立法を行う州が増加しているとのことであった。これの公序条項が直接の対象としているのは、イスラム法とされており、近年の移民問題を反映したものといえる。本来、公序則の発動は当該外国準拠法を適用した場合に生じる適用結果の反公序性が問われるべきところ、前述の州法の傾向は、それにとどまらず、準拠法所属国の法体系全体を比較して外国法の適用の可否を判断するため、外国法の適用が否定される局面がかなり広く認められることになる。本報告は、ＥＵにおけるローマ（Ⅲ）規則も、離婚要件の準拠法に関して同様の傾向を看取することができ、今後のヨーロッパ司法裁判所の解釈が注目されるとしている。

## 三　総　会

大会二日目のすべての報告が終わった後で総会が開かれ、会計報告などが行われた。次回開催地については、総会の席上、具体的な地名は挙げられなかったが、総会終了後に役員の一人と話したところ、ハンブルクが有力な候補地とのことであった。また、総会では会員逝去の報告もなされた。亡くなられた会員名が読み上げられた後に（その中には、本学会の会員でもあられた、石川明・慶應義塾大学名誉教授、中野貞一郎・大阪大学名誉教授も含まれていた）、参加者は全員起立し、黙祷を捧げた。

## 四　その他

三月一八日（土）は、スペイン乗馬学校の観覧、そしてデーメルで昼食の後にすべての日程が終了した。

【付記】　本報告は、科研費16H01990（研究代表者・酒井一名古屋大学教授）に基づく成果の一部である。

# 国際訴訟法学会（ＩＡＰＬ）二〇一七年天津大会について

金　春
（同志社大学准教授）

## 一　はじめに

二〇一七年の国際訴訟法学会（International Association of Procedural Law）の小大会（Colloquium）が一一月八日から一〇日の日程で、中国の天津大学にて開催された。当初予定された北京での開催が直前に開催された中国共産党中央委員会全体会議との関係で困難になるハプニングもあったが、主催校である天津大学や関係諸機関による全面的なバックアップもあって無事に開催された。

本大会の全体テーマは、「比較の視点からみる裁判運営・手続管理（On Judicial Management from Comparative Perspective）で、後述の五つのセッション・テーマに分けて議論が行われた。開催校の天津大学の発表によると、参加者は全体で約二五〇人、フランス、イギリス、アメリカ、オランダ、ブラジル、チリ、ロシア、日本および韓国などの外国からの参加者が約四〇人であった。日本からは、三木浩一教授（慶應義塾大学）、大村雅彦教授（中央大学）、出口雅久教授（立命館大学）、韓寧准教授（桐蔭横浜大学）、小田美佐子准教授（立命館大学）および筆者の合計六名のほか、数人の大学院生が参加した。

## 二　大会の概要

大会第一日目（一一月八日）は、午後二時から、オープニング・セッションが行われた。天津大学の張衛平教授（中国民事訴訟法学会会長）の司会の下、Chen Jiping（中国法学会常務副会長）、Loic Cadiet 教授（国際訴訟法学会会長、フランス・パリ第一大学）、舒歌群（中国・天津大学党委員会常務副書記）、孫佑海教授（中国・天津大学）、程新文（中国・最高人民法院民事第一部部長）の順で、挨拶と謝辞があった。

休憩の後の第一セッションのテーマは「基調報告」であった。Eduardo Oteiza 教授（アルゼンチン・La Plata 国立大学）の司会の下、まず、李浩教授（中国・南京師範大学）により、中国の裁判所における審理期限や証拠提出時期等についての報告がなされた。次に、孫漢奇教授（韓国・延世大学）により、韓国の裁判所における電子化改革等が報告された。次の Margaret Woo 教授（アメリカ・Northeastern 大学）の報告では、裁判所の事件管理においては効率性を求めてＡＤＲの利用を過度に強調するのは危険であり、効率性と裁判の手続的公正とのバランスを図ることが重要であるとの指摘があった。続く Remco Van Rhee 教授（オランダ・Maastricht 大学）の報告では、効率的な事件処理のためには関係当事者者間の連携や協力が不可欠であることが指摘された。最後の Antonio do Passo Cabral 教授（ブラジル・Rio de Janerio 大学）は、合意による手続の進行契約等に関する報告を行った。質疑応答では、電子化の長所と限界、当事者間の連携や協力等をめぐって活発な議論が行われた。

大会第二日目（一一月九日）は、第二および第三セッションが行われた。

まず、第一セッションでは「事件管理」（case management）のテーマが扱われ、陣剛教授（中国・華東政法大学）の司会の下、王福華教授（中国・上海財政大学）により「中国における民事事件管理の歴史と展望」について、John Sorabji 教授（イギリス・ロンドン大学）により「事件管理についての考察」について、それぞれ報告がなされた。王教授は、口頭弁論の準備手続の管理、裁判所と当事者間および裁判官と弁護士間の連携や協力、ＩＴ技術の積極的利用およびインターネット裁判所の設立等について、中国の現状を紹介した。Sorabji 教授の報告では、事件管理の目的、裁判官と当事者間の均衡、少額訴訟等事件の性質に見合った手続種類の選択や利用、集団訴訟の事件管理等について考察が行われた。質疑応答では、イギリスの商事法廷において最近導入された裁判官のアシスタントの制度や事件の性質に見合った手続選択の基準等について議論が行われた。

第三セッションでは、「裁判所の運営」（court management）のテーマが扱われ、出口雅久教授（日本・立命館大学）の司会の下、傅郁林教授（中国・北京大学）により「変革期における裁判所の運営」について、Emmanuel Jeuland 教授（フランス・パリ第一大学）により「裁判所の運営の新たなあり方」についての報告が行われた。傅教授は、中国の裁判所の内部組織、裁判官および裁判所職員等の選任、昇進、業績評価、懲罰、解雇制度について紹介し、裁判官の独立を推進する改革と残された問題点を指摘した。Juland教授は、中国以外の一五か国の国から寄せられた裁判所の運営についての状況について分析した上で、訴訟遅延やハイコスト問題等に対応するために業績評価システムを強化することは裁判官の自主・独立を害する恐れが大きく、裁判所の運営のあり方としては、裁判所書記官の権限拡大などの裁判官と職員の連携や裁判官と弁護士、当事者の連携が強化されるべきであると指摘した。質疑応答は、非訟事件の管轄、裁判官と職員、専門委員との連携の具体的なあり方等について議論が交わされた。

大会第三日目（一一月一〇日）午前の第四セッションでは、「裁判所の組織と構成」（Structure of Court System）をテーマとして、呉英姿教授（中国・南京大学）の司会の下、Peter C. H. Chan准教授（香港・香港City大学）により「事件管理の視点からみる裁判所の組織と構成」について、Alvaro Perez Ragone教授（チリ・北カトリック大学）とRamon Garcia教授（チリ・Concepcion カトリック大学）により「裁判所の組織・構成と事件管理」について、それぞれ報告がなされた。Chan准教授は、中国大陸、台湾地区、マカオ地区および香港の四つの地域における裁判所の組織について、事件管理の観点から考察した上で、すべての地域において、専門裁判所、少額訴訟、ADRの活用等の共通の傾向がみられるが、上訴制度については、中国大陸における上訴要件が他の地域と比べて緩やかであることを指摘した。Ragone教授の報告では、裁判制度の改革は、裁判所への容易なアクセス、国民の信頼の向上、効率性の向上などの総合的な目標の達成が図られるべきであることが指摘された。質疑応答では、上訴の制限のあり方や家事審判のあり方などをめぐって活発な意見交換が行われた。

午後の第五セッションでは、「事実認定と法的推論」（Fact-finding and Legal reasoning）をテーマとして、Margaret Woo教授（アメリカ・Northeastern大学）の司会の下、張保生教授（中国・中国政法大学）と巩漢賓講師（中国・河南財経政法大学）により「法的推論における事実認定」について、Alan Uzelac教授（クロアチア・Zagreb大学）により「事実認定と事件管理」について報告がなされた。Uzelac教授は、クロアチアの民事訴訟における当事者対抗主義への転換、時期に遅れて提出された証拠の扱いなどについて、考察を行った。質疑応答では事実認定における鑑定人等の専門家の役割および裁判官との役割分担などをめぐって、活発な意見交換が行われた。

閉幕式では、Cadiet 教授（国際訴訟法学会会長、フランス・パリ一第一大学）と孫佑海教授（中国・天津大学）より、総括と閉会のあいさつがあった。Cadiet 教授は、民事訴訟における手続管理の重要性を指摘し、「管理」の意味については国ごとに異なっているところ、関係当事者間の連携と協力が一つの重要な指標であることを強調した。

## 三　おわりに

次回二〇一八年の国際訴訟法学会の小大会は、スペインで開催される予定である。なお、国際訴訟法学会では、四年に一回は通常の年次大会より大規模な世界訴訟法会議（World Congress）を催しており、次回の世界訴訟法会議大会は二〇一九年に日本の神戸で開催される予定である。

《追悼文》

# 中野貞一郎名誉会員（元理事長）のご逝去を悼む

本学会名誉会員　元理事長　大阪大学名誉教授　日本学士院会員　中野貞一郎先生は、平成二九年二月二〇日、ご自宅において周夫人らご家族に見守られつつ天国に旅立たれました。享年九一歳。葬儀は先生の御遺志により、ご家族のみにて執り行われました。中野先生が法学界及び本学会のために尽くされた数々のご功績を偲び、僭越ながら一文を献じさせていただきます。

中野先生は、大正一四年六月二四日、大阪府でお生まれになり、旧制の浪速高等学校を経て、昭和二四年三月東京大学法学部法律学科を卒業されました。大阪大学助手、司法修習生を経て、昭和二八年四月に大阪大学法学部講師となられ、研究者の道へと進まれました。同年一二月に同助教授、昭和三七年一二月に同教授に就任され、平成元年三月同大学を定年御退官されました。この間の昭和三九年六月から一年あまりドイツ・ザールラント大学法経学部の客員教授として招聘を受けられました。また、学生運動が先鋭化していた昭和四四年一二月から昭和四六年三月まで大阪大学法学部長をお務めになり、学生対応・紛争収拾に当たられました。本学会においては、雑誌担当理事、総務担当理事をされたうえ、昭和五五年から昭和五八年まで理事長をお務めになりました。さらには、法制審議会幹事、司法試験考査委員、法制審議会民事訴訟法部会委員、法制審議会強制執行制度部会委員、税制調査会特別委員、最高裁判所民事規則制定諮問委員会委員、法学・政治学視学委員（高等教育局）、法制審議会司法制度部会委員、日本学術会議会員、社団法人大阪日独協会理事などの重職を歴任されました。大阪大学を御退官後、平成元年四月から平成一三年三月まで奈良産業大学法学部教授をされ、その間の平成三年九月から平成四年九月まで同学部長をお務めになりました。この間にも最高裁判所一般規則制定諮問委員会委員、法制審議会委員、財団法人法律扶助協会大阪支部理事、社団法人国際商事法研究所理事などを歴任されました。平成一〇年一二月には日本学士院会員に選ばれ、最晩年まで毎月一回東京での会議にご出席になっていました。京都産業大学に法科大学院が設置された平成一六年四月に同大学法科大学院教授となられ、平成一九年三月に同大学をご退職されました。その後も、平成一九年及び平成二〇年に大阪大学大学院高等司法研究科（法科大学院）において教鞭を執られました。

仮にも「弟子」と名乗らせてもらうことをお許しいただけるのであれば、不肖の弟子でしかない私が中野先生の御研究について述べることができるのは、ほんの少しだけです。中野先生の研究上の御業績については、本学会会員のみなさま方が広く、また、深くご存じのことと思います。中野先生のご研究は、民事訴訟法から倒産法までの民事手続法全般にわたるだけでなく、司法制度や憲法と民事手続法との関係にまで及びました。その成果は、論文集『訴訟関係と訴訟行為』（弘文堂、昭和三六年）、『強制執行・破産の研究』（有斐閣、昭和四二年）、『判例問題研究　強制執行法』（有斐閣、昭和五〇年）、『過失の推認』（弘文堂、昭和五三年）、『民事手続の現在問題』（判例タイムズ社、平成元年）、『民事訴訟法の論点Ⅰ』（判例タイムズ社、平成六年）、『民事訴訟法の論点Ⅱ』（判例タイムズ社、平成一三年）、『民事裁判小論集』（信山社、平成二五年）、『民事執行・執行法の世界』（信山社、平成二八年）に集成されています。これらは、法学界だけではなく、法律実務界にも大きな影響を与えました。なかでも、四〇年以上前に中野先生が提言された医療の特殊性を考慮した訴訟審理のあり方が、現在、裁判実務の中で実現されているのをみると、先生の御慧眼に敬服するばかりです。中野先生が新しい分野である医療関係訴訟に取り組まれたのは、奥様の周先生が眼科医でいらっしゃったこととも関係があるでしょうが、日本の学界・実務界にとってまことに幸いであったと思います。中野先生が御研究の初めから最終盤まで取り組まれたテーマは、「相殺の抗弁」です。助手論文のテーマとされたのを皮切りに、数々の御論文を公表されたうえ、大阪大学における米寿の記念講演（平成二五年）でもこのテーマでお話になりました。相殺の抗弁は、実体法との境界線上にある問題で、中野先生以前の研究者には敬遠されてきた分野でしたが、先生は、民事手続法におけるこの問題について解明されました。また、かつて、強制執行制度において、理論と実務との乖離を目の当たりにされた先生は、実務に対する理解と敬意を前提に、主著『民事執行法』（青林書院、初版は昭和五八年）を著されました。その後も、民事執行法の改正、民事保全法の制定や新しい判例が生まれるたびに改訂を重ねられ、他の追随を許さない金字塔を打ち立てられました。さらには、ドイツの学界との交流を拡大・深化する基礎を築かれてこられました。これらのご業績により、昭和六二年二月には、ドイツ・ザールラント大学から名誉法学博士の学位を、平成八年六月には、ドイツ連邦共和国からドイツ功労十字勲章を、平成一一年一一月には勲二等旭日重光章を授与されました。

教育者としての中野先生は、大阪大学・奈良産業大学・京都産業大学での教育のほか、大阪市立大学、九州大学などでも非常勤講師を務められ、多くの法曹実務家や民事訴訟法研究者の養成にも尽力されました。中野先生のゼミは、いつも人気があり、学生が申込み前日から教務係の前に座り込んで順番待ちをしたという話も伝わっております。先生は、学生一人一人の適性を見極められ、それぞれに応じたアドバイスをしてくださいましたので、学生は、「自分ひとりが先生にかわいがられている」と誤解するほどでした。また、民事訴訟法教材の作成にも力を入れられました。編著者のお一人として、『民事訴訟法講義』（有斐閣、昭和五一年）はじめ、現在でも定番となっている体系書や演習本などを世に送り出されました。その後も、奈良産業大学を御退職後に『民事裁判入門』（有斐閣、平成一四年）を、京都産業大学を御退職後に『民事執行・保全入門』（有斐閣、平成二二年）を上梓され、多くの法学部生や法科大学院生に民事手続法の奥深さ、面白さを伝えられました。また、研究を志望する者だけでなく、勉強したいという意欲のある者であれば、大学院に受け入れるべきであるとして、司法試験や公務員試験の受験希望者にも大学院進学の道を開いてくださいました。そのおかげで、私も大学院において勉強の機会を与えていただき、学部のゼミに続いて先生のご指導を受ける幸せに浴しました（「実務に影響を与える研究をしなさい」とのお言葉をいただきながら、それをまったく果たせないでいるうちに、中野先生は旅立たれてしまいました。先生には申し訳ない限りです）。

また、大学での教育だけではなく、本学会関西支部研究会や関西民事訴訟研究会での鋭い質問や研究会後の懇親会などにおける数々のお話等を通じて、多くの後進や実務家が有益なご指導をいただきました。中野先生が平成七年に古稀を迎えられたときには、先生の薫陶を受けた研究者、実務家が執筆した古稀記念祝賀論文集『判例民事訴訟法の理論（上）（下）』（有斐閣、平成七年）を献呈することができました。中野先生の米寿のお祝いには、一二〇名を超えるゼミ生や法律相談部のＯＢが集いました。また、昨年九月に行われた中野先生を偲ぶ会には、一五〇名を超える研究者、ゼミ生等が先生とのお別れにみえました。あらためて中野先生のお人柄、ご業績を思わずにはいられませんでした。

平成三〇年度大会のミニ・シンポジウムのテーマは「強制執行法制の改正問題」です。中野先生が開拓された分野で大きな木が育ち、確実に成熟していく様を見守っていてくださると思います。

中野貞一郎先生より賜った御指導に深甚感謝しながら、先生のご冥福を謹んでお祈り申し上げます。

下村　眞美

# 学会雑報

## 一　日本民事訴訟法学会大会

平成二九年度大会（第八七回）は、五月二〇日（土）、二一日（日）の両日にわたり、千葉大学を開催校として、西千葉キャンパスけやき会館大ホールにおいて、開催された。個別報告、シンポジウムは次のとおりである。

Ⅰ　個別報告　（二〇日一四時～一七時二〇分、二一日一〇時～一二時）

⑴　民事再生手続の機能と事業の再生

北島（村田）典子（成蹊大学）

司会　田頭　章一（上智大学）

⑵　共有物分割訴訟の再構築

秦　公正（中央大学）

司会　山本　和彦（一橋大学）

⑶　争点整理における口頭議論の活性化について

佐久間健吉（東京地方裁判所）

司会　中山　孝雄（東京地方裁判所）

⑷　既判力とその補完法理に関する一考察

川嶋　隆憲（熊本大学）

司会　大村　雅彦（中央大学）

Ⅱ　シンポジウム　（二一日一三時～一六時二〇分）

「倒産法と優先順位」

司会　松下　淳一（東京大学）

⑴　弁済による代位における求償権および原債権の倒産法上の優先順位

近藤　隆司（明治学院大学）

⑵　民事再生手続における別除権協定の位置づけ

倉部　真由美（法政大学）

⑶　相殺期待の合理性について

藤本　利一（大阪大学）

## 二　総会議事　（二一日一二時〇五分～一二時三六分）

二一日午前の個別報告終了後、千葉大学西千葉キャンパスけやき会館大ホールにおいて総会が開催され、以下の諸件が上程された。

(1)　平成二八年度会計報告の件

酒井一会計担当理事より、配布資料（決算報告書・財産目録）に基づき、平成二八年度一般会計および国際学術交流A会計・B会計の決算報告がされた。引き続き、堤龍弥監事より、萩澤達彦監事とともに監査した結果、いずれも適正と認める旨の監査報告があり、いずれも異議なく承認された。

(2)　役員交代の件

山本克己理事長より、菅野雅之理事（最高裁判所事務総局民事局長）が平成二八年六月二五日付で異動されたことに伴い、慣例に従って、後任として平田豊会員（最高裁判所事務総局民事局長）に菅野理事の残任期間について総務担当理事にご就任いただくことが役員会で決定されたので、事後承認をお願いしたい旨の提案があり、異議なく承認された。

(3)　名誉会員推挙の件

山本理事長より、役員会の決定に基づいて、松本博之会員（大阪市立大学名誉教授）および佐上善和会員（立命館大学名誉教授）を本学会の名誉会員に推挙したい旨諮られ、満場一致で承認された。その後、松本会員および佐上会員から挨拶があった。

(4)　次回平成三〇年度（第八八回）大会および次々回平成三一年度（第八九回）大会の件

山本理事長より、次回および次々回の大会について以下の提案があり、了承された。

①次回大会（平成三〇年度・第八八回）は、平成三〇年五月一九日（土）および二〇日（日）に、熊本大学を開催校として開催する。大会第一日目午後および第二日目午前に四名の会員に個別報告をお願いする。大会二日目にミニ・シンポジウムを実施する。ミニ・シンポジウムのテーマは「強制執行法制の改正問題」とし、取りまとめ役を笠井正俊会員（京都大学）にお願いする。

②次々回大会（平成三一年度・第八九回）については、東日本の大学（役員改選期のため慣例に従い首都圏）で開催することを予定している。

(5)　民事訴訟雑誌編集の件

山本理事長より、民事訴訟雑誌の編集状況について、以下のとおり報告があり、了承された。

①民事訴訟雑誌六三号は本年（二〇一七年）三月に刊行され、すでに配布済みである。

②六四号（二〇一八年三月刊行予定）は、通常号として、

本大会の記録等のほか、論説三本等を掲載する予定で、編集を進めている。

③六五号（二〇一九年三月刊行予定）も、通常号として編集する予定である。

(6) 国際学術交流の件

①国際交流委員の委嘱

山本理事長より、昨年の総会において理事長および総務担当理事に一任された国際交流委員会委員の委嘱について、国際交流担当理事を委嘱した名津井吉裕、山本和彦両理事のほか、大濱しのぶ、大村雅彦、岡正晶、金炳学、園田賢治、高田賢治、菱田雄郷、水元宏典の各会員にお願いすることとし、理事長がこれに加わって委員会を構成し、委員の互選で山本理事長が委員長に選任された旨の報告があり、了承された。

②二〇一九年の世界訴訟法会議（国際訴訟法学会世界大会）の日本開催

山本理事長より、二〇一九年に世界訴訟法会議を日本で開催することについては、「国際訴訟法学会二〇一九年世界大会組織委員会」が組織されて準備を進めているところ、本学会が共催者となることが昨年の総会で了承されたことを受けて、昨年一〇月八日の国際交流委員会および役員会で、国際学術交流基金A会計から昨年度一三〇万円を支出すること、本第八七回大会の開催案内に会員への募金の依頼書を同封することなどを決定して昨年度中にこれらを執行し、また、本年五月二〇日の国際交流委員会で組織委員会がその後も順調に準備を進めていることを確認した旨の報告があり、了承された。

なお、世界訴訟法会議の開催期間は、昨年の総会の段階では二〇一九年一一月一日から五日までの五日間と予定されていたところ、その後の組織委員会の検討に基づき、会期を同月二日（土）から五日（火）までの四日間とすることとされたが、これは、一日に予定されていたオープニングセレモニーについて時間を短縮して二日に実施することにした結果であり、大会の本体部分であるセッションが二日から五日までであることは従来の計画と変更がなく、また、開催場所は神戸・ポートピアホテル、全体テーマは、“Challenges for Civil Justice As We Move Beyond Globalization and Technological Change”（「グローバリゼーションと技術革新を越えて進む民事司法の挑戦」）と予定されている旨が付言された。

## 三　訃報

本年度に、左記の会員の方々のご逝去の報に接しました。謹んで哀悼の意を表します。

須藤正彦会員（弁護士、元最高裁判所判事）は、平成二八年一一月五日に逝去されました。享年七三歳でした。

中野貞一郎名誉会員（本学会元理事長、大阪大学名誉教授）は、平成二九年二月二〇日に逝去されました。享年九一歳でした。

椎橋邦雄会員（山梨学院大学教授）は、平成二九年四月一八日に逝去されました。享年六七歳でした。

田尾桃二会員（元仙台高等裁判所長官）は、平成二九年一〇月三一日に逝去されました。享年九〇歳でした。

萩原金美会員（弁護士、神奈川大学名誉教授）は、平成二九年一一月九日に逝去されました。享年八六歳でした。

林屋礼二会員（東北大学名誉教授）は、平成三〇年一月六日に逝去されました。享年八七歳でした。

## 各地研究会だより

（二〇一七年一月一日から同年一二月末日までの報告を登載しています。）

### ▼日本民事訴訟法学会関西支部研究会

◎連絡場所　〒五三〇―〇〇〇四　大阪市北区堂島浜一丁目四番一六号　アクア堂島西館二階　きっかわ法律事務所内　日本民事訴訟法学会関西支部

【研究報告】

外国国家発行（ソブリン）の円建て債券（サムライ債）の償還請求訴訟における債券管理会社の任意的訴訟担当の許容性―最判平成二八年六月二日民集七〇巻五号一一五七頁の検討―」　八田　卓也（神戸大学）

「労働審判と民事訴訟の審理のあり方」　菊井　一夫（大阪地方裁判所）

「倒産法と優先順位」　［司会］松下　淳一（東京大学）

「弁済による代位における求償権および原債権の倒産法上の優先順位」　近藤　隆司（明治学院大学）

「民事再生手続における別除権協定の位置づけ」　倉部　真由美（法政大学）

「相殺期待の合理性について」　藤本　利一（大阪大学）

「確定判決の効力を受ける第三者の救済方法について―会社組織関係訴訟の事例を中心として―」　吉垣　実（愛知大学）

「遺留分減殺請求権の効力の見直しに伴う裁判手続の在り方及び遺言執行者の当事者適格に関する検討―法制審議会民法（相続関係）部会の議論から―」　安部　将規（弁護士）

「合意に相当する審判（家事事件手続法二七七条）の理論と運用」　今津　綾子（東北大学）

「建物収去・土地明渡請求訴訟係属中に当該建物が売買された場合の訴訟上の取扱い」　村上　博一（弁護士）

「任意的訴訟担当者の和解権限」　堀野　出（九州大学）

「離婚訴訟の長期化の要因と審理充実について」　園部　伸之（大阪家庭裁判所）

「民法（債権法）改正が民事訴訟法に及ぼす影響についての一考察―特に、錯誤、危険負担について―」　堀　清史（龍谷大学）

「捜査機関が所持する解剖関係の鑑定書の文書提出命令」　宮﨑　朋紀（大阪地方裁判所）

「ドイツにおける動産執行―財産開示制度の改正を中心として」　ペーター・ゴットヴァルト（レーゲンスブルク大学）
Prof. Dr. Dr. h.c. Peter Gottwald
【通訳】出口　雅久（立命館大学）

「第三者詐害再審について」
山本　弘（神戸大学）

「建築関係訴訟・調停の現状と課題」
髙嶋　卓（大阪地方裁判所）

## ▼民事手続研究会（九州）

◎連絡場所　〒八一二―八五八一　福岡市東区箱崎六丁目一九番一号　九州大学大学院法学研究院　民事手続研究会事務局

【研究報告】

既判力とその補完法理に関する一考察
川嶋　隆憲（熊本大学）

法人でない社団の当事者適格における固有適格構成の理論的基礎
松原　弘信（熊本大学）

民事訴訟とADRの目的論について
上田　竹志（九州大学）

固有必要的共同訴訟における訴えの一部取下げと脱退
鶴田　滋（大阪市立大学）

法人破産手続における破産財団からの放棄
黒木　和彰（弁護士）

民事訴訟における争点整理手続の充実に向けた取組について
石本　恵（弁護士）

破産法三四条二項・三項二号但書と固定主義―各種保険料の破産財団帰属性を素材として―
浅野　雄太（九州大学）

## ▼福岡民事訴訟判例研究会

◎連絡場所　〒八一二―八五八一　福岡市東区箱崎六丁目一九番一号　九州大学大学院法学研究院　福岡民訴判例研究会事務局

【判例研究】

間接占有者に対する建物退去土地明渡請求権を表示した債務名義について間接強制決定をすることはできないとされた事例（最二小判平成二七年六月三日金判一四七一号二〇頁）
池田　愛（熊本大学）

ある議案を否決する株主総会等の決議の取消しを請求する訴えの適否（最二小判平成二八年三月四日民集七〇巻三号八二七頁）
大塚　真史（福岡地裁）

弁護士法二三条の二第二項に基づく照会に対する報告を拒絶する行為と同照会をした弁護士会に対する不法行為の成否

（最三小判平成二八年一〇月一八日民集七〇巻七号一七二五頁）

裁判官の釈明権の行使の限界について　濵﨑　録（西南学院大学）

（神戸地判平二八年二月二三日判時二三一七号一二一頁）

外国国家が発行した円建て債券に係る償還等請求訴訟につき、当該債券の管理会社が任意的訴訟担当の要件を満たすものとして原告適格を有するとされた事例　木村　真琴（福岡地裁）

（最一小判平成二八年六月二日民集七〇巻五号一一五七頁）

弁護士法七二条に違反して認定司法書士が締結した和解契約の効力　園田　賢治（同志社大学）

（最一小判平成二九年七月二四日民集七一巻六号九六九頁）

暴言と対物暴力を主とするDV高葛藤事案で、監護親がPTSDで通院を要し子らが心因反応を発症している場合に、面会交流への協力で監護親の負担を増大させることが子らへ悪影響を及ぼすことを考慮して、直接交流を認めず、限定的な間接交流に止めた事例　横山　寛（福岡地裁）

（東京高決平成二七年六月一二日判時二二六六号五四頁）

マンション管理組合の当事者適格に関する最近の最高裁判例の検討　安井　英俊（福岡大学）

（最三小判平成二三年二月一五日判時二一一〇号四〇頁、最二小判平成二七年九月一八日民集六九巻六号一七一一頁）

堀野　出（九州大学）

## ▼関西民事訴訟法研究会

◎連絡場所　〒六〇六―八五〇一　京都市左京区吉田本町　京都大学法学部内

国際商事調停和解の執行に関する検討―UNCITRAL作業部会の審議と日本法への影響―　山田　文（京都大学）

既判力とその補完法理に関する一考察　川嶋　隆憲（熊本大学）

審判前の保全処分について―本案係属要件を中心に　青木　哲（神戸大学）

同時審判申出共同訴訟における請求の順位付けの可能性　濵田　陽子（岡山大学）

任意的訴訟担当論について―兼子理論を手がかりとして―　伊東　俊明（岡山大学）

民事訴訟法二九六条一項について―その沿革―　八田　卓也（神戸大学）

民事訴訟法二四六条と釈明権―一部認容判決との関係を中心

として

園田　賢治（同志社大学）

破産法三四条二項・三項二号但書と固定主義―各種保険料の破産財団帰属性を素材として―

浅野　雄太（九州大学）

**▼民事訴訟法研究会（慶應義塾大学）**

◎連絡場所　〒一〇八―〇〇七三　東京都港区三田二丁目一五番四五号　慶應義塾大学法学部内　民事訴訟法研究会

【判例研究】

日本語の翻訳文が添付されていない呼出状等の送達をもって民事訴訟法一一八条二号の送達要件を満たしているとされた事例（東京高判平成二七年九月二四日判時二三〇六号六八頁）

芳賀　雅顯（慶應義塾大学）

弁護士法二三条の二第二項に基づく照会に対する報告を拒絶する行為と同照会をした弁護士会に対する不法行為の成否（最三小判平成二八年一〇月一八日民集七〇巻七号一七二五頁）

工藤　敏隆（慶應義塾大学）

地上建物に対する仮差押えが本執行に移行して強制競売手続がされた場合において、土地及び地上建物が当該仮差押えの時点で同一の所有者に属していたが、その後に土地が第三者に譲渡された結果、当該強制競売手続における差押えの時点では同一の所有者に属していなかったときの法定地上権の成否（最一小判平成二八年一二月一日民集七〇巻八号一七九三頁）

大濱　しのぶ（慶應義塾大学）

原告の被告に対する不貞慰謝料請求権が破産法二五三条一項二号所定の非免責債権に該当しないとされた事例（東京地判平成二八年三月一一日判タ一四二九号二三四頁）

中島　弘雅（慶應義塾大学）

将来の給付の訴えを提起することのできる請求権としての適格を有しないものとされた事例（最一小判平成二八年一二月八日判時一六六五号五頁）

三上　威彦（慶應義塾大学）

他の民事訴訟においてすでに言い渡された判決の取り消しを別訴で求めた請求を却下した事例（東京地判平成二八年三月一五日判タ一四三五号二三〇頁）

三木　浩一（慶應義塾大学）

遺産分割調停事件の相手方が税務署長に対して提出した相続税申告書及び添付資料を対象とする文書提出命令の申立てについて、当該文書は、その記載内容からみて、その提出により公務の遂行に著しい支障を生ずるおそれがあるもの（民訴法二二〇条四号ロ）に該当するとされた事例（福岡高宮崎支決平成二八年五月二六日判時二三二九号五五頁）

強制執行認諾文言のある公正証書で養育料の支払が定められたが、その支払期限が到来しているものについて未履行分がある場合において、その支払期限が到来していない養育料債権を被保全債権として債務者所有の不動産に対してされた仮差押命令の申立てについて、民事保全制度を利用する必要性（権利保護の利益）を欠くとの理由でこれを却下すべきものとした事例（最三小決平成二九年一月三一日判時二三二九号四〇頁）

河村　好彦（関東学院大学）

再生債務者が関連会社の新規借り入れに際して担保のために行った約束手形の振出又は裏書について、再生債務者が直接的にも間接的にも利益を受けていないとして無償否認の対象となる旨判断した事例（東京地判平成二八年六月六日判時二三一七号五五頁）

川嶋　隆憲（熊本大学）

既にした執行処分の取消し等により強制執行が目的を達せずに終了した場合における執行費用の負担は、執行裁判所が、民事執行法二〇条において準用する民訴法七三条の規定に基づいて定めるべきであるとされた事例（最一小決平成二九年七月二〇日判タ一四四一号三三頁）

小原　将照（南山大学）

認定司法書士が委任者を代理して裁判外の和解契約を締結することが弁護士法七二条に違反する場合であっても、当該和解契約は、その内容及び締結に至る経緯等に照らし、公序良俗違反の性質を帯びるに至るような特段の事情がない限り、無効とはならないとされた事例（最一小判平成二九年七月二四日判タ一四四一号二八頁）

渡辺　森児（近畿大学）

金　美紗（慶應義塾大学大学院後期博士課程）

【研究報告】

実体法上の権限の手続法上の機能

山木戸　勇一郎（北海道大学）

## ▼民事法研究会（北海道大学大学院法学研究科）

◎連絡場所　〒〇六〇-〇八〇九　札幌市北区北九条西七丁目　北海道大学大学院法学研究科　教育研究支援センター民事法・刑事法・社会法部門

【研究報告】

経営者保証の現代的意義と将来の展望

山木戸　勇一郎（北海道大学）

【判例報告】

再生債務者に対して債務を負担する者が自らと完全親会社を

同じくする他の株式会社が有する再生債権を自働債権としてする相殺は、民事再生法九二条一項によりすることができる相殺に該当するか（最判平成二八年七月八日民集七〇巻六号一六一一頁）　稲垣　美穂子（北海学園大学）

債務整理を依頼された認定司法書士が、当該債務整理の対象となる債権に係る裁判外の和解について、司法書士法三条一項七号に規定する額を超えるものとして代理することができないとされる場合（最判平成二八年六月二七日民集七〇巻五号一三〇六頁）　町村　泰貴（北海道大学）

ある議案を否決する株主総会等の決議の取消しを請求する訴訟（最判平成二八年三月四日民集七〇巻四号八二七頁）　得津　晶（東北大学）

本訴請求債権が時効消滅したとされることを条件とする、反訴における当該債権を自動債権とする相殺の抗弁の許否（最判平成二七年一二月一四日民集六九巻八号二二九五頁）　岩本　彩（北海道大学大学院）

弁護士会照会（最判平成二七年一〇月一八日民集七〇巻七号一七二五頁）　村上　俊介（北海道大学大学院）

地方公共団体は、その機関が保管する文書について、文書提出命令の名宛人となる文書の所持者に当たるとされた事例（最決平成二九年一〇月四日裁時一六八五号二〇頁）　張　子弦（北海道大学大学院）

遺産分割調停事件における相続税申告書等の文書提出命令申立てについて、公務秘密文書に該当するとして、これを却下した事例（福岡高宮崎支決平成二八年五月二六日判時二三三九号五五頁）　町村　泰貴（北海道大学）

**▼札幌民事実務研究会（札幌地方・高等裁判所）**

◎連絡場所　〒〇六〇―〇八〇九　札幌市北区北九条西七丁目　北海道大学大学院法学研究科　教育研究支援センター民事法・刑事法・社会法部門

弁護士会照会に対する報告拒絶と民事訴訟による対処　酒井　博行（北海学園大学）

交通事故訴訟の諸問題　村上　英治（弁護士）

債権法改正について　金　洪周（札幌地方裁判所）

**▼札幌倒産法研究会（札幌地方・高等裁判所）**

◎連絡場所　〒〇六〇―〇八〇九　札幌市北区北九条西七丁目　北海道大学大学院法学研究科　教育研究支援センター民事

法・刑事法・社会法部門

破産手続における保険金請求権の取扱いについて―最判平成二八年四月二八日民集七〇巻四号一〇九九頁
　大塚　穂波（札幌地方裁判所）

破産手続における調査嘱託の活用　土屋　俊介（弁護士）

多数当事者間の相殺と倒産手続
　稲垣　美穂子（北海学園大学）

**▼企業法務研究会（札幌）**

◎連絡場所　〒〇六〇―〇〇六一　札幌市中央区南一条西一二丁目
矢吹法律事務所

＊本年は研究会を開催せず。

**▼民事訴訟法研究会（東京大学）**

◎連絡場所　〒一一三―〇〇三三　東京都文京区本郷七丁目三―一
東京大学法学部研究室内　民事訴訟法研究会

【研究報告】

支払不能・支払停止・対抗要件否認―林原事件を素材として
　中西正（神戸大学）

倒産法と優先順位
　松下　淳一（東京大学）、近藤　隆司（明治学院大学）、
　倉部　真由美（法政大学）、藤本　利一（大阪大学）

民事再生手続の機能と事業の再生
　北島（村田）典子（成蹊大学）

確定判決の効力を受ける第三者の救済について
　吉垣　実（愛知大学）

訴訟告知の効力について　菱田　雄郷（東京大学）

補助参加制度の機能と効用　伊藤　隼（東京大学）

法人でない社団・財団の当事者能力―財産管理の視点から
　岡成　玄太（大阪市立大学）

保護書面（Schutzschrift）制度について
　北村　賢哲（千葉大学）

債務者の財産状態と財産減少行為の有害性
　宇野　瑛人（東北大学）

**▼東北大学民事訴訟法研究会**

◎連絡場所　〒九八〇―八五七六　仙台市青葉区川内二七―一　東北大学法学部内　民事訴訟法研究会

【研究報告】

オートローンの所有権留保―倒産法上の否認権との関連で

煙山　正夫（仙台弁護士会）

除斥事由の類推適用の可能性について　坂田　宏（東北大学）

**▼湘南民事紛争処理研究会**

◎連絡場所　〒一〇一-八三七五　千代田区三崎町二―三―一　日本大学法学部　小田研究室

＊本年は研究会を開催せず。

**▼早稲田大学民事手続判例研究会**

◎連絡場所　〒一六九-八〇五〇　東京都新宿区西早稲田一―六―一　早稲田大学法学部内　加藤哲夫　研究室

【シンポジウム】

韓国に於ける倒産法の変遷と今後の課題
金炯科（韓国大法院司法政策研究院）

戦後企業倒産法制の変遷
杉本和士（千葉大学〔現・法政大学〕）

倒産ＡＤＲの現状と課題
中島弘雅（慶應義塾大学）

【研究報告】

日本とドイツにおける訴訟担当　中本　香織（早稲田大学）

共有物分割訴訟の再構築　秦　公正（中央大学）

弁済による代位における求償権および原債権の倒産法上の優先順位　近藤　隆司（明治学院大学）

訴訟上の和解における瑕疵の連動性　繁田　明奈（早稲田大学大学院）

訴えの変更と訴訟物　宇都宮　遼平（早稲田大学大学院）

私的整理と倒産手続の連携強化に関する一考察　山本　研（早稲田大学）

【判例研究】

執行決定を経た外国仲裁判断に対する請求異議の訴え（東京地判平成二八年七月一三日判時二三三〇号六四頁）　金　炳学（福島大学）

【パブリックコメント策定】

民事執行法の改正に関する中間試案に対する検討
取りまとめ：内田義厚（早稲田大学）